한반도 평화와 남북통일의 **조력자**, 유라시아 대륙 진출의 **파트너**

한국 외교에는
왜 러시아가 없을까?

한반도 평화와 남북통일의 **조력자**, 유라시아 대륙 진출의 **파트너**

한국 외교에는
왜 러시아가 없을까?

저자 **박병환**(유라시아전략연구소 소장)

우물이 있는 집

PART 01 러시아에 대한 오해와 진실

러시아는 우리에게 무엇인가?

1988년 서울 올림픽에 동서 양 진영이 모두 참가하였을 때 소련에 대한 한국의 관심은 대단했다. 이어 1990년 수교 전후해서 얼마 동안은 모스크바를 한 번 다녀오지 않으면 명함을 내밀 수 없다고도 했다. 하지만 현재 대부분 한국인들의 뇌리에 러시아는 존재하지 않는다. 러시아에서 근무할 때 여름인데도 서울의 지인으로부터 '거기 춥지 않느냐?'는 질문을 받았다. 모스크바를 처음 방문하는 출장자들에게 종종 질문을 하였다. '러시아 하면 연상되는 것이 무엇인가? 오래 생각하지 말고 떠오르는 대로 말해보라.' 필자의 질문에 대한 답변 중 상당수가 '춥다, 어둡다, 무섭다, 공산주의, 푸틴' 등이었다. 학교나 언론매체에서 러시아에 대해 알려주는 게 거의 없는 것 같다. 러시아의 영토는 매우 넓어서 동서로 길 뿐만 아니라 남북으로도 상당하다. 따라서 러시아의 기후에 대해서는 일률적으로 말하기 어렵다. 겨울철 추위와 음산한 날씨라면 북유럽, 캐나다와 미국 북부 5대호 지방도 만만치 않다. 어둡다? 모스크바는 위도상 런던과 비슷한 위치이며 스톡홀름, 헬싱키, 오슬로 등 북유럽 도시들보다 훨씬 남쪽에 있다. 무섭다? 러시아는 30년 전에 공산주의를 스스로 포기하였다. 이제 전 지구의 공산화 같은 목표는 존재하지 않는다. 공산주의라고 하면 공산당이 유일정당으로서 통치하고 있는 중국에 더 적합한 말이 아닐까? 현재 러시아에서 공산당은 소수 야당에 불과하다. 푸틴 대통령의 장기 집권이 논란이 되고 있으나 그는 엄연히 러시아 국민의 직접선거에 의해 선출된 지도자이다. 한국 언론들은 러시아에 대해 독자적인 취재를 거의 하지 않고 있다. 모스크바 주재 한국 특파원은 단 2명이다. 주로 서방 언론, 특히 역사적으로 러시아와 사이가 안 좋았던 영국과 미국 매체의 보도를 비판의식 없이 옮기고 있다. 그러다 보니 한국의 일반 독자들은 물론 식자층도 영어권 언론들이 러시아를 폄하하거나 러시아 지도자를 헐뜯는 기사들을 번역한 것을 접할 뿐이다. 결과적으로 러시아가 어떤 나라인지, 러시아와 서방 사이에 무슨 일이 벌어지는지, 심지어 한러 관계의 실상에 대해서도 정확히 알지 못하고 있다. 경제적으로 21세기 번영의 무대가 될 유라시아에 대한 진출에 있어서 핵심파트너이고 정치적으로 한반도 평화는 물론이고 남북통일 과정에서 우군이 될 수 있는 러시아의 존재나 역할에 대해 과소평가하는 것은 결코 우리에게 득이 되지 않는다.

한국 경제에 있어 2000년대 초반까지는 미국과 일본이 중요한 나라였는데 이제는 중국이 그 자리를 차지하고 있다. 한국 수출의 중국에 대한 의존도가 계속 높아져 2018년에는 27% 수준이 되었다. 단순히 미국과 일본을 추월하였다는 것을 떠나 중국의 비중이 지나치게 커졌는데 이는 어떤 관점에서 보더라도 위험신호이다. 사드 배치와 관련하여 중국의 한국에 대한 조치에서 보았듯이 중국은 한국의 중국에 대한 경제적 의존을 정치군사적 목적을 위해 이용하고 있다. 한국은 이미 중국에 대해 '노(NO)'라고 말할 수 없는 나라가 되어 버렸다.

이러한 의존 추세가 지속되면 중국은 언제든지 한국을 외면할 수 있고, 이에 반하여 한국은 더욱 중국에 매달리게 된다. 현재와 같이 한국 경제가 중국에 과도하게 의존하는 것은 경제적으로는 물론 안보적 측면에서도 우려를 갖지 않을 수 없는 현실이다.

러시아가 대안시장의 하나가 될 수 있을 것이다. 러시아에서도 특히 극동 러시아 지역을 주목할 필요가 있다. 사람들은 이 지역이 인구가 많지 않고 인프라가 제대로 갖추어져 있지 않아 투자 대상지역으로 적합지 않다고 하는데, 역설적으로 그렇기 때문에 큰 잠재력을 가진 이 지역에 대해 한국정부와 기업이 관심을 가져야 하는 것 아닌가? 한국의 이 지역에 대한 적극적인 진출은 단순히 경제적 의미를 갖는 것이 아니라 안보적 측면에서 또한 향후 남북통일에 대비한 투자로서도 의미를 갖는다. 러시아는 남북이 평화적으로 교류해야 러시아의 극동 시베리아 개발과 아시아 및 태평양으로의 진출에 도움이 된다는 입장이다.

또한 한국 경제의 만성적 문제 가운데 하나는 원천기술에 있어서 일본과 서방에 대한 과도한 의존인데, 역시 러시아가 대안이 될 수 있다. 러시아의 기초과학 및 원천기술 수준은 국제적으로 널리 알려져 있다. 한국과 러시아가 러시아의 원천기술을 응용하여 함께 생산기술을 발전시켜 나간다면 한국 경제의 기초가 단단해 질 것이다. 이미 시작된 4차 산업혁명에 있어서도 러시아는 한국의 좋은 파트너가 될 수 있다. 그리고 2013년 1월 나로호가 성공적으로 발사되었을 때 한국인들이 보여준 국민적 환호는 무엇을 말해주는가? 우주 강국이 되겠다는 염원이 그만큼 강렬하다는 것 아니겠는가? 나로호 발사는 러시아의 도움으로 가능하였고, 앞으로도 러시아가 우리 국민의 염원을 이루는데 도움을 줄 수 있을 것이다. 나로호 프로젝트를 추진하면서 한국은 유럽연합은 물론 맹방인 미국으로부터도 도움을 받을 수 없었는데 러시아는 우리의 요청에 화답하였다.

우리 사회에는 북한의 핵 위협에 대해 불안해하면서도 한편으로는 북한 정권이 오래 가지 않을 것이라는 상당한 믿음이 있는 것 같다. 박근혜 대통령은 '통일은 대박'이라고 하였다. 대한민국이 북한을 흡수 통일하여 얻을 수 있는 경제적 이익을 말한 것일 것이다. 그런데 만일 북한에서 정변이나 심각한 혼란이 일어나면 우리가 막연히 기대하는 대로 통일은 '받아놓은 밥상'일까? 압록강 건너 편에서 대기하고 있는 중국군이 압록강 철교 또는 소위 '중조우의교(中朝友誼橋)'를 단숨에 건너 평양에 친중 정권을 수립하려 할 것이다. 그러면 우리 국군이 휴전선을 넘어 평양으로 진격할 수 있을까? 또는 미국이 중국군의 진입을 막을 수 있을까? 우선 국군의 진격은 오히려 중국군의 진입을 정당화하는 구실로 이용되지 않을까? 미국은 어떤 입장을 취할까? 강대국들은 가급적 상대방의 세력권이나 영향권은 건드리지 않는다. 그런데 북한은 미국의 영향권이나 세력권이 아니지 않은가? 미국이 여러 가지 수단을 동원하여 중국군의 진입을 막으려 하겠지만 중국과의 전쟁을 불사할 지는 미지수이다. 미국으로서는 중국군이 북한에만 머문다면 군사적인 대응까지는 하지 않을 것이다. 그러면 북한에서 변고가 일어났을 때 누가 중국군의 진입을 막을 수 있겠는가? 중국을 직접적으로 견제할 수 있는 가장 유력한 나라는 러시아일 것이다. 러시아도 북한을 자신의 세력권 내지는 영향권이라고 생각하므로 중국이 북한에 대해 독점적 위치를 차지하는 것을 좌시할 수 없을 것이다. 러시아와 중국간 국경은 4,000킬로미터에 이르고, 러시아는 중국의 아킬레스건인 신장, 티베트, 내몽골 등 지역에 대해 중국이 우려하는 영향을 미칠 수 있다. 한국 사람들은 소련의 붕괴 이후 러시아를 '한물 간 나라'로 인식하고, 경제력이 중국에 비해 열세라고 하여 경시하나 군사력에 있어서는 여전히 러시아가 중국을 앞서고 있다. 특히 21세기 현대전에 필수적인 고도 정밀 전략무기에 있어서 중국은 러시아의 상대가 되지 않는다. 러시아 입장에서 한반도는 아시아 및 태평양으로 나아가는 길목이기 때문에 중국이 북한 지역을 자기의 배타적 영향권에 두는 상황을 받아들일 수 없다. 러시아의 중국에 대한 견제로 북한의 급변사태가 외부 개입 없이 내부적으로 수습되고 그 이후에 등장하는 새로운 북한 정권은 김정은 정권과는 달리 대한민국과 진정성 있는 협상을 할 수 있을 것이다. 즉 러시아와 한국의 이해관계가 일치할 수 있다는 것이다. 하지만 러시아는 유럽과 아시아 양쪽을 고려 해야 하므로 유럽 쪽에서도 돌발사태가 벌어지면 동아시아에서 중국과 적당히 타협할 수도 있다. 북한에서의 급변사태에 대비하여 러시아를 전략적 우군으로 미리 확보하는 것이 바람직함을 강조하고 싶다.

　노태우 정부의 북방정책 이래 유라시아에 대한 관심과 정책은 '철의 실크로드', '유라시안 이니셔티브', '신북방정책' 등 명칭은 바뀌어도 그 맥을 유지해 왔다. 하나의 대륙, 평화의 대륙, 번영의 대륙을 지향하는 우리의 비전을 실현하기 위해서는 유라시아 대륙의 핵심국가인 러시아와의 긴밀한 협력이 매우 중요하다. 이 비전은 단순히 우리의 이 지역에 대한 수출과 투자를 늘리는데 궁극적인 목표가 있는 것이 아니라 우리 민족의 활동 공간을 드넓은 유라시아 대륙으로 확대하는 것이다. 하지만 역대 정부는 원래 실현 의지가 미약해서인지 아니면 미국을 의식해서인지 모르겠으나 정부 초기에 거창한 구호를 내세웠으나 철도 연결, 가스관 건설, 전력망 연결 등 메가프로젝트 가운데 실제로 이루어진 것은 하나도 없다. 북핵 문제로 인한 제재국면 탓인지 모르겠으나 현 정부의 신북방정책도 용두사미가 되는 것 아닌가 하는 생각이 든다.

주말이면 열리는 광화문 광장의 태극기 집회에는 성조기가 휘날린다. 트럼프 대통령은 한국이 굳이 북한과 통일을 해야 되겠느냐고 묻는다. 시진핑 주석은 한국은 중국의 일부였다고 자기들이 생각하는 동아시아 역사를 트럼프에게 강의한다. 아베 수상은 미국의 지지 아래 동아시아에서 미국의 역할을 분담하려고 한다. 문 대통령의 열성 지지자들은 문 대통령이 중국에서 푸대접을 받아도 홀대가 아니라고 우기고, 한국 기자들이 중국 경호 인력들에게 얻어맞아도 중국에 책임을 묻기보다는 이유가 우리 기자들에게 있는 것 아니냐고 한다. 소위 진보 언론들은 미세먼지의 상당부분이 중국에서 날아온다는 것을 상식적으로 알 수 있는데도 중국의 책임을 묻기 보다는 정부가 미세먼지 저감 대책을 소홀히 한 책임을 중국에 떠넘기고 있다고 주장하기도 한다. 두만강을 사이에 두고 한반도와 국경을 맞대고 있는 러시아의 움직임이나 입장에 대해서는 전혀 알려고도 하지 않는다. 일부 야당을 포함하여 태극기 부대는 미국을 놓치면 한국이 끝난다는 듯이 호들갑을 떨며 미국과 보조를 맞추지 못하면 어떻게 하나를 걱정한다. 반면에 진보 좌파들은 중국의 품안에서 남북한이 하나가 되어 우리끼리 '자주적으로' 잘 살 수 있을 것이라고 생각하는 것 같다. 이미 한국은 '자발적으로' 중국의 눈치를 보는 신세가 되었다. 지금 한반도의 주변 나라들 가운데 어느 나라가 과연 '착한' 나라인가? 어디에도 한국을 위하는 나라는 없는데도 불구하고 왜 우리는 누군가에 매달리려고 하는가? 그런데 '착한 외세'는 없지만 '유용한 외세'는 있는 법이다. 앞서 본 바와 같이 경제적 측면도 그렇지만 남북통일 그리고 유라시아 대륙으로의 진출 등을 고려할 때 러시아가 상대적으로 우리와 이해관계가 맞아떨어지는 '유용한 외세'가 아닐까?

러시아는 우리에게 무엇인가? 러시아는 한국 경제가 지속적으로 성장하기 위한 석유·가스 등 천연자원의 안정적 공급원, 중국 시장에 대한 과도한 의존에서 벗어나기 위한 대안시장의 하나, 유럽으로의 교통 및 물류의 통로, 남북러 삼각협력 파트너, 북한 급변사태 상황에서 건설적 역할을 할 수 있는 우군이라고 요약할 수 있다.

그런데 왜 한국인들이 수교를 전후해서 러시아에 대해 과도할 정도의 관심을 보였으나 얼마 되지 않아 그런 관심이 수그러들었고 현재는 거의 무관심한 태도를 보이는 걸까? 아마도 1990년대 한국은 마치 러시아가 '엘도라도'라도 되는 것처럼 사전 준비도 제대로 안 하고 달려갔고 러시아는 시장경제체제로의 전환에 수반되어야 할 제도 및 법령 정비를 못한 상태에서 한국 기업들의 투자에 대한 기대만 높았다. 결과적으로 양측 모두 상대방에 대해 실망이 컸다. 또한 소련 해체 후 급격한 체제 전환으로 야기된 경제사회적 혼란상이 한국인들의 뇌리에 지나치게 각인되어 이미 2000년대에 들어서면서 혼란이 진정되고 러시아의 모습이 달라졌음에도 한국인들의 선입견과 편견은 양자협력의 걸림돌이 되고 있다. 특히 한국 언론은 러시아에 무관심해서 러시아에 대한 정보를 거의 제공하지 않고 있으며 그로 인해 러시아와는 별로 도모할 것이 없다는 인식을 갖게 되었고 이것이 다시 러시아에 대한 무관심을 낳는 악순환이 이어지고 있다.

이상에서 본 바와 같이 러시아와의 협력은 여러 측면에서 중요하고 21세기에 한민족의 웅비에 긴요하다. 하지만 현재 일반 대중뿐만 아니라 지도층의 대부분은 대러시아 협력의 중요성을 제대로 인식하지 못하고 있는 것은 물론 러시아 자체에 대한 관심도 충분하지 않다. 이러한 상황에서 러시아와의 협력이 제대로 추진될 수가 있겠는가?

한국에서의 러시아의 존재감은 미미하다. 하지만 한국인들이 인식하고 있는 '러시아'와 국제사회에서 평가하는 '러시아' 사이에는 상당한 차이가 있다. 러시아가 엄청나게 대단한 나라라고 주장하려는 것이 아니다. 러시아가 여러모로 우리에게 유용하거나 유익할 수 있는 존재임을 제기하려는 것이다. 그리고 독자들이 필자의 생각에 동의한다면 러시아와의 관계가 그러한 방향으로 발전하도록 함께 노력할 것을 제의하는 바이다.

1999년 8월부터 2016년 12월까지 러시아에서 4차례에 걸쳐 약 11년간 근무하면서 보고 듣고 겪고 느낀 바에 대해 큰 소리로 외치고 싶었다. 특히 외교 현장에서 답답하게 생각했던 것들을 중심으로 이제까지 가슴에 묻어두었던 것을 내보이고 싶었다. 이 책의 내용에 대해 황당한 주장이라고 하거나, 이상주의적이라고 하거나, 별 의미 없는 이야기를 하고 있다고 할 사람들도 있을 것이다. 하지만 나는 할 말을 하고 싶었을 뿐이라고 말하고 싶다.

이 책은 2016년 말 모스크바에서 귀국하여 퇴직한 이래 최근까지 《내일신문》, 《프레시안》, 《해외 농업저널》, 《Russia-Eurasia Focus》, 《모스크바 프레스》, 러시아 언론 《브즈글랴드(Взгляд)》 등에 기고한 글들과 평소에 써 두었던 것들을 모은 것이다. 기고했던 글들을 책으로 엮는 과정에서 문장을 다듬고 중복이 없도록 일부 수정하였으며, 기고 시점 이후 상황이 달라진 경우도 있다는 점을 미리 밝혀 둔다.

머리글을 마치며 한러 수교 30주년을 맞이하여 출판을 흔쾌히 수락해 준 도서출판 우물이 있는 집의 강완구 사장 그리고 책의 편집과 교정을 맡아 준 박일구 실장에게 감사한다. 또한 졸저를 평가하여 기꺼이 추천사를 써주신 김황식 전 총리, 김석동 전 금융위원장, 우윤근 전 주러시아 대사, 장명국 내일신문 발행인, 박인규 프레시안 대표 그리고 알렉 키리야노프 《라시스카야 가제타(Российская Газета)》 서울 지국장 등 여러분께 감사드린다. 마지막으로 이 책의 모든 글에 대해 코멘트해 주고 첨삭의 수고를 마다하지 않은 최종현 전 주네덜란드 대사의 우정에 고마움을 표한다.

2020년 5월 서울 명륜동 우거에서

박 병 환

러시아의 역할과 중요성에 관심을

안중근 의사는 러시아 연해주를 거점으로 당시 그곳에 거주하던 조선 사람들의 지원을 받아 의병 활동을 하였으며 특히 1909년 10월 26일 만주 하얼빈에서 이토 히로부미를 척살한 거사를 준비한 곳도 러시아 땅이었다.

러시아는 우리와 이웃하고 있는 큰 나라이고 우리의 4강 외교의 한 축임에도 불구하고 우리나라에서 러시아의 존재감은 미미한 것이 현실이다. 우리 언론에 러시아에 관한 소식은 우리와 직접 관련이 있는 사안을 제외하고는 거의 실리지 않는다. 또한 우리 외교에 있어서도 러시아의 소외 현상이 감지된다. 소위 주변 4강 가운데 미국, 중국, 일본 등에 관한 글이나 책은 쉽게 볼 수 있으나 아직까지 러시아 내지 한국과 러시아 관계에 대해 심도 있는 저술도 많지 않은 형편이다.

나는 안중근 의사 숭모회의 이사장으로 일하면서 자연스레 안 의사의 독립 운동과 관련하여 러시아에 대해 이전보다 더 관심을 갖게 되었고, 특히 지난해 안중근 의사 숭모회 임원 조찬모임에서 박병환 이사가 발표한 「남북통일과 러시아의 역할」에 관한 강연을 듣고 한국의 현재와 미래에 대한 러시아의 역할과 중요성과 관련하여서도 더 큰 관심을 갖게 되었다.

그런데 이번에 박병환 이사가 주러시아 공사를 끝으로 외교관 생활을 마감한 뒤 지난 3년간 여러 매체에 한러 관계에 대해 기고했던 글을 모아 책으로 내게 되었다. 매우 반가운 일이 아닐 수 없다. 박 이사가 대러시아 외교 일선에서 10여 년에 걸쳐 체험한 바를 바탕으로 쓴 글이어서 현장감이 있고 깊이가 있다. 이 책을 통해 독자들이 한러 관계의 실상을 알게 됨으로써 러시아에 대한 막연한 부정적 인식을 불식하고, 나아가 이 책이 우리가 국익을 위하여 러시아와의 관계를 어떻게 형성해나갈 것인가를 생각해보는데 유용한 자료로 활용되기를 바라마지 않는다.

안중근 의사 숭모회 이사장(전 국무총리) **김 황 식**

한러 관계의 증진에 밑거름이 되기를 기대

구소련은 냉전시대에 세계를 양분했던 공산진영의 중심국가였으나 일련의 체제붕괴 과정과 개혁·개방을 거쳐 지금의 러시아는 민주주의와 시장경제체제로 전환된 국가이다.

러시아는 한반도를 둘러싸고 미국, 중국, 일본과 함께 가장 첨예한 이해관계를 갖고 있는 나라일 뿐 아니라, 역사적으로도 고대로부터 근세에 이르기까지 한민족의 역사와 깊은 연결고리를 가지고 있다. 러시아의 연해주는 고구려의 후예 발해의 땅으로 곳곳에서 발해시대의 유적, 유물이 발굴된 바 있다. 이어 발해의 후예 금나라의 영토였다가 청대인 19세기 중엽부터는 수많은 한인 이주가 계속 되었던 곳이다. 일제강점기에는 수많은 애국지사의 망명과 이주가 줄을 이으면서 연해주는 만주의 북간도와 함께 조직적인 항일운동의 거점이 되었다. 한편 1937년에는 연해주 한인 전체가 시베리아횡단열차에 실려 중앙아시아 지역으로 강제 이주되었던 아픈 역사도 있었다.

금년으로 한국과 러시아는 수교 30년을 맞이하게 되며 이제 양국은 국제정치는 물론 경제적으로도 중요한 동반자관계에 있다. 이러한 시기에 러시아를 보다 잘 이해할 수 있는 저서를 만나볼 수 있게 되었다.

저자 박병환 전 공사는 4차에 걸쳐 11년을 러시아 공관에서 근무한 자타가 공인하는 러시아 전문가이다. 저자는 외교관으로서 러시아의 정치, 역사, 문화 전반에 대해 폭 넓게 이해하고 있을 뿐 아니라 우리나라와의 상호관계 및 경제협력방안에 대해서도 깊은 관심을 갖고 오랫동안 연구해 온 바 있다. 이 책은 러시아에 대해 우리가 잘 모르거나 오해하고 있는 여러 이슈에 대해 깊이 있게 다루고 있다. 앞으로 독자들의 러시아에 대한 이해를 돕고 한러 관계의 증진에 밑거름이 되기를 기대한다.

지평 인문사회연구소 대표(전 금융위원회 위원장) **김 석 동**

일반인뿐만 아니라 외교 전문가,
비즈니스맨에게 필독서로 추천

내가 외교관 박병환을 본격적으로 알게 된 것은 정치하던 시절이 아닌 주러시아 대사 소임을 마치고 귀국한 뒤에 참석하였던 러시아 관련 여러 모임을 통해서였다. 그리고 그가 발표한 내용이나 글들을 좀 더 살펴보게 되었고 또 몇 번 만나 의견을 주고받기도 했었다.

당시 내가 그에게 크게 감명 받고 공감했던 것은 주러시아 대사 시절 내가 절실하게 느꼈던 여러 문제들을 너무나도 잘 파악하고 있다는 것이었다. 외교관 생활 중 상당 부분을 러시아에서 근무한 러시아 전문가이기도 했지만 핵심을 제대로 이해하고 있는 사람이 그리 많지 않은 현실을 감안하면 러시아에 관한 한 탁견을 지닌 훌륭한 전문가라고 하지 않을 수 없었다.

그가 한러 수교 30주년이 되는 금년에 너무도 소중한 책을 발간하게 되어 한러 관계 발전에 크게 이바지할 것으로 기대 된다. 특히 이번에 발간된 책 내용을 보니 내가 대사 재임 시절 가장 크게 문제라고 느꼈던 문제 중 하나가 한국인들이 아직도 러시아를 제대로 이해하기는커녕 많은 오해와 편견을 가지고 있다는 점이었는데 이 점에 대하여 러시아를 있는 그대로 이해할 수 있도록 상당한 근거와 풍부한 자료를 제시하고 있어 이 책을 읽는 분들이 충분히 공감할 수 있을 것이라는 확신이 들었다. 그밖에도 그간 한국과 러시아 사이에 있었던 여러 이슈들에 대해 거침없고 솔직하게 자신의 견해를 펼치고 있고 그 내용 또한 나를 비롯한 많은 사람들이 고개를 끄떡이지 않을 수 없을 것이다.

　결론적으로 이 책은 러시아에 대해 대한민국이 직면하고 있는 많은 문제들을 과감하게 파헤치고 있을 뿐만 아니라 현실적인 대안도 제시하고 있어 러시아에 관심을 갖고 있는 일반인뿐만 아니라 외교전문가, 러시아에 진출한 기업, 비즈니스맨에게 필독서로 추천하고자 한다.

전 주러시아 대사, 전 국회사무총장 **우윤근**

근거 없는 편견에서 벗어나
러시아를 있는 그대로 이해하도록 돕는 책

2018년 초부터 박병환 전 주러시아 공사가 《내일신문》에 러시아에 대해 기고를 시작한 것으로 기억합니다. 우선 그동안 기고했던 글을 모아 책으로 출판하게 된 것을 진심으로 축하드립니다.

국내 신문에서 한러 관계에 대한 칼럼은 찾아보기가 어렵습니다. 그만큼 우리 언론이 러시아에 대해 관심이 별로 없습니다. 우리나라가 러시아와 수교한 지 올해로 30주년을 맞이하지만 우리에게 러시아는 여전히 낯설고 새로운 존재입니다. 그런 의미에서 독자들에 대한 서비스 차원에서 《내일신문》에 글을 쓰도록 한 것은 잘한 일이라고 생각합니다. 기고에 나타난 박 공사의 견해나 논조는 경청할 만하다고 평가합니다. 글이 원론적이고 추상적인 얘기가 아니라 러시아 외교 현장에서 십여 년 동안 직접 체험한 것을 바탕으로 쓴 것이고 한러 관계에 관한 디테일에 강해 다른 사람들과 큰 차별성이 있기 때문입니다.

역대 정부의 러시아 외교를 보면 진보 보수를 막론하고 근시안적으로만 접근해 오지 않았나 하는 생각이 듭니다. 소위 주변 4강의 하나라고 하면서 러시아와 관계를 적절히 관리해 왔는지 의구심이 듭니다. 냉전시대에는 미국 일변도 외교였고 최근에는 중국이 부상하면서 미국이냐 중국이냐 하는 스스로가 설정한 딜레마에 빠져있는 것은 아닐까요? 강대국에 둘러싸인 우리나라 입장에서는 어느 나라고 중요하지 않은 나라가 없습니다. 일본에 대해 과거지향적인 대결적 자세에 매몰되는 것이 어리석은 것처럼 소련이 해체되고 등장한 러시아를 과소평가하고 경시하는 자세도 우리에게 득이 될 것이 없습니다. 왜냐하면 주변 강대국들 모두가 우리에게는 위협인 동시에 우리의 현재와 미래에 유용한 이웃이 될 수 있기 때문입니다. 특히 러시아는 유라시아의 강대국으로서 경제적 측면뿐만 아니라 한반도 평화와 통일에 있어서도 긍정적인 역할을 할 수 있습니다.

작년 10월 내일신문 유튜브 방송에 박 공사가 출연한 프로그램 「러시아에 대한 오해와 진실 10가지」가 예상 밖으로 반응이 좋았다고 들었습니다. 이 책이 러시아에 대한 근거 없는 편견에서 벗어나서 러시아를 있는 그대로 이해하도록 돕는 것은 물론 한국과 러시아 양국 관계 발전에도 기여하길 진심으로 기대합니다.

《내일신문》발행인 **장 명 국**

우리 눈으로,
'있는 그대로의 러시아'를 본다

세상이 크게 변하고 있다. 패권국가 미국은 미국우선주의로 돌아섰고 자유무역의 대원칙을 저버린 채 중국 등과 무역전쟁을 벌이고 있다. 전통적 우방 일본은 과거사 문제를 이유로 한국에 경제보복을 가했고, 최대 무역파트너 중국은 한국의 사드 배치에 대해 경제보복에 나섰다. 각자도생의 시대, 한국의 활로는 어디에서 찾을 것인가.

동북아의 평화와 역내 국가들의 활발한 교류에서 찾을 수밖에 없다. 동북아의 불화와 대결로 가장 큰 피해를 입는 국가는 한국일 것이기 때문이다. 미국, 중국, 러시아, 일본 등 세계 최강의 국가들에 둘러싸인 한반도, 경제의 대외의존도가 가장 높은 한국의 활로는 동북아의 평화와 협력을 촉진하는 데 있다. 이는 한국도 살고 이웃나라도 사는 길이다. 다른 나라의 희생을 강요하는 무역전쟁이나 경제보복보다 한 차원 높은 국익 추구다. 이를 위해서는 최대한 많은 나라를 친구로 만들 필요가 있다.

그런데 한국에서는 유독 러시아를 잘 모른다. 러시아에 대한 냉전적 인식도 강하게 남아있다. 실제 이상으로 러시아를 부정적으로 바라본다. 미국 중심의 세계 인식이 낳은 부작용이다. 이제 우리는 우리의 눈으로 주변 상황을 직시하며 한국의 활로를 개척해야 한다. 그런 의미에서 이 책은 러시아가 과연 어떤 나라인지, 동북아의 평화와 번영을 위해 한국과 러시아는 무엇을 함께 할 수 있는지를 일깨워준다.

《프레시안》언론협동조합 이사장 **박 인 규**

한국 언론과 국제 언론으로부터의
질문에 대한 새로운 시각

　모스크바와 서울 사이에 외교관계가 수립된 지 벌써 30년이 지났다. 그 이후 태어난 아이들이 자라서 어른이 되었고 가정을 꾸릴 나이가 되었다. 그들은 냉전시대를 기억하지 못하며 그들에게 소련은 한참 오래 전 이야기이다. 수교한 지 30년이 지났지만 러시아 사람들과 한국 사람들은 아직 상대방에 대해 잘 알지 못하고 있다는 느낌이 자주 든다. 물론 양국민은 비자 없이 왕래하고 있고, 한국인들에게 블라디보스토크는 가장 가까운 유럽도시가 되었고, 많은 러시아인들이 서울, 부산 그리고 한국의 다른 곳을 방문하고 있다. 그렇지만 대체로 러시아인과 한국인의 상대방에 대한 지식은 아주 피상적이고 막연하다.

　이런 상황에서 러시아에서 오랜 시간을 보냈고, 러시아 말을 훌륭하게 구사하고, 러시아에 정통한 박병환 씨의 책은 매우 가치 있고 흥미롭다. 그는 주러시아 한국대사관의 고위 외교관으로서 러시아에서 10여년이나 근무하였기 때문에 국외 관찰자들에게는 보이지 않는 러한 관계의 '물밑 흐름'에 대해 잘 알고 있다.

　그가 쓴 책은 특히 높은 정보적 가치를 갖고 있다. 왜냐하면 러한 관계에서 일어나고 있는 일들을 복합적으로 그리고 다양한 시각에서 평가하고 있기 때문이다. 또한 이 책은 독자들로 하여금 한국의 언론이 러한 협력에 관하여 잘 다루지 않는 분야와 측면을 이해하고 파악할 수 있게 해 준다.

이 책의 또 다른 진가는 한국 독자들로 하여금 러시아인이라면 갖게 되는 그런 관점에서 의견이 대립되고 논쟁이 있는 다양한 상황을 깊이 있게 볼 수 있게 해 준다는 점이다. 즉, 러시아의 활동과 행동의 동기를 보다 잘 이해할 수 있게 해준다. 역지사지는 상호이해와 협력을 증진하는데 매우 중요하다. 아마도 현재 러시아인과 한국인에게는 이것이 부족한 것 같다. 큰 노력을 기울인 이 책은 틀림없이 양국민의 상호이해 수준을 높이는데 도움이 될 것이다.

저자는 또한 러한 양자관계의 발전 전망에 대해서도 논하고 있다. 그는 구체적인 제안을 할 뿐만 아니라 해결해야 할 문제들을 적시하고 넘어야 할 걸림돌을 지적하고 있다. 그가 역설하고 있듯이 나는 가까운 장래에 러한 관계가 활성화되고 양국 국민간 우의가 증진되는 것을 보고 싶다.

이 책은 러한 관계에 대해서 잘 모르고 러한 관계를 접하게 된 사람들뿐만 아니라 수십 년간 러시아와 관련된 연구를 해 온 사람들, 그리고 이 분야에서 이미 인정받고 있는 전문가들 등 다양한 계층의 독자들에게 흥미로운 저술이다. 그리고 서점에 가서 읽을 만한, 흥미로운 책이 없을까 고민하는 사람들에게도 추천할 만하다. 이 책을 읽을 것을 권하고 싶다. 한국 언론과 국제 언론으로부터 자주 듣는 여러 질문과 문제에 대해 새롭게 볼 수 있게 될 것이다.

《라시스카야 가제타》 서울 지국장 **알렉 키리야노프**

Прошло уже 30 лет с момент установления дипотношений между Сеулом и Москвой, уже успели родиться, вырасти, стать взрослыми и обзавестись семьями теми, кто вообще не помнит период Холодной войны и для кого СССР – это очень давняя история, но все же достаточно часто создается впечатления, что россияне и корейцы еще не очень хорошо знают друг друга. Конечно, мы ездим друг к другу без виз, для корейцев Владивосток стал наверное самым близким «европейским городом», а россияне с удовольствием приезжают в Сеул, Пусан и другие места Кореи, но все равно в общей массе наши знания – россиян и корейцев – друг о друге ещё достаточно поверхностные и приблизительные.

В этом плане очень ценна и интересна книга большого знатока России господина Пак Пён Хвана, который долгое время провел в России и блестяще владеет русским языком. Проработав несколько десятков лет на высоких дипломатических постах в официальных представительствах Республики Корея в различных городах России господин Пак прекрасно осведомлен в том числе и тех «подводных течениях» российско-корейских отношениях, которые обычно не видны стороннему наблюдателю.

В этой связи информационная ценность его работы особенно высока, так как книга позволяет комплексно и с самых разных углов оценить то, что происходит в российско-корейских отношениях. Кроме того, читатели получают возможность лучше понять и узнать о тех аспектах и сферах сотрудничества РФ и РК, про которые не часто пишут корейские СМИ.

Другое достоинство книги заключается в том, что она позволяет корейскому читателю взглянуть на различные, в том числе конфликтные и спорные ситуации, с той точки зрения, как она видится большинству россиян, что безусловно помогает лучше понять мотивы действий и поступков Российской Федерации. Умение встать на позицию другого человека – крайне важно для улучшения взаимопонимания и сотрудничества. Пожалуй, часто этого не хватает россиянам и корейцам, а потому данный труд бесспорно поможет повысить уровень взаимопонимания.

Автор также рассуждает по поводу перспектив развития двусторонних отношений РФ и РК, делая свои конкретные предложения и указывая при этом на существующие проблемы, которые следует решить, и препятствия, которые следует устранить. Хочется надеется, что уже в ближайшем будущем всем мы сможем увидеть активизацию российско-корейского сотрудничество и укрепление дружбы между народами наших стран, за что выступает господин Пак Пён Хван.

Книга представляет интерес для самых разных слоев читателей – как для тех, кто мало что знает про российско-корейские отношения и начинает только знакомиться с этой сферой, так и для экспертов, которые уже десятками лет изучают российское направление и являются признанными специалистами в этой области. Кроме того, можно

существующие проблемы, которые следует решить, и препятствия, которые следует устранить. Хочется надеется, что уже в ближайшем будущем всем мы сможем увидеть активизацию российско-корейского сотрудничество и укрепление дружбы между народами наших стран, за что выступает господин Пак Пён Хван.

Книга представляет интерес для самых разных слоев читателей – как для тех, кто мало что знает про российско-корейские отношения и начинает только знакомиться с этой сферой, так и для экспертов, которые уже десятками лет изучают российское направление и являются признанными специалистами в этой области. Кроме того, можно рекомендовать и тем, кто приходя в книжные магазины начинает мучиться над вопросом: «Чтобы интересное почитать?» Прочитайте эту книгу, она позволит по-новому взглянуть на самые разные вопросы и проблемы, которые часто на слуху в корейских и мировых СМИ.

Олег Кирьянов

Заведующий корпунктом «Российской газеты» на Корейском полуострове, Сеул

러시아에 대한
오해와 진실

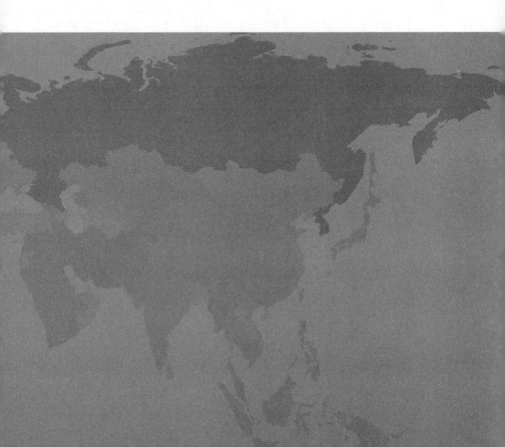

러시아와 소련, 무엇이 다른가?

아직도 상당수 한국인들은 러시아와 소련을 구분하지 못하고 두 나라가 같은 나라 아닌가 생각하고 있다. 1991년 소련이 해체되어 발트 3국, 중앙아시아 및 코카서스 지역 국가들, 우크라이나, 벨라루스 등이 독립함으로써 영토가 줄어든 것 말고는 바뀐 것이 없다고 인식하고 있다. 이런 현상은 일반 국민뿐만 아니라 우리 사회의 식자층도 마찬가지이다. 왜 그렇게 된 것일까? 상당 부분 한국 언론이 러시아에 대해 보도할 때 직접 취재보다는 서방 언론의 왜곡된 보도를 그대로 따르는 경향이 있기 때문인 것으로 보인다. 그러면 러시아와 소련은 구체적으로 어떻게 다른지 살펴보고자 한다.

러시아는 민주주의와 시장경제체제를 취하고 있는 나라

우선 정치 체제에 있어서 소련은 프롤레타리아 독재, 즉 공산당 일당 독재이었던 데 반해 러시아는 의회민주주의와 다당제를 취하고 있는 민주주의 체제이다. 중국은 1949년 이래 공산당 이외 다른 정당은 허용되지 않고 공산당 일당 통치가 현재까지 이어지고 있으나 러시아에는 야당이 존재하며 공산당은 미약한 야당 중의 하나일 뿐이다.

소련 시절에는 국가의 최고지도자를 국민들의 의사와는 상관없이 공산당 내부 결정에 의해 선출하였으나 현재 러시아에서는 국민들이 직접선거를 통해 대통령을 뽑는다. 소련은 명목상의 의회를 갖고 있었을 뿐이나 러시아는 국민들이 직접선거로 뽑은 의원들로 구성된 의회가 있어 행정부를 견제하고 있다. 아직도 중국에서는 국민들이 최고지도자를 직접선거로 뽑지 못하고 있으며, 의회에 해당하는 전국인민대표대회(전인대)의 구성원도 사실상 공산당 지도하의 간접선거인데다 전인대는 매년 1회, 그것도 단기간 개최되어 사전에 결정된 공산당의 방침을 추인하는 거수기 역할에 그치고 있다.

소련 체제 하에서 국민들은 기본권을 제대로 누리지 못하였는데 특히 개인의 삶에 있어 중요한 사유재산권, 직업선택의 자유, 그리고 거주이전의 자유가 허용되지 않았다. 러시아에서는 민주주의 국가인 만큼 국민들이 기본권 모두를 향유하고 있다.

경제 체제를 보면 소련은 철저한 통제경제 즉 사회주의 계획경제를 기조로 하였으나 러시아는 자유시장 경제 체제이다. 국민들의 자유로운 경제활동을 보장하고 있으며 외국인 투자의 유입을 환영한다. 러시아는 소련의 폐쇄경제와는 달리 세계 각국과 활발히 교역하고 있고 이미 세계무역기구(World Trade Organization)에도 가입하였다.

소련 시절 대외무역은 교역을 통해 경제적 이익을 추구하기보다는 주로 서방으로부터 국민의 일상생활에 필요한 소비재를 수입하기 위해 필요한 외화를 벌기 위해 간헐적으로 석유나 가스 등을 파는 정도였다. 소련 시절에는 미국과의 군비경쟁 때문에 경제가 군수산업 위주의 중공업이 중심이었고 소비재 생산을 위한 경공업은 발전되지 못하였다. 그리고 사회주의 국가들 사이 교역은 주로 물물교환 방식, 즉 구상무역으로 이루어졌다. 간혹 한국인들 가운데 중국이 자본주의이고 러시아는 아직도 사회주의라고 알고 있는 사람들이 있는데 중국은 공식적으로는 '중국적 특색의 사회주의'라고 사회주의를 표방하고 있다.

소련 시절 15개 공화국은 명목상 자치권을 갖고 있었을 뿐이고 실제로는 공산당 중앙의 철저한 통제 아래 있었으나, 현재 러시아 내 소수 민족들의 자치공화국들은 실질적인 자치권을 갖고 있다.

러시아는 서방에 대해 위협이 아니라 협력파트너가 되길 원한다

서방은 역사적으로 러시아에 대해 한편으로 두려움을, 다른 한편으로는 우월감을 갖고 있다. 객관적으로 현재 러시아가 서방을 위협하고 있다고 보기 어려우나 냉전 시대 소련의 공산화 위협에 대해 가졌던 경계심이 여전히 남아 있는 것 같다. 그러한 복합적인 인식 때문에 서방 언론은 러시아를 있는 그대로 보도하기보다는 자신들의 잣대로 평가하고 깎아내리는 경향을 보이면서 동시에 러시아의 위협을 강조하는 모순된 태도를 보인다.

과거 제정 러시아와 소련이 이웃국가들에 대해 팽창정책을 추구하였던 것은 사실이나 서방의 강대국들은 어떠하였던가? 그야말로 서로 뺏고 뺏기는 전쟁의 연속이 아니었던가? 더구나 19세기 프랑스의 나폴레옹과 20세기 나치 독일의 히틀러가 대대적으로 러시아를 침략하였는데 러시아가 서방에 대해 그런 적이 있었던가? 또한 냉전시대에 서방에는 북대서양조약기구(NATO), 소련 진영에는 바르샤바조약기구(WTO)라는 군사동맹이 있어 상호 맞섰는데 이제 바르샤바조약기구는 사라지고 없고 이 조약의 회원국 대부분이 서방의 북대서양조약기구에 참여하고 있다. 러시아는 사회주의를 포기하였다. 이제 양측 사이에 이념적 대립은 존재하지 않는다. 러시아는 당연히 전 지구의 공산화를 추구하지 않으며, 경제발전을 위해 서방과의 긴밀한 협력을 추구한다. 다만 서방이 러시아가 강해지는 것을 우려하며 러시아를 길들이고 싶어 할 뿐이다. 즉 서방은 서방에 대해 고분고분한 러시아를 원한다. 특히 미국은 기회만 있으면 러시아로부터의 잠재적 위협을 침소봉대하여 러시아와 유럽이 화합하는 것을 견제하고 있다. 스웨덴의 스톡홀름 국제평화연구소가 발표한 국방비 통계자료에 따르면 2018년에 나토(미국+유럽)는 1,036억 달러인 데 반해 러시아는 61.4억 달러에 불과하다. 누가 누구에게 위협이 된다는 것인가?

호전적인 쪽이 누구인지는 역사적 사실에 근거하여 판단하여야 하지 않을까? 1964년 8월 미국은 베트남 통킹만에서 정찰 활동 중이던 구축함 '매독스'호가 북베트남의 어뢰정에 의해 공격을 받았다고 주장하면서 북베트남에 대한 전쟁을 선포하였다. 그런데 2005년에 공개된 미국 국방부 및 국가정보국 문서와 맥나마라 전 국방장관의 회고록에서 미국의 그런 주장이 조작이었음이 밝혀졌다. 또한 2003년 미국은 이라크가 대량살상 무기를 보유하고 있고 이와 관련 국제원자력기구의 사찰을 거부하고 있다고 주장하면서 이라크를 공격하였는데 그 뒤 현장 조사에서 이라크 영토에서 어떠한 대량살상 무기도 발견되지 않았다.

아마도 이런 설명에 대해 일부 한국인들은 2014년 러시아가 우크라이나의 크림반도를 침략하지 않았느냐고 반문할 것이다. 일리가 있는 반박이다. 하지만 크림반도의 역사를 알게 되면 서방의 비난이나 러시아의 합리화 주장이나 절반의 진실을 말해 줄 뿐이라는 것을 알게 될 것이다.

그러면 왜 한국인들이 러시아와 소련을 같은 나라라고 인식할까?

1991년 6월 러시아가 소연방에서 탈퇴를 선언한 이후 소련이 무너지고 나서 대외관계에 있어 문제가 발생하였다. 그동안 소련이 체결한 양자 및 다자 조약상 권리와 의무 승계 문제, 국제기구에서의 지위, 소련의 대외 자산과 부채 문제 등에 대해 해결책이 필요했는데 이와 관련하여 러시아는 자신이 소련의 권리와 의무를 승계한다고 선언하였고 국제사회가 이를 받아들였다. 이에 따라 러시아는 유엔안전보장이사회의 상임이사국 지위를 승계하였을 뿐만 아니라, 이전에 소련이 미국과 체결한 각종 전략무기제한협정의 이행 의무도 지게 되었다. 마찬가지로 우리나라가 경협차관을 소련에 제공한 것이지 러시아에 준 것이 아니었으나 러시아가 상환의무를 떠안은 것이다. 이런 측면에서만 본다면 또는 지정학적인 의미에서는 러시아와 소련이 같은 나라 아니냐라고 말할 수도 있겠다. 그렇다면 1911년 신해혁명으로 청나라가 무너지고 중화민국이 세워지고, 중화민국이 청나라의 대외적인 권리 의무를 승계하였다고 해서 중화민국이 청나라와 같은 나라라고 할 수 있을까?

(2020-03-04《프레시안》)

러시아는 북한과
동맹관계는 아니다

　최근 들어 비핵화 대화가 진전되지 않고 북미간 긴장이 고조되고 있는 가운데 러시아와 중국은 유엔 안보리에서 대북한 제재 완화 결의안을 제출했다. 대부분 한국 사람들은 막연히 러시아가 북한의 동맹국이고, 그 결과 북한 편을 든다고 생각한다. 북러 관계가 과연 동맹관계인지 그리고 북중 관계에 비교하면 어떤지 확인해 보고자 한다.

　1961년 7월 북한은 소련 및 중국과 각각 우호협력 및 상호원조조약을 체결했다. 이 조약들은 유사시 자동 군사 개입을 규정한 동맹조약이다. 그런데 1990년대 들어 냉전이 종식되고 한국과 외교관계를 맺으면서 러시아로서는 북한과 동맹조약을 유지하는 것이 다소 부담이 되었다. 1994년 6월 김영삼 대통령은 옐친 대통령과의 정상회담에서 북러 조약 폐기를 강력히 요청했다. 러시아가 1995년 8월 북한에 조약을 연장하지 않겠다는 입장을 통보함으로써 1996년 9월 10

일부로 효력을 상실했다. 몇 년이 지나 러시아는 북한과 관계를 재정립한다는 차원에서 2000년 2월 새로운 우호선린협력조약을 체결했다. 새 조약에는 1961년 조약과는 달리 자동 군사 개입 조항이 빠졌으며 경제, 문화, 기술 협력에 관한 내용들이 포함되었다.

반면에 중국이 1961년 북한과 체결한 조약은 여전히 유효하다. 따라서 유사시 자동 군사 개입 조항이 살아있다. 2000년 북러 조약은 어느 일방이 효력 만료일 12개월 이전까지 폐기 의사를 통보하지 않으면 자동으로 5년간 연장된다고만 되어 있으나, 북중 조약은 쌍방이 수정 또는 폐기할 것에 합의하지 않는 한 계속 유효하도록 돼 있다. 어느 일방이 이의를 제기하더라도 다른 일방이 동의하지 않는 한 조약이 계속 유지된다는 의미다.

한국 요청에 따라 조약도 폐기

우리가 한러 관계를 관리하는 데 있어 러시아가 한국 요청에 따라 북한과 1961년 조약을 순순히 폐기시켰다는 점에 주목해야 한다. 북중 사이에는 그런 일이 일어나지 않았기 때문에 더욱 그렇다. 당시 러시아는 체제 전환 이후 한국의 투자에 대한 기대가 매우 높았다. 옐친 대통령은 북한과의 관계는 아예 도외시하기까지 했다. 이러한 배경에서 1961년 북러 조약이 폐기될 수 있었던 것이다. 하지만 이후 경제 협력에 대한 한국 측의 소극적인 자세는 러 측에 큰 실망을 안겨주었다. 1997년에 북한 핵 문제 해결을 위한 노력이 남북한 및 미국과 중국, 소위 4자회담 프로세스로 시작되어 러시아는 소외되었다. 2000년 푸틴 대통령 등장 이후 내부적으로 옐친정부 시절 남한 일변도 대한반도 정책에 대한 반성이 있었던 것으로 보인다. 그 결과 2000년 2월 북한과의 냉각된 관계를 개선하기 위한 노력의 일환으로 새로운 우호협력조약이 체결된 것이다.

한편 그간 북핵 문제 해결을 위해 북미간 정상회담이 진행되는 과정에서 중국은 북한에 대해 어떤 움직임을 보였던가? 시진핑 주석이 김정은 위원장을 몇 차례나 중국으로 불러들이고 자신이 평양을 방문하기도 했던 것은 북핵 해결에 긍정적인 영향을 미쳤다고 보기 어렵다. 중국의 움직임은 북미 협상이 급진전되어 혹시라도 북한이 미국 쪽으로 기울지는 않을까 하는 우려에서 나온 초조함과 조바심의 표현으로 볼 수 있겠다.

반면에 러시아는 중국과는 달리 북미 협상에 대해 견제하거나 방해하는 움직임이 없었다. 일각에서는 지난 4월 북러 정상회담 계기에 푸틴 대통령이 6자회담을 제안했다고 주장하였지만 사실이 아닌 것으로 확인되었다.

한러 수교 30주년 관계 개선 기회

러시아가 북한 노동자들을 받아들이는 것은 북한을 돕기보다는 러시아의 필요성에 기인한 것이다. 러시아는 한반도의 78배나 되는 광대한 영토에 인구는 겨우 약 1억5,000만 명밖에 되지 않는다. 이에 극심한 노동력 부족에 시달리고 있다. 특히 극동 시베리아 지역은 심각한 상황이다. 이런 점에서 중장기적으로 문제를 야기할 가능성이 있는 중국인들 대신 북한 사람들을 고용하는 것은 러시아로서는 자연스런 선택이다.

러시아와 북한 관계가 특별한 관계인 면은 분명히 있지만 중국과 북한 관계처럼 동맹관계라고 평가하는 것은 무리라고 생각된다. 앞서 지적했듯이 러시아는 한국이 어떻게 하느냐에 따라서 얼마든지 한국 쪽으로 기울게 할 수 있다. 내년이면 한러 수교 30주년이 되는데 푸틴 대통령의 방한이 전망되고 있다. 그의 방한이 성사된다면 그 기회에 양국 관계의 획기적인 발전을 위해 어떤 성취가 있을지 기대된다.

(2019-12-27《내일신문》)

러시아는 중국과 동맹관계인가?

　푸틴 대통령과 시진핑 주석은 만날 때 과거 사회주의 방식으로 서로 끌어안고 볼을 맞대며 친밀한 관계임을 과시하곤 한다. 한국 언론은 북중러 북방 삼각동맹이라는 표현을 자주 쓰면서 러시아와 중국이 단합해 북한을 지원하고 있다고 본다. 러시아와 중국은 과연 동맹관계일까? 또한 양국은 언제부터 한국 사람들이 생각하듯이 소위 '반미 전략적 동반자 관계'가 되었을까?

　양국 관계의 역사를 보면 러시아와 중국은 오랜 기간 사이좋은 이웃이 아니었는데 지정학적 관점에서 보면 그럴 수밖에 없다는 결론이 나온다. 러시아가 우랄산맥을 넘어 동진하면서 17세기 초 양국은 직접 접촉하게 되는데 바로 충돌과 갈등으로 이어졌고 중국은 열강에 시달리던 19세기 후반에 러시아에 아무르 강 유역과 연해주를 빼앗겼다. 제2차 세계대전 이후 냉전 초기에는 사회주의 국가 간 연대에 따라 양국 관계가 매우 좋았는데 1960년대에 들어 소위 중소분쟁으로 악화되어 1969년 봄에는 양국 간에 무력 충돌까지 발생하였다. 당시 양국 관계는 전쟁 직전 상황까지 치달았으며, 소련은 중국에 대해 핵 공격까지 검토한 것으로 알려져 있다.

이런 상황에서 중국은 소련의 위협에 대처하기 위해 미국을 이용하고자 했고, 미국은 소련을 견제하기 위해 중국과의 관계를 개선키로 전략적 결정을 내렸다. 이에 따라 미국의 닉슨 대통령은 1972년 2월 중국을 방문, 미중 관계의 새로운 장을 열었다. 러시아와 중국 간 관계는 1979년 미중 정식 수교 이후 회복에서 더욱 멀어져 갔다. 양국 관계는 1991년 소련이 해체되고 나서야, 즉 미국과 중국의 공동의 적이 소멸되고 나서 복원되었다. 이후 러시아와 중국 양국은 관계 개선 노력을 경주하여 2001년 우호협력조약을 체결하고 양국 관계를 '전략적 동반자 관계'로 발전시키기로 하였다.

냉전시대에 중국은 러시아의 주니어 파트너였으나 21세기에 들어와 큰 변화가 있었다. 중국의 군사력은 러시아에 대해 아직 열세이나 경제력은 러시아를 추월했다. 이제 거꾸로 러시아가 중국의 주니어 파트너가 되었다는 의견도 있다. 물론 종합적인 국력에 있어 아직 러시아가 중국에 밀리는 것은 아니다. 그런데 상당수 한국인들은 러시아-중국 관계를 마치 일본-미국 관계와 유사한 것으로 이해하고 있는데 현실과 사실로부터 거리가 먼 몰이해의 결과이다.

러시아는 냉전 종식 이후 미국의 독주에 대처하기 위해 중국과 공조를 하고 있을 뿐이다. 시진핑은 주석으로 취임하고 가장 먼저 러시아를 방문했고, 최근 수년간 두 나라는 서해와 캄차카 해역에서 합동 군사훈련도 하였다. 러시아는 중국 티베트와 신장 위구르 지역의 독립 움직임에 대해 중국의 입장을 지지하며 대만 문제에 대해서도 마찬가지이다. 또한 남중국해에서의 중국과 미국 간 갈등에 대해서도 중국 편에 서 있다. 하지만 중국은 다르다. 2008년 8월 8일 전 세계의 이목이 베이징 올림픽 개막식에 쏠려있는 틈을 타서 러시아 남쪽 코카서스 지역의 그루지야가 사실상 미국의 묵인 아래 자치공화국인 남(南)오세티야에 주둔하고 있던 러시아 평화유지군을 선제공격함으로써 무력 충돌 사태가 발생하였다. 이 충돌은 러시아 군의 일방적인 승리로 끝났으며 러시아의 지원을 받은 남오세티야 자치공화국은 독립을 선언하였다. 이와 관련하여 중국은 러시아 입장을 지지하지 않았다. 중국은 2014년 우크라이나 내전 당시 크림반도의 러시아 편입에 대해서도 침묵으로 일관했다. 시리아 내전을 둘러싼 러시아와 미국 간 대립 정도에 대해서만 러시아의 입장을 지지하고 있다. 러시아는 중국으로부터 기대할 수 없는 것을 기대하고 있는 것은 아닐까?

우크라이나 내전 이후 서방의 경제제재로 인해 러시아는 많은 분야에서 중국의 투자를 받아들이고 있고, 그간 석유, 가스 등 에너지 자원의 수출과 관련한 서방의 견제 움직임 때문에 대안시장으로 중국을 중시하고 있다. 반면에 중국은 러시아를 에너지 공급원과 첨단무기 제조기술 도입원으로 그리고 소비재 수출시장으로 생각할 뿐이다. 서방 언론에 따르면, 매일 러시아에서 중국으로 열차 편으로 40만 배럴의 석유가 공급되고 있다. 또한 2010년 러시아는 중국에 석유를 20년 간 배럴당 평균 45달러 가격에 공급하는 1,000억 달러 규모의 계약을 체결하였는데, 당시 러시아 우랄산 석유의 배럴당 가격은 77~

78달러이다. 러시아는 중국에 이렇게 '우호적인 가격'으로 석유를 제공하면서 대가로 무언가를 받고 있기나 한지 의구심이 든다.

그리고 표면적으로 러시아의 유라시아 정책과 중국의 일대일로 정책이 대립되기 보다는 서로에게 도움이 되는 관계인 것처럼 보이기도 하고 실제로 양국이 공식적으로는 그런 식으로 말하고 있으나 과연 그럴까? 러시아는 중앙아시아를 비롯해 주변 국가들에 대해 영향력을 회복하려 하고 있는데 현실은 중국이 중앙아시아 진출을 확대해 러시아의 영향력을 잠식하고 있다. 대테러 공조를 목적으로 만들어진 상하이협력기구에 러시아, 중국 및 중앙아시아 국가들이 참여하고 있는데 상하이협력기구가 결과적으로 중국에게 중앙아시아 국가들과의 접촉면을 증대시켜 주는 역할만 하고 있는 것은 아닌가? 소위 BRICS(브라질, 러시아, 인도, 중국, 남아프리카)는 어떤가? 미국의 일극주의에 대항한다고 하지만 회원국들(중국↔인도) 사이 반목이 있어서 러시아의 대미 정책에 별로 도움이 되지 못하고 있다.

최근 중국과의 긴밀한 관계에도 불구하고 러시아 사회에는 중국 위협론이 자리 잡고 있는데 러시아의 중국 전문가들은 대부분 중국 위협론을 부정하고 있고 러시아에 중국 자본이 많이 들어오면서 사회 전반적으로는 중국 위협론이 많이 줄어들었다. 심지어 일부 정치인들은 중국의 발전상을 찬양하면서 중국과의 협력을 역설하기도 한다. 냉전시대에 뿌리를 내린 반미의식이 냉전 이후에도 수그러들지 않고 있다. 소련이 무너지고 다른 노선을 걷는 러시아로 바뀌었음에도 불구하고 미국이 사사건건 러시아의 대외적인 행동을 견제하고 이런저런 구실을 붙여 경제제재까지 하고 있는 현실 때문인 것 같다. 이러다

보니 러시아인들은 전략적 측면에서 미국보다는 중국이 낮다고 보는 것 같다. 그럼에도 불구하고 보통 러시아인들은 여전히 중국인들을 '하대'하는 경향이 있고 그다지 우호적이지 않다. 2018년 모스크바에서 고려인 동포가 당한 일이 우리 언론에도 보도되었는데 어느 카페에서 러시아 축구선수가 고려인을 중국인으로 생각하고 '너희 나라로 돌아가라!'고 외치며 폭행하였다고 한다.

덩샤오핑의 유훈인 '도광양회(韜光養晦)'(자신을 드러내지 않고 때를 기다리며 실력을 기른다)가 한국에 널리 알려져 있는데 그의 유훈에는 '러시아를 경계하라.'는 것도 있다. 또한 덩샤오핑은 생전에 이런 농담을 하였다고도 한다. '중국은 총 한 방 쏘지 않고도 러시아를 점령할 수 있다. 중국군이 모두 러시아에 들어가 항복하면 러시아는 그들을 먹여 살리느라 거덜이 날 것이고 그러면 자연스럽게 러시아는 중국 차지가 될 것이다.' 그리고 마오쩌둥은 1969년 소련과의 국경충돌 때 소련에 대해 뼈아픈 교훈을 주겠다고 하였다. 중국에서는 학생들에게 한반도, 연해주, 아무르 강 유역 등을 '회복해야' 할 땅이라고 가르치고 있다고 한다. 중국 회사들은 극동 러시아의 아무르 강 유역에 대규모 농지를 임차하고 있고 그 규모를 지속적으로 늘려가고 있다고 하는데, 이와 관련 러시아의 야당 지도자 지리놉스키는 경고한 바 있다. 중국과 인접한 카자흐스탄의 국경지대에서도 유사한 현상이 있고 이에 대해 카자흐스탄 국민들이 강력히 항의하면서 반중 시위를 벌였다. 이러한 현상이 러시아든 카자흐스탄이든 중국이 친중 또는 부패한 지방 관리들을 매수함으로써 일어나고 있다고 한다. 문제는 대규모 농지 임차 자체보다도 일하러 몰려온 중국인들이 계약이 끝나도 대부분 돌아가지 않고 현지에 눌러앉는 데 있다. 시베리아의 한복판에 있는 도시인 크라스노야르스크를 방문한 적이 있는데 현지인들에 따르면 이미 도시 인구의 약 10%가 중국인이라고 한다. 불법으로 체류하는 중국인들이 점점 늘어나지만 러시아 당국은 제대로 손을 쓰지 못하고 있다. 주러시아 대사관에서는 매 분기 현지 진출 한국 기업 대표들이 참석하는 통상투자진흥회의를 개최하는데 한번은 러시아 이민국의 고위관리를 초청하여 교민들의 체류 관련 애로사항에 대해 질문답변을 가졌다. 그 관리는 러시아는 현실적으로 한국처럼 불법 체류자를 찾아내어 추방할 수가 없다고 하였다. 인력과 예산도 부족하지만 국토가 너무 넓어 그렇게 하는 것이 거의 불가능하다고 토로하였다.

극동 러시아 지역은 큰 면적에 비해 인구는 너무나 부족하다. 러시아는 이 지역에 대한 중국인 유입을 우려한다. 특히 만주 지역 인구가 이미 1억 명이 넘는데 반해 극동 러시아 지역 인구는 800만 명이 조금 넘는 정도이다. 푸틴은 2000년대 이 지역을 시찰하고 나서 현재 같은 상태가 지속된다면 수십 년 뒤 이 지역 주민들은 러시아 말이 아닌 다른 언어를 사용하고 있을지도 모른다고 우려를 표했다. 중국인의 '평화적인 잠식'이 진행되고 있는 것이다.

2007년 4월 한러 극동 시베리아 분과위 회의 참석차 극동 러시아 아무르 강변 도시 블라고베셴스크를 방문하였다. 강 건너편에 있는 중국 도시 헤이허(黑河)는 우리 독립운동사에도 나오는 이름이어서 호기심이 발동하여 강을 건너 잠시 방문하였는데 역사박물관을 관람하게 되었다. 그런데 수위가 입구에서 우리 일행 중 러시아인들은 들어가지 못하게 막았다. 그 이유는 박물관 전시물을 보고 나서 알 수 있었다. 전시관 벽에는 큰 글씨로 '수복실지(收復失地)!'라고 씌어 있었다. 중국인들이 19세기에 제정 러시아에 빼앗긴 땅을 되찾겠다는 결의를 다지고 있음을 새삼 알게 되었다.

끝으로 지정학적 관점에서 볼 때 러시아와 중국은 서로 등을 맞대고 있는 형국인 데다 그간의 역사를 볼 때 현재와 같은 러중 밀월관계는 오히려 예외적인 것이라 하겠다. 중국은 시간은 자기편이라고 생각하고 느긋하게 현재의 추세를 밀고 나갈 것으로 보이고, 러시아는 거대한 극동 시베리아 지역을 제대로 관리하고 경영하기가 어려워서 중국 자본과 중국인을 외면할 수도 없는 형편으로 보인다. 양국 관계를 한마디로 표현하면 동상이몽(同床異夢)이라고 할 수 있겠다. 푸틴 대통령은 지난해 말 국민과의 대화에서 '러시아는 중국과 군사동맹을 맺고 있지 않으며 계획도 없다.'고 잘라 말했다.

(2020-03-09《프레시안》)

푸틴은 '독재자'인가?

푸틴은 강한 인상을 준다. 실제로 전임자인 옐친 대통령과 비교해서 서방으로서는 호락호락하지 않은 상대이다. 그런데 서방은 러시아를 길들이고 싶어 한다. 그래서 푸틴을 흔들고자 한다. 푸틴의 대외적인 이미지는 상당 부분 서방 언론에 의해 만들어진 것이다. 한국 언론이 서방 언론을 별생각 없이 따르다 보니 한국인들 대부분은 러시아에 대해 관심이 없고 아는 것도 없으면서 '푸틴, 독재자 아니냐?'하는 선입견을 갖고 있다.

푸틴은 '소련이 붕괴하고 우리는 한동안 서방에 무릎을 꿇었는데 이제 우리는 일어섰다.'고 하였다. 소련이 무너지고 나서 옐친 대통령 시절 러시아는 사회주의를 포기하고 자본주의 체제로 전환하였다. 당시 러시아는 서방국가들이 체제 전환한 러시아를 선의로써 도와줄 것이라고 기대하였다. 하지만 서방에서 온 전문가들은 어설프고 무책임한 조언을 일삼아 급격한 체제 전환으로 혼란에 빠진 러시아 경제를 더욱 수렁에 빠뜨렸다. 그런 과정에서 서방 기업들은 러시아에서 경제적 이익을 챙겼다. 자본주의로의 전환에 수반되어야 할 제도 및 법령 정비가 미흡한 상태에서 서방 기업들은 특히 석유, 가스 등 에너지 분야에 진출하여 막대한 이익을 취하였다. 그러다가 2000년 푸틴의 집권을 계기로 러시아는 정신을 차리고 서방의 탐욕에 제동을 걸기 시작하였다.

러시아를 만만하게 보고 맘껏 휘젓고 재미를 보던 서방으로서는 푸틴이 곱게 보일 리가 없었다. 미국 국무부를 비롯하여 서방 기관들이 러시아에서 민주주의와 인권을 증진한다는 명분을 내세우면서 러시아 민간단체들을 지원해 왔는데 사실은 민주주의의 신장보다는 러시아 내 반푸틴 내지 친서방 세력을 양성하여 푸틴을 견제하려는 것이 목적인 것 같다. 이에 대해 2010년대 중반 러시아 정부는 비영리단체에 대한 법률을 개정하여 해외로부터 재정 지원을 받는 경우 일률적으로 외국의 에이전트로 보고 각 단체에 대해 상세한 재정보고서를 제출하도록 하고 이를 위반하면 엄중 처벌한다는 방침을 발표하였다. 이런 조치에 대해 서방 언론은 당연히 러시아 정부가 민간단체를 억압한다고 비난하였다. 외국 기관으로부터 재정 지원을 받지 못하게 하겠다는 것이 아니고 돈의 출처와 흐름을 파악하겠다는 것인데 이를 단순히 탄압이라고 할 수 있을까?

그럼 푸틴이 '독재자'인가 라고 반문한 이유를 다음과 같이 제시코자 한다. 먼저 일반적으로 독재자들은 집권 과정에서부터 문제가 있어 정당성이 없다는 점이다. 예를 들어 쿠데타를 통해 권력을 잡았다든지 하는 경우이다. 푸틴은 옐친 대통령이 1999년 12월 31일 건강 상의 이유로 돌연 사임함에 따라 총리에서 대통령 권한 대행이 되었고 2000년 3월 선거를 통해 대통령으로 선출되었다.

푸틴이 소련 정보기관 KGB 출신이라서 음흉하고, 공작에 능하고, 반민주적인 성향을 가졌다고 보는 견해가 있다. 우리나라의 박정희 대통령이 군 출신이라서 후반에 권위주의적 통치를 했고 군인이기 때문에 반민주적 성향이 있다고 할 수 있을까? 아버지 부시 대통령도 미국의 정보기관 수장을 역임하였는데 사람들이 그를 음흉하다고 하는가? 러시아 지도자가 정보기관 출신인 것이 만드는 차이는 푸틴이 과거 어느 러시아 지도자 보다 서방의 의도를 꿰뚫어 보고 있다는 점이다. 그래서 서방에게는 푸틴이 쉽지 않고 부담스러운 상대가 되고 있는 것이다.

사람들은 또 푸틴이 20년 장기 집권하고 있지 않은가 질문을 던진다. 푸틴은 2000년 대통령에 당선되어 연임하였고 2012년 대선에 재출마하여 3번째 대통령직을 맡았고 2018년 대선에서도 승리하여 현재 16년째 대통령직을 맡고 있다. 2008년~2012년 시기에 그의 심복인 메드베데프가 대통령이었고 푸틴은 총리직을 맡았는데 현실은 푸틴이 최고 권력자였다고 보고 사람들은 20년 장기 집권을 이야기한다. 어쨌든 그는 러시아 헌법상 연속 3선을 금지하는 규정을 위반하지는 않았다. 장기 집권하였다고 독재자라고 하는 것은 무리이다. 내각책임제의 경우 다수당의 대표가 총리가 되고 연임 제한이 없다. 영국 대처 수상의 경우 1979년~1983년, 1983년~1987년, 1987년~1990년 3차례에 걸쳐 총 11년을 집권하였고, 일본 아베 총리는 2006년~2007년, 2012년~2014년, 2014년~2017년, 2017년~

2020년 4차례에 걸쳐 총 9년째 집권하고 있다. 내각책임제에서는 연임 제한이 없으니 몇 번이고 재집권하여 장기 집권해도 아무 문제가 안 되고, 대통령제에서 헌법을 어기지 않았는데 장기 집권하면 독재인가? 대선 과정에 문제가 있지 않았느냐고 물을 수도 있다. 그런데 푸틴은 2004년 재선 때 71%라는 압도적인 지지를 받았고 2012년 대선에서는 63.6% 지지를 받았으며 2018년 대선에서는 76.7% 지지를 받았다. 선거 부정이 있지 않았을까 질문을 던질 수도 있다. 푸틴에 대해 기회만 있으면 꼬투리를 잡아 흔들려고 하는 서방 언론에서 러시아 대선에서 부정이 있었으면 그냥 지나쳤을까? 러시아 대통령 선거 결과에 대해 서방 언론이 이렇다 할 문제를 제기한 적은 아직까지 없다. 심복인 메드베데프에게 대통령을 물려주었고 그의 임기가 끝나자 다시 대선에 출마하였을 때 시비를 걸었을 뿐이다. 그것도 러시아 헌법을 위반한 것은 아니기 때문에 그때뿐이었다.

푸틴은 의회와 야당에 대해 강압적인 자세를 보인 적도 없다. 물론 그가 이끄는 정당이 2011년 총선을 제외하곤 항상 과반수 의석을 확보한 것이 이유이겠으나 어쨌든 독재자 또는 권위주의적 정치지도자가 흔히 의회 또는 야당에 대해 보이는 태도를 푸틴에게서는 찾아볼 수 없다.

다만 한국식으로 말해 '재야 정치인' 또는 반정부 인사와 관련해서는 푸틴에 대한 의심의 눈초리가 있다. 넴초프라는 정치인이 있는데 그는 연방 하원의원 출신이며 2007년부터 푸틴 정권을 공격하면서 민주화를 주창하는 재야운동단체를 이끌어 왔는데 2015년 2월 어느 날 밤 애인과 함께 산책하다가 모스크바 붉은 광장 근처 다리에서 괴한의 공격을 받아 사망하였다. 넴초프가 지지자들이 꽤 있었지만 푸틴 정권을 위협할 정도의 인물은 아니었음에도 그의 지지자들과 서방 언론은 배후가 푸틴이라며 강력 비난하였다. 범인들은 코카서스 지방 출신으로 알려졌는데 범행 동기는 명확하게 밝혀지지 않았다. 2018년 대선에서 다크호스로 갑자기 부상한 젊은 정치인 나발늬의 경우는 좀 다르다. 그는 모스크바가 아니라 지방에서부터 바람을 일으켰는데 가벼운 위해를 당하기도 하였고 결국 출마하지는 못하였다. 그런데 그 과정에서 푸틴 정권이 내세운 설명은 구차하였다.

푸틴은 서방을 당당하게 상대하여 러시아인들의 자긍심을 회복시켰으며 재임기간 대체로 경제가 안정되었고 연금생활자에 대한 배려 등으로 대선 결과가 보여 주듯이 높은 지지를 받아 왔는데 3번째 임기부터 일부 유권자들 특히 젊은 세대가 그의 장기 집권에 피로감을 보이고 권력층의 부패에 대해 반감을 갖고 있는 것도 사실이다. 이러한 배경에서 나발늬라는 젊은 정치인이 주목을 받았다고 본다. 하지만 러시아 정부가 반정부 인사라고 해서 마구잡이로 없는 죄를 뒤집어 씌워 감옥에 가둔다든가 하는 일은 없었다.

푸틴이 언론을 탄압하고 있지 않은가? 우선 러시아에는 관영 언론만 존재하는 중국과는 달리 민간 언론이 존재하며 나름대로 정부의 정책이나 결정에 대해 비판적인 의견을 내고 권력층의 비리에 대해서도 보도한다. 다만 '국경 없는 기자회'가 발표하는 자유언론지수로 보면 그리 높은 점수를 받고 있지는 않다. 서방 언론에서 지적하는 것으로 민간 언론사에 대한 국영기업의 지분인수를 통한 경영권 '침탈'이라는 것이 있다. 그런데 이런 경우를 언론 자유 측면에서만 보기 어려운 면이 있다. 소련 붕괴 이후 혼란기에 온갖 불법과 탈법으로 부를 축적한 과두재벌들이 언론을 소유하여 자신들의 이익을 옹호하는 것은 물론 정치에 관여하였던 현실을 짚고 넘어가야 한다. 특히 베레조프스키라는 유대인 과두재벌은 스스로를 '킹 메이커'라고 부를 정도로 정치에 관여하고 자신의 이익을 위해 언론을 이용하였는데 푸틴의 등장 이후 그런 행태가 여의치 않자 푸틴에 대해 강한 공격 논조를 취하였다. 자신들의 불법과 탈법은 놔두고 언론의 자유를 빙자하여 푸틴을 공격하면서 민주화 투쟁을 내세웠다. 오늘날 러시아 경제에 대한 과두재벌들의 과도한 지배력과 그들의 부적절한 행동 등이 심각한 수준에 이르러 그들의 언론사에 대한 정부의 대응에 대해 일반 국민들은 그리 부정적인 반응을 보이지 않았다.

또 다른 과두재벌로서 호도르코프스키가 있다. 그도 유대인이다. 그는 2003년 2월 공식 석상에서 자신이 인수하려 했던 《세베르나야 네프치》사의 매각과 관련하여 절차 위반과 과도하게 높은 인수 가격을 거론하며, 푸틴에 대해 시비를 걸었다. 그는 얼마 뒤 회사경영과 관련하여 사기, 횡령, 탈세 등 혐의로 구속되어 재판에서 징역형을 받았다. 그는 푸틴의 개입으로 《세베르나야 네프치》사를 인수하지 못했고, 부풀려진 매각대금의 일부가 푸틴의 2004년 대선 자금으로 흘러들어갔다고 주장하였는데 그러한 주장을 하지 않았더라면 그의 범죄는 묻혔을 지도 모른다. 2014년 석방된 뒤 그는 《파이낸셜 타임스》에 '2003년 구속되기 전에 2008년 푸틴의 임기가 끝나면 자신이 총리직을 맡는 데 대해 의회 여러 정파 대표들과 이야기를 나눈 적이 있다.'고 털어놓았다. 아마도 자신이 총리가 되면 정치인들에게 무엇을 줄 것인지도 이야기가 있었을 것이다. 정경유착의 전형이다. 베레조프스키와 마찬가지로 그도 반푸틴 성향 언론인들에 의해 어느새 '민주 투사'로 둔갑하였다. 또한 그의 회사 유코스에 서방에서 상당히 투자하였기 때문에 서방 언론은 푸틴이 정당한 이유 없이 기업을 탄압하였다고 비난하였는데 실상은 푸틴이 집권하면서 과두재벌의 좋은 시절이 끝난 것이다.

또 하나 이야기할 수 있는 것은 2006년 안나 프리트코프스카야 기자가 자택 앞에서 괴한에 의해 피살된 사건이다. 그녀는 러시아 연방 정부가 체첸 자치공화국의 독립 움직임을 억압하기 위한 전쟁에서 러시아군의 인권유린 행위와 푸틴 측근의 부정부패를 폭로하는 기사를 썼다. 체첸 분쟁에서 국민으로부터 정치적 지지를 받아야 하는 러시아 정부로서는 그녀의 기사가 큰 부담이었을지 모른다. 이 사건은 어쨌든 푸틴 정부가 의혹으로부터 자유로울 수 없는 케이스이다.

한편 중국의 시진핑은 어떤가? 중국 국민들이 그를 선거로 뽑은 적도 없고 더구나 그는 중국 헌법을 고쳐 주석의 임기 제한도 철폐하였으며, 자신의 측근들의 부패에는 눈 감으면서도 보시라이 등 정적들에 대해서는 부패 혐의를 내걸어 구속하였다. 중국에는 언론의 자유가 제한되는 정도가 아니라 언론 자유 자체가 없다. 단지 사이버 공간에서 시진핑 정권에 대한 비판을 찾아볼 수 있는 정도이고 그나마도 철저히 통제되고 있다. 중국 정부는 티베트와 신장 위구르 지역에서 소수 민족을 심하게 억압하고 있다. 그런데 한국인들 가운데 그를 독재자라고 부르는 사람은 없어 보인다. 한국 언론도 마찬가지이다. 왜 중국에 대해서는 다른 잣대로 평가할까? 서방 언론조차 중국에 대해서는 비교적 관대해 보인다. 중국은 기본적으로 공산당 일당 국가이므로 아예 기준을 낮춘 것일까?

우리나라에서 푸틴의 이미지가 그다지 좋지 않은 것은 그가 '지각대장'이라는 점과 더 관련이 있는 것 같다. 그는 외국 정상과의 회담에 늦게 나타나기로 '악명'이 높다. 서유럽 정상들은 물론이고 오바마 대통령, 그리고 교황도 회담장에서 기다려야 했고 아베 총리는 무려 3시간을 기다린 적이 있다. 2013년 11월 푸틴 대통령은 앞선 방문국인 베트남에서 저녁 때 떠나 다음날 새벽에 서울에 도착하였는데 그것도 예정 시간 보다 늦게 도착하여 방문 일정에 차질을 초래하여 국내 언론으로부터 신랄한 비난을 받았다. 새벽 도착 자체는 우리 측이 양해한 것이었으나 시간을 지키지 못한 것은 비난받을 일이다. 지금까지 푸틴이 외국 정상급 인사를 기다린 경우가 딱 한 번 있었는데, 2018년 9월 동방경제포럼에 참석한 대한민국 이낙연 총리와의 회담이다. 당시 이 총리는 정시에 도착하였는데, 푸틴은 그답지 않게 일찍 도착하여 할 수 없이 이 총리를 기다렸다.

끝으로 푸틴의 강한 리더십 때문에 그가 '독재자'라고 생각하는 경향도 있는 것 같다. 한반도의 78배나 되는 거대한 영토를 갖고 있고 공식적으로 140여 개 민족을 포용하고 있는 나라의 경우 당연히 강한 리더십이 요구된다. 결론적으로 푸틴 대통령은 서방의 기준에서 볼 때 높은 점수를 주기는 어려울지 모르나 그를 '독재자'라고 부르는 것은 지나치다 하겠다. 한국인들은 비판의식이 전무한 채 서방 언론을 따르는 한국 언론의 보도를 통해 푸틴 대통령에 대해 인식하고 있는데 한러 관계의 증진에 그러한 인식은 바람직하지 않다.

(2020-03-06 《프레시안》)

러시아는 우크라이나를 침략하였나?

2014년 우크라이나 내전 당시 러시아가 크림반도를 병합한 사건에 대해 한국 언론은 복잡한 역사적 배경과 현지 상황을 알지도 못한 채 서방 언론을 따라 러시아를 일방적으로 비난하였다. 하지만 우크라이나 내전이 왜 일어났고 어떻게 전개되었는지를 알고 나면 서방의 비난이나 러시아의 주장이나 모두 절반의 진실을 담고 있을 뿐이라고 판단하게 된다.

역사적으로 우크라이나의 영토 구성은 복잡하였다. 서부지역 일부는 2차 대전 이후 소련이 헝가리와 폴란드의 땅을 떼어 우크라이나에 붙여준 것이고, 우크라이나 동부지방의 일부도 1920~30년대 소련 공산당의 결정으로 넘겨준 것이다. 또한 1954년에는 소련 공산당 서기장 흐루쇼프가 러시아 땅이었던 크림반도를 자신의 출신 지역인 우크라이나에 편입시켰다.

러시아 입장에서는 우크라이나가 독립하였을 때 당연히 그 지역을 돌려받고자 하였다. 1992년 5월 러시아 의회는 크림반도를 우크라이나에 양도한 1954년 소련의 결정을 무효화한다고 결의하였다. 이에 대해 우크라이나가 반발하였고 이후 크림반도 문제는 두 나라 사이에 사실상 미해결 상태로 있었다. 크림반도의 세바스토폴에는 소련 시절부터 흑해 함대의 기지가 있고 우크라이나 독립 이후에는 러시아가 장기 임차 형식으로 사용하고 있었다. 크림반도는 1783년 제정 러시아가 오스만 터키와의 전쟁에서 승리하여 취득한 것으로 우크라이나와는 역사적 인연이 전혀 없는 곳이다.

1991년 독립 이후 우크라이나계가 대다수인 서부는 러시아에 대해 반감이 있어 친서방 경향을 보였고, 애초 러시아 땅이었던 동부와 크림반도는 당연히 러시아인으로서의 정체성이 있기 때문에 친러 경향을 보였다. 독립 초기에는 문제가 심각하지 않았으나 시간이 경과하면서 지역 간 대립이 심해졌고, 대통령 선거 때마다 갈등이 고조되었다. 초대 대통령은 나름대로 내부 갈등을 잘 관리하였고 경제도 발전시켰다.

그런데 2004년 대통령 선거에서 동부 출신 야누코비치가 당선되었으나 부정선거 시비로 소위 '오렌지 혁명'이 일어나서 물러나고 친서방 노선을 취하는 유셴코가 정권을 잡았다. 유셴코 정부는 서부지역의 환호를 받았으나 집권 후 내부 권력투쟁과 부패로 인해 경제가 국가부도의 위기에까지 몰렸다. 국제통화기금(IMF)으로부터 지원을 받았으나 지원 조건이었던 구조조정을 제대로 이행하지 못하는 가운데 서방의 지원을 기대하여 유럽연합(EU) 가입을 추진하게 되었다. 여기서 더 나아가 서방의 군사동맹인 나토(NATO) 가입 추진까지 검토하였다. 이러한 움직임은 공업지역인 러시아계의 동부에 비해 경제적으로 낙후되어 있던 농업지역인 서부 우크라이나의 지지를 받았다.

그러나 유럽연합은 우크라이나의 가입 희망에 대해 적극적이고 신속하게 응하지 않았으며, 유센코 정권의 경제 운영 실패로 국가 경제의 위기 상황은 악화되었다. 이와 같은 유센코 정권의 실정으로 인해 2013년 1월 동부 출신 야누코비치가 다시 정권을 잡았다. 야누코비치 정권은 러시아의 차관 제의를 받아들였다. 속사정을 보면 유럽연합이나 국제통화기금은 자금을 지원하면서 혹독한 구조조정을 요구할 것이 뻔하고, 또한 유럽연합은 회원국인 이탈리아, 그리스, 스페인, 포르투갈 등의 경제가 위태로운 상황이어서 회원국도 아닌 우크라이나까지 제대로 도와줄지 불확실하였다. 결국 동부 출신 야누코비치 대통령은 본래부터 친러 성향이었으며 서방의 지원에 따른 조건에 부담을 느껴 러시아의 차관을 받았는데 러시아는 우크라이나가 서방에의 접근을 포기하는 조건을 제시하였고 이에 따라 우크라이나는 유럽연합 가입 추진을 당분간 보류하였다. 이로써 우크라이나는 국가부도의 위기는 넘겼으나 정치적으로는 더욱 큰 혼란이 야기되었다.

즉 러시아에 반감이 있고 유럽연합 가입을 적극 찬성하였던 서부 우크라이나계 국민들이 격렬한 반정부 시위를 벌였는데, 2013년 11월 30일 시위에서 누군가의 발포로 사상자가 발생함으로써 시위는 더욱 과격해져 2014년 2월 19일 마침내 야누코비치 대통령은 대통령궁을 떠나 러시아로 피신하였고 우크라이나는 무정부상태에 빠지고 말았다. 그런데 누가 발포 명령을 내렸느냐에 대해서는 명확하게 밝혀진 것이 없으며, 야누코비치 정권 측이라고 보기도 하고 시위 군중을 자극하기 위해 서방 정보기관의 사주를 받은 누군가가 발포하였다는 음모설도 있다.

우크라이나의 일시적인 무정부상태는 결국 내전으로 이어질 수밖에 없었다. 서부지역 주민들은 유럽연합에 가입하기만 하면 자신들의 삶이 개선될 것이라는 희망에 부풀어 있었기 때문에 동부 출신 대통령이 이를 엎어버렸다고 분노하였으며, 동부지역은 동부 출신 정권이 출범한 지 얼마 안 되어 서부 출신 시위대에 의해 무너졌다고 반발하였다. 또한 동부 러시아계는 그동안 상대적으로 부유한 동부지역 주민들이 낸 세금으로 같은 민족도 아닌 서부 우크라이나를 지원해 온데 대해 불만이 가득하였다. 게다가 무정부상태가 진정되고 나서 등장한 과도정부가 우크라이나의 공용어에서 러시아어를 제외시키는 조치를 취하자 동부지역의 분노가 폭발하였다.

이런 분위기에서 동부지역은 합법적인 선거에 의해 선출된 야누코비치 대통령이 대통령직에 복귀하기 전에는 과도 중앙정부를 인정하지 못하겠다는 입장을 보이면서 모든 행정업무를 지방정부가 수행하겠다고 하면서 독립을 선포했다. 이에 따라 동부지역의 도시들에는 러시아 국기가 걸리고 중앙정부 군대의 진입에 대비하여 러시아에 지원을 요청하는 상황까지 갔다. 그리고 남부의 오데사와 크림 자치공화국에서도 분리 독립을 추구하는 움직임이 일어났다.

이에 대해 우크라이나 중앙정부가 동부지역에 대해 군대를 동원하여 진압하려고 하자 양측 사이에 무력 충돌이 일어났다. 특히 우크라이나는 동부를 잃어버리면 가난한 농업국가로 전락하기 때문에 무력으로라도 분리 독립 움직임을 억누를 수밖에 없었다. 이렇게 국내정세가 요동치자 우크라이나 화폐의 가치가 급락해서 상환이 임박한 대외채무를 상환하지 못할 가능성이 커졌고 다시 국가부도가 우려되었다.

이런 가운데 크림 자치공화국은 2014년 3월 11일 우크라이나로부터의 독립과 크림 공화국의 성립을 선포하였고, 3월 16일에는 러시아와의 합병에 대한 찬반 의사를 묻는 주민투표가 실시되어 96.6%의 압도적인 지지를 받았다. 주민투표 다음날인 3월 17일 푸틴 대통령은 크림 공화국에 대해 국가승인을 하고 3월 18일 러시아와 크림 공화국 사이에 합병조약이 체결되었다. 물론 우크라이나 중앙정부는 크림 자치공화국의 독립을 인정하지 않았으며 무력 동원도 불사하겠다고 하였으나 위협에 그쳤다. 서방도 크림 공화국을 인정하지 않고 이는 러시아의 침략행위라고 맹렬히 비난하였다.

크림반도에서 독립 여부를 묻는 주민투표가 있던 날 밤, 영국 BBC 특파원이 현장취재를 하였다. 아마도 BBC는 전 세계 시청자들에게 러시아가 크림 자치공화국의 분리 독립을 강요 또는 사주하였다는 인식을 심어주려는 의도가 있었던 것으로 보인다. 그러나 현장은 한마디로 축제 분위기였다. 대다수 주민들이 독립 결의를 환호하고 러시아로 복귀하였다고 기뻐하고 있었다. 그들은 '집으로 돌아왔다!'라고 외쳤다. 그러니 BBC 특파원은 맥이 빠지지만 보고 들은 대로 보도할 수밖에 없었다. 크림 주민의 다수인 러시아계는 우크라이나의 독립 이래 중앙정부의 횡포에 대해 불만을 품고 있었고 당시 우크라이나 국내 정세가 요동치면서 크림 주민들에게 아무런 지원도 해주지 않는 우크라이나 중앙정부를 거부하고 러시아로의 복귀를 선택한 것이다.

크림반도의 주민 가운데 소수 집단으로 우크라이나인과 타타르인이 있는데, 독립을 선포한 크림 공화국 정부는 우크라이나인들 중 희망하는 사람은 우크라이나로의 이주를 허용하였다. 타타르인들은 대부분이 주민투표 자체를 거부하거나 반대표를 던졌다. 18세기 러시아와 오스만 터키 간 전쟁 당시 이 지역에 타타르인들이 많이 살았는데 그들은 반러시아적 성향이었고, 심지어 2차 대전 당시에는 침략군인 나치 독일 군대에 협조한 경우도 있었다. 그렇다고 해서 그들이 우크라이나 중앙정부에 대해 우호적이지는 않다.

우크라이나 서부 주민의 주도로 일어난, 소위 '마이단'이라고 불리는 폭력 사태에 대해 서구 언론은 단순히 부패한 야누코비치 정권에 저항한 민주화 운동으로 미화하고 있다. 그러나 실제로는 여야를 막론하고 우크라이나 지도자 대부분의 부패, 역대 정권의 부실한 관리로 야기된 경제위기와 우크라이나 내부의 해묵은 민족 갈등이 복합적으로 작용하여 발생한 상황이다. 즉 단순히 집권기간도 짧았던 야누코비치 정권이 저지른 실책으로 야기된 것이 아니다. 경제 상황이 악화되면서 누적된 모순이 일시에 폭발한 것이라고 보는 것이 객관적이다.

당시 우크라이나 내부 상황을 간단히 정리하면 러시아가 싫어 맹목적으로 유럽연합에 붙고 싶어 하는 서부, 러시아에 편입되거나 그 영향력 아래 있으려는 동부, 인접 국가인 우크라이나에 안보상의 이유로 영향력을 행사하려는 러시아, 남유럽 국가들의 경제가 휘청거려서 정신없는데 혹 하나 더 붙을까봐 말만 하면서 방관하는 유럽연합, 이 기회를 이용해 러시아에 대해 타격을 주기 위해 반러시아 분위기를 부채질하는 미국 등 여러 행위자의 이해관계가 복잡하게 얽혀 일어난 상황이다.

이번 내전에서 가장 많은 이익을 얻은 나라는 미국이 아닐까? 러시아의 앞마당에 러시아를 견제하는 사실상 군사적 교두보를 확보한 것이나 다름없기 때문이다. 최근 트럼프 대통령을 탄핵 심판으로까지 몰고 갔던 우크라이나 스캔들의 핵심이 무엇인가? 미국의 우크라이나에 대한 군사원조와 잠재적인 정적인 바이든 전 부통령 부자의 우크라이나 비즈니스 비리 조사가 연계되었다는 것 아닌가? 우크라이나는 비공식적으로 러시아의 지원을 받는 동부지역의 반군을 진압하기 위해서 미국에 매달리는 신세가 된 것이다. 아마도 미국은 내전이 종식되어 우크라이나와 러시아의 관계가 회복되는 것을 바라지 않을 것이다. 내전이 지속되어야 우크라이나에 대해 지속적으로 영향력을 행사할 수 있기 때문이다.

사태 당시 미국의 한 의원은 러시아 텔레비전 방송《러시아 투데이》와의 인터뷰에서 "우크라이나의 독립 이래 이런저런 명목으로 미국이 현금으로 수십억 달러를 지원하였는데 그 돈이 다 어디로 갔는가? 우크라이나 지도자들의 호주머니로 들어가 버린 것 아닌가? 미국이든 러시아든 우크라이나를 내버려두어라. 그들 스스로 알아서 하도록 하라."고 하였는데 설득력 있게 들렸다.

러시아가 서방에 대해 '독일 통일 당시 나토(NATO)를 동쪽으로 확장하지 않겠다는 약속을 파기하지 않았느냐?'고 하면, 서방은 '언제 우리가 그들을 강제로 가입시켰나. 그들이 원해서 할 수 없이 받아 주었지.'라고 대응한다. 러시아도 '크림 자치공화국이 우크라이나 중앙정부가 싫다고 러시아에게 편입해달라고 하는데 그 땅에 대해 역사적 연고권도 있고, 더욱이 러시아계인 다수 주민들이 그렇게 희망하는데 받아들이지 않을 수 있나?'라고 하는데, 틀린 말인가?

1990년대 초 유고슬라비아 연방이 내전으로 여러 개 나라로 쪼개졌는데, 그 과정에 깊숙이 개입하였던 서방은 세르비아 공화국의 자치주인 코소보의 분리 독립을 지지하였다. 세르비아는 슬라브 민족이고 코소보는 알바니아인이 다수이다. 그런데, 서방은 크림반도의 독립에 대해 2차 대전 이후 유일한 불법적인 국경 변경이라고 맹렬히 비난하고 있다. 유사한 일도 자기의 이해관계에 맞으면 괜찮고 상대방에 이로우면 불법이라고 주장하는 것이다. '내로남불', 이중기준이 아니고 무엇인가?

한국인들은 서방 언론을 복창하는 국내 언론의 영향을 받아서 러시아의 크림 공화국 병합을 비난한다. 물론 한국정부도 크림이 러시아 영토가 된 것을 인정하지 않고 있는데 이는 미국의 요청에 따른 조치이다. 한국인들은 대개 국제 문제에 대한 서방의 인식을 무비판적으로 받아들이고 있다. 하지만 현지 사정은 한국인들이 막연히 '큰 나라(러시아)가 약한 이웃 나라(우크라이나)를 괴롭히고 있다.'고 생각하는 것처럼 단순하지 않고 매우 복잡하다.

끝으로 서부 우크라이나인들은 그러한 과격한 행동을 취하지 말았어야 했다. 과연 얻은 것이 무엇인가? 나라가 분열되었을 뿐이다. 크림반도는 떨어져 나갔고 동부지역(루간스크주, 도네츠크주)에서는 현재 소강상태이기는 하지만 내전이 계속되고 있다. 경제는 더욱 곤두박질치고 있다. 2014년 이전까지 러시아가 우크라이나 대외 교역의 절반 이상을 차지하였는데 러시아와의 관계 악화는 치명적인 결과만 가져

왔다. 서부 우크라이나인들의 반러시아적 경향을 나무랄 수는 없다. 하지만 유럽연합에 가입만 하면 당장이라도 자신들의 삶이 개선될 것이라는 생각은 순진하다고 하지 않을 수 없다. 서방 특히 유럽연합에 대한 서부 우크라이나인들의 기대는 짝사랑이라는 게 드러났다. 몸은 러시아에 있으면서 마음은 서방으로 가겠다고 하였으나 이제는 어떤 신세가 되었나? 삶의 개선은 자신의 노력에 달려 있는 것이지, 단순히 진영을 바꾼다고 이루어지는 것이 아니기 때문이다.

(2020-02-13 《프레시안》)

한국의 러시아 혐오증과 공포증

한국 신문에서는 서방 언론의 러시아에 대한 보도를 전재하면서 한 술 더 떠 비방하는 기사를 종종 보게 된다. 얼마 전 어느 일간지에서 '러시아가 3차 대전을 일으킬 수 있다.'라는 제목의 기사를 읽고 나서 인용했다는 영국 《데일리메일》 기사를 확인해 보니 영국 장성의 발언 이 왜곡된 것 같았다.

한국 언론의 이런 러시아 혐오 또는 공포증(Russophobia)은 도대체 어디에서 비롯된 것일까? 지리적으로 유럽 변방인 러시아는 19세기 초 나폴레옹 전쟁에 대불 동맹의 일원으로 참전하면서 유럽 정치무 대에 본격 등장한다. 그 뒤 러시아가 남하정책을 펴면서 오스만 터키 와 충돌하게 되자 영국은 자국의 지중해 제해권이 위협받을 수 있다 는 우려에서 오스만 터키를 지원해 러시아에 대항하게 했다. 이때부 터 영국은 세계 도처에서 러시아의 남하를 경계하면서 러시아에 대한 적대감과 혐오 감정을 불러일으켰다. 러시아와 영국의 대립은 19세기 후반 조선을 둘러싸고도 전개되었다. 영국은 러시아의 조선 진출을 견제하기 위해 거문도를 2년간이나 점령했다. 나아가 영국은 극동에서 러시아의 남하를 견제하기 위해 일본과 동맹관계를 맺고 러일전쟁에서 일본을 지원했다. 이러한 배경에서 일제 강점기에 러시아에 대한 부정적 인식이 우리에게도 알게 모르게 주입되지 않았을까 하는 생각이 든다.

2차 세계대전 이후 북한을 점령한 소련은 자신의 안보 우려에 따라 주변을 위성국화한다는 전략을 세워 한반도 북부에 사회주의 정권을 수립함으로써 남북 분단을 초래했고, 김일성을 사주해 6.25 전쟁을 일으켰다. 이후 냉전 기간 내내 소련은 우리에게는 적성국가였으며, 1983년 9월 대한항공 007편 여객기가 소련 전투기에 의해 격추되었을 때 소련에 대한 부정적 인식은 더욱 고조되었다.

서방 시각 주관 없이 받아쓰는 언론

그런데 소련 붕괴 이후 공개된 문서에 따르면 스탈린이 김일성을 사주한 것이 아니라 김일성이 스탈린에게 자신의 남침을 지원해 달라고 매달린 것으로 밝혀졌다. 물론 그 전에도 일부 학자들은 남침의 1차 책임이 김일성에 있다고 주장했는데 러시아 외교문서 공개로 진실이 밝혀졌다. 한편 대한항공 여객기의 추락과 관련해 자동항법장치에 의해 비행하는 여객기가 어떻게 해서 소련 영공을 침범했는지에 대해 아직도 명확히 밝혀진 바가 없다. 냉전시절 철저한 반공이데올로기에 입각한 대러시아 인식은 냉전 종식 이후 러시아와 외교관계를 맺고 교류하게 되면서 많이 바뀌었다.

2018년 미국의 중립적인 싱크탱크 퓨 리서치 센터(Pew Research Center)의 여론조사에 따르면 러시아의 영향력에 대해 한국인의 53%가 긍정적이고 35%가 부정적이다. 그렇다면 한국 언론은 일반 대중보다 러시아에 대해 더 부정적이라는 이야기이다.

요즘 러시아에 대해 '침략 DNA' 운운하는 사람들이 있다. '침략 DNA'라는 개념 자체가 무리라고 생각된다. 그러한 DNA가 특정 국가에 국한된 것일까? 문제의 기사에 등장하는 영국 장성의 입장에서는 영국에 불리하면 나쁘다고 보고 비난할 수 있다. 영국이 '세계 평화가 위협받고 있다.'고 말할 때는 세계 평화가 아니라 자신들의 이익이 도전 또는 위협받고 있다는 이야기이다. 침략을 논한다면 강대국치고 침략하지 않은 나라가 어디 있는가? 한때 영국을 가리켜 '해가 지지 않는 나라'라고 했는데 영국이 세계 도처에 식민지를 만들었다는 이야기이다. 식민지는 침략의 결과이다. 영국 사람이 이유가 있어 '내로남불' 식으로 러시아에 대해 이야기하는데 한국 언론은 공연히 한 술 더 뜨고 있다. 주관이라는 것이 있는지 안타까울 뿐이다.

선악의 관점보다 실리에 충실해야

혹시 국제정치를 선악의 게임으로 보는 어처구니없는 순진함을 갖고 있는 것은 아닐까? 현실 국제정치에서 선악은 없고 유불리(有不利)가 있을 뿐이고 상황에 따라 적과 동지가 구분된다. 조선 시대에는 중국의 눈으로 세계를 바라보았고 현재는 소위 서방의 관점으로 국제관계를 바라보고 있는 것은 아닐까? 서방의 근거 없는 러시아혐오증

(Russophobia)에 더 이상 휘둘리지 말고, 러시아에 대해 선악의 관점에서 접근하지 말고, 우리가 러시아에서 무엇을 취할 것인가에 초점을 맞추는 소식을 많이 접하게 되길 기대한다.

(2019-11-29 《내일신문》)

한국 언론의 러시아에 대한 오해와 곡해

2017년 『한국언론연감』에 따르면 우리나라 언론 매체가 주요 국가에 파견한 특파원은 미국 58명, 중국 36명, 일본 23명, 프랑스 8명, 영국 6명 그리고 러시아 2명이다. 한국 언론이 러시아의 국제사회에서의 비중이나 우리나라에 대한 정치경제적 중요도를 상대적으로 낮게 보고 있다 치더라도 2명 수준은 지나쳐 보인다. 수교 후 1990년대 한때 한국 언론의 모스크바 특파원은 20명에 이르렀다. 당시 모스크바에 주재하였던 모 기자에 따르면 그때는 러시아에 대한 호기심이 많았지만 더 이상 그런 분위기가 아니고, 특파원 유지비용도 부담이 되어 줄어들었다고 한다.

그런데 러시아 외교부에 등록된 다른 나라의 특파원 수를 보면 미국 25명, 독일 23명, 일본 16명, 중국 15명, 영국 15명, 프랑스 14명 등이다. 사실 소련 해체 이후 미국은 소련은 세계적 강대국(global power)이었지만 러시아는 지역 강대국(regional power)에 불과하다며 맞상대로 여기고 있지 않음에도 많은 특파원이 주재하고 있고, 일본도 러시아와의 관계가 그리 긴밀하지 않지만 적지 않은 수의 특파원을 상주시키고 있다. 그러면 한국 특파원 수가 주요국 언론과 현격한 차이를 보이는 것을 어떻게 이해해야 할까? 단순히 국력 차이를 나타내는 것일까? 또는 경제력의 차이라고 봐야 할까? 아니면 한국 언론이 러시아의 중요성을 유달리 저평가하는 것일까?

한국 언론의 러시아 보도는 러시아 자체에 대한 것은 거의 없고 한러 관계에 대해서도 우리 대통령이 관련된 경우를 제외하고는 잘 다루지 않는다. 북한 핵 문제를 보도할 때 소위 4강의 하나라고 하면서도 러시아의 반응은 거의 보도하지 않는다. 특파원 보도를 보면 워싱턴-베이징-도쿄에서 끝난다. 러시아와 서방 관계에 관한 기사는 서방 언론 보도를 전재하는 수준이다. 주러시아 대사관에서 근무할 때 특파원들에게 러시아는 큰 나라로 뉴스거리가 많고, 우리나라와 관련되는 부분도 많은데 한국 언론에는 별로 보도되지 않는 것 같다고 하였더니 거의 매일 기사를 보내지만 본사 데스크에서 잘 받아주지 않는다고 하면서 아쉬움을 표했다.

그런데 우리 언론에서 중국 뉴스는 흔히 접한다. 모 유력 일간지의 경우 주 1회 중국 근현대사를 장문으로 연재하고 있고, 다른 신문들도 대부분 중국에 대해서는 심층 분석기사 코너가 있다. 기행문도 심심찮게 올라온다. 요즘 매년 수백만 명의 한국인들이 중국을 방문하고 있어 중국에 대해 알아야 할 것들은 이제 거의 알려졌다고 할 수 있는데 독자들에게 불필요하게 과잉 서비스를 하는 것은 아닐까? 반면에 러시아에 대한 기사는 단편적인 것이 주를 이룬다. 특파원 수를 기준으로 러시아의 비중을 따진다면 중국의 1/18에 지나지 않기 때문인가? 러시아는 영토가 중국의 1.8배나 되고, 유럽과 아시아 두 대륙에 걸쳐 있고, 중국의 56개 민족과는 비교가 안 되는 140여 개 민족을 안고 있는 나라인데 그 안에 우리가 알면 도움이 될 정보가 많지 않을까? 하위 자치조직은 차치하고 소수 민족이 주도하는 자치공화국만도 22개나 된다. 이 공화국들의 개황만 시리즈로 연재해도 1년은 족히 걸릴 것이다.

우리 언론은 소련 해체 이후 1990년대와 2000년대 초반 러시아 중앙정부와 카스피해 연안에 있는 체첸 자치공화국 간 무력 충돌에 대해서는 특파원을 위험한 현지에 보내면서까지 큰 관심을 갖고 보도하였는데, 중국 정부의 티베트 및 신장 위구르 자치구에 대한 탄압과 억압에 대해서는 보도하지 않는 것은 물론 관심도 보이지 않고 있다. 티베트 및 신장 위구르 지역문제는 제국주의에 의한 피지배의 아픔을 겪은 한국 사람들로서는 누구보다도 공감하여야 할 것 같은데 현실은 그렇지 않다.

아직도 상당수 한국인들이 소련과 러시아를 구분하지 못하고 러시아는 여전히 공산당이 지배하는 나라라고 생각하고 있다. 러시아가 국제법상 소련을 승계한 나라이기는 하나 민주주의와 시장경제체제를 추구하는, 새로운 나라이다. 푸틴 대통령의 장기 집권이 논란이 되고 있으나 그는 엄연히 러시아 국민의 직접선거에 의해 선출된 지도자이다. 서방에서 러시아 언론 상황을 비난하지만 중국과는 달리 언론이 정부에 대해 나름대로 비판적인 목소리를 내고 있다. 1990년대 모스크바를 다녀온 일부 중장년층은 당시 체제 전환기 혼란상이 지나치게 각인된 탓인지 러시아의 달라진 상황을 제대로 인식하지 못하고 있다. 최근 어느 지인이 30년 만에 모스크바를 방문하고 나서 모스크바가 많이 달라졌다고 글을 썼는데 러시아의 상황이 바뀐 지가 언제인데 라는 생각에 실소를 금치 못했다.

2018년에 미국이 러시아에 대해 중거리 핵전력 조약을 연장하지 않겠다고 하면서 러시아의 조약 위반을 이유로 들었는데 러시아의 주장은 사뭇 달랐다. 실상은 러시아가 조약을 위반한 것이 아니라 조약의 당사국이 아닌 중국이 획기적으로 중거리 핵전력을 키워나가자 러시아와의 조약에 구속되는 것이 부담이 되었던 미국이 그렇게 구실을 삼았을 뿐이었다. 그리고 2018년 러시아 외교관 추방 사태를 불러온 이중스파이 독살 기도 사건을 둘러싼 한국 언론의 보도를 보면 과연 국제정세를 바라보는 객관적인 시각이 있는지 의구심이 든다.

사건을 구체적으로 살펴보면 다음과 같다. 사건 발생 하루 만에 영국 정부는 문제의 독극물이 '노비촉'이라는 물질이라고 하면서 이 물질을 최초로 제조한 나라가 과거 소련이므로 이 사건의 배후에는 러시아가 있다고 비난하였다. 그런데 당시 어느 독극물 전문가는 독극물의 정체를 규명하는 데는 상당한 시간이 걸리며, 따라서 영국 정부가 즉각 발표한 것은 영국이 동일한 독극물을 제조하였거나 최소한 보유하고 있지 않고는 불가능하다고 하였다. 무슨 이야기인가? 극단적으로 해석하면 영국의 자작극일 수도 있다는 이야기이다. 우리 언론은 영국이 러시아가 사건의 배후에 있다고 하니까 그대로 보도하였다. 이 사건은 명쾌하게 밝혀진 게 없이 끝나 버렸다. 당시 국내외적으로 궁지에 몰려 있던 메이 영국 수상의 호들갑으로 서방국가들이 공연히 러시아 외교관들을 추방하는 사태가 벌어지고 결과적으로 역시 러시아는 공작을 일삼는 나라라는 인상을 심어주었다. 그런데 영국 MI5야말로 세계 각지에서 은밀한 공작을 벌이는 기관이 아니던가? 영국의 정보기관은 민주주의와 시장경제체제를 수호하는 정의로운 기관일까? 영국 정부가 문제의 독극물이 군사 목적 등급이라고 하였지만 사망자는 한 명도 없었다. 문제의 이중스파이는 러시아 측이 이용 가치가 없다고 판단하여 영국 측에 넘겨주었는데 수년이 지나서 굳이 독살을 시도할 필요가 있었을까? 국제감시기관인 화학무기금지기구에서 이 사건에 대한 공동조사단을 구성할 때 러시아도 참여하겠다고 하였는데 영국이 거부하였다. 왜 그랬을까? 한국은 이 사건에 전혀 관련이 없는 제3자이며 한러 관계도 고려해야 하는데 한국 언론의 보도에는 그러한 고려나 신중함이 보이지 않았다. 러시아=소련, 따라서 러시아는 서방의 적, 서방의 적은 우리의 적, 이런 식의 단순명쾌(?)한 사고방식의 결과인가? 또한 2014년 우크라이나 내전 당시 러시아의 크림반도 병합도 한국 언론의 '강한 나라가 약한 이웃 나라 괴롭히기'라는 단순한 도식으로는 이해하기 어려운 복잡한 역사적 배경이 있다.

또 하나 예를 들면 국내 모 유력 일간지 기자가 수년 전 러시아의 역외 영토인 칼리닌그라드(발트해 연안에 위치, 폴란드 및 리투아니아와 접경)를 방문하고 기사를 송고하였는데 본사 데스크에서 다른 내용을 추가하여 러시아에 대해 부정적인 톤으로 바꿨다고 한다. NATO가 폴란드에 미군 특수부대, 그리고 리투아니아에 독일군을 모두 칼리닌그라드와의 접경지대에 배치할 계획을 발표하자 러시아가 칼리닌그라드에 첨단미사일 부대를 배치하겠다고 대응한 상황에서 러시아 측 조치의 위험성만 부각시키는 기사로 변질되었다고 한다.

한국 언론이 서방 언론의 일관된 러시아 때리기 내지 흠집 내기를 무비판적으로 받아들이고 있어 국내적으로 러시아에 대한 편견과 오해가 양산되고 있다. 국내적 사안에 대해 보도할 때 문제를 제기한 쪽에 더하여 상대방의 주장도 반론권 보장의 차원에서 함께 보도하는 것이 일반적이다. 국익이 달린 국제관계 사안에 대한 보도에서는 더욱 그렇게 해야 하는 것 아닌가? 그런데 한국 언론은 러시아-서방 간 갈등에 대해 왜 아무 생각 없이 서방의 주장이나 보도만을, 그것도 무비판적으로 보도하는가? 우리는 제3자 아닌가? 그런데 왜 공연히 처음부터 한쪽 편을 드는가? 그러면 왜 러시아를 그리 변호하려고 하느냐고 물을 것이다. 대답은 간단하다. 서방의 러시아에 대한 이해관계와 우리의 그것은 항상 일치하는 것이 아니다. 러시아와 관련하여 한국 측이 국익을 위하여 현명하고 합리적으로 판단하고 결정하려면 우선 사안에 대해 그 내용을 최대한 객관적으로 파악하고 이해하는 것이 필요하다.

우리나라에서는 러시아 뉴스를 런던이나 파리 특파원이 보도한다. 현지 취재도 하지 않고 서방 신문이나 방송 내용을 특파원 보도라고 내놓는데 무책임한 면이 있는 것은 아닌가? 서방 언론 보도가 공정하냐면 결코 그렇다고 볼 수 없다. 서방의 이해관계가 녹아들어 있는 논조일 수밖에 없다. 러시아 당국에 대해 직접 취재가 어렵다면 러시아 언론 보도를 통해 러시아의 입장이나 주장을 파악하거나 미루어 짐작

할 수도 있다. 러시아어를 모른다? 러시아의 주요 신문들은 당연히 대부분 영어판을 갖고 있다. 러시아어를 모르고도, 러시아를 방문하지 않고도 성의만 있으면 러시아 입장에서의 이야기를 알아볼 수 있다.

2018년 9월 제4차 동방경제포럼에 관한 보도를 보면 한국 언론의 러시아에 대한 관심도가 여실히 드러난다. 문재인 대통령을 대신하여 이낙연 총리가 참석했는데, 문재인 대통령이 참석한 2017년과는 달리 대부분 언론이 포럼에 대해서는 간략하게 보도하고 행사에 참석한 시진핑과 아베의 접촉에 대해 더 관심을 보였다. 동방경제포럼의 위상은 1년 사이 달라진 것이 없고 일본과 중국 지도자들이 참석할 정도로 비중 있는 행사이다. 한국 언론은 푸틴 대통령의 상습적인 지각에 대해 비난해 온 만큼 이번에는 푸틴 대통령이 먼저 도착하여 이 총리를 기다렸는데 대서특필해야 하지 않았을까? 이 총리는 총리 자격으로 간 것이 아니라 대통령을 대신해 참석하였고 푸틴 대통령과 회담도 하였다. 한국 언론은 전년 회의는 대통령이 참석하였기 때문에 어느 정도 보도한 것인가? 이번 포럼에서는 어떤 논의가 있었는지, 일본과 중국 등 제3국들의 극동 시베리아 개발 관련 동향은 어떤지 등 우리가 파악해야 하는 것들에 대해 관심을 보여 주지 못했다.

한국 언론은 한국과 러시아 사이에 어떤 일이 논의되고 있는지에 대해서는 별로 관심을 보이지 않고 의전에는 예민한 반응을 보인다. 기사를 쓰기 쉽기 때문에 그런 것일까? 2000년 10월 이한동 총리가 러시아를 방문하였을 때 푸틴 대통령이 이 총리의 예방을 받아주지 않았다고 비난하였는데 러시아 측의 입장은 한국 총리는 카운터 파트인 러시아 총리를 만나면 되고 대통령 면담은 특별한 이유가 있으면 고려하겠다는 것이었다. 미국에서 장관, 국회의원들이 방한하면 통상 청와대 예방이 이루어진다. 그렇게 만나주는 한국이 과한 것 아닌가? 우리가 미국을 그렇게 대접하고 있다고 해서 러시아가 우리에게 그렇게 해주지 않는다고 짜증을 낼 수 있나? 2012년 이명박 정부 시절 중국의 공안부장(우리의 국정원장에 해당)이란 자가 느닷없이 서울을 방문하여 한나절 만에 경찰청장, 검찰청장, 법무부 장관, 외교부 장관 그리고 대통령까지 만나고 당일로 돌아간 적이 있는데, 이런 한국이 비정상이 아닐까? 물론 러시아 측이 푸틴 대통령 예방이 어렵다면 처음부터 딱 부러지게 안 된다고 하지 않고 출국하는 날까지 계속 기다려 보라고 한 것은 마땅히 지적하여야 할 것이다. 돌이켜보면 당시 국내에서 경협차관 상환과 관련하여 러시아에 대한 부정적인 여론이 상당하였는데 아마도 이에 대한 불만의 표시였는지 모른다.

미국에서는 종종 총기 난사 사건이 일어나는데 미국을 여행하기에 위험한 나라로 기술한 적이 있던가? 교통사고 정도로 치부하지 않았던가? 러시아에서 그런 일이 일어나면 전혀 다른 반응을 보였을 것이다. 2010년에 러시아에서 우리 유학생 피습 사건이 연이어 발생했을 때 한국 언론은 마치 러시아 전체가 갈 데가 못 되는 것처럼 보도하지 않았던가? 중국에서 우리 국민이 공격을 받거나 피해를 입는 경우는 훨씬 많은데 한국 언론은 어떻게 보도해 왔나?

한국 신문에서 러시아의 소외현상은 기사의 양이나 깊이에만 있는 것이 아니다. 러시아어권 독자에 대한 고려에 있어서도 마찬가지이다. 우리 언론의 인터넷판에는 대개 영어, 중국어, 일본어 등 사용 독자를 위한 별도의 판이 있다. 그리고《연합뉴스》는 영어, 일본어, 중국어, 아랍어, 프랑스어 및 스페인어 판이 있고, 《아주경제신문》은 영어, 중국어, 일본어 및 베트남어 판이 있다. 그런데 러시아어 판은 아직 어디에도 없다. 구소련권 국가들은 물론 동유럽 일부도 러시아어권이다. 인구 규모는 3억이 훨씬 넘는데 러시아어권은 아무리 생각해도 홀대받고 있는 것 같다. 정권 초기에 정부가 거창한 수사를 늘어놓을 때 반짝 관심을 보일 뿐이고 유라시아 대륙에 대한 관심은 지속되지 않고 있다. 그리고 보도에 붙는 '유라시아 대장정', '유라시아 오디세이', '유라시아 오토랠리' 등 제목들은 이 지역에 대해 의미 있는 교류 및 협력 대상으로 접근하고 있지 않음을 스스로 보여 주고 있다.

대학에서 러시아어를 전공하고 러시아에서 공부도 하고 모스크바에서 특파원 근무한 기자들이 귀임하여 러시아와는 거의 관련이 없어 보이는 부서에 배치되면 그나마 가졌던 러시아에 대한 관심이 엷어질 수밖에 없다. 러시아 전문가를 키워 보려는 생각이 없어 보인다. 우리 언론의 러시아 기사가 부실한 이유가 이해된다. 모스크바에 있을 때 관찰한 것인데 일본 특파원들은 경력 관리가 되어서인지 우선 러시아어 구사 능력이 상당하고 러일 양자 관계만이 아니라 러시아 전반에 관해 적극적으로 취재한다. 중요한 기자 회견장에는 어김없이 일본 특파원들이 와 있었고 러시아어로 질문하였다.

한국 언론은 러시아에 무관심해 러시아에 대한 정보를 거의 제공하지 않아 우리 사회가 러시아에 대해 아는 것이 없고 동시에 러시아와는 도모할 것이 별로 없다는 인식을 갖게 하고 이것이 다시 러시아에 대한 무관심을 낳는 악순환이 이어지고 있다. 21세기에 번영의 무대가 될 유라시아 대륙의 핵심 국가이며, 한반도 평화와 통일 과정에 영향을 미칠 수 있는 러시아에 대해 무지한 상태가 지속되고 있다. 러시아에 대해 잘 모르면서 그릇된 인식을 갖고 있는 것은 중국을 과대평가하고 제대로 다루지 못하는 것만큼이나 우리 국익에 결코 이롭지 않다.

(2020-03-09《프레시안》)

대러 경협차관은
과연 우리가 떼인 돈인가?

한국인들이 러시아에 대해 부정적인 생각을 갖게 된 여러 요인 가운데 하나는 1990년 한소 수교 이후 제공된 경협차관 30억 달러를 러시아가 제대로 갚지 못하고 있다는 것이다. 이 문제로 1990년대 후반부터 2000년대 초반 사이 러시아의 이미지가 상당히 나빠졌다. 하지만 실상은 다르다. 먼저 차관의 실제 액수는 14억 7,000만 달러였다. 또 1998년 금융위기로 러시아 경제가 어려워지면서 얼마 동안 차관 상환이 늦어진 적은 있으나 이후로는 착실히 상환되고 있다.

다음으로 차관은 수교의 대가로 제공한 것이라기보다는 소련과의 경협 증진을 위한 것이었다. 물론 소련이 요구하여 어쩔 수 없이 제공한 것이라는 주장도 있기는 하다. 1990년 6월 노태우 대통령과 고르바초프 대통령의 샌프란시스코 정상회담에서 경협차관 문제가 논의된 것으로 알려져 있는데 당시 소련은 이미 내부적으로 한국과의 수교 방침을 결정한 상태였다. 그런데 그러한 결정과 관련하여 소련 정부가 공식적으로 우리 측에 경협차관을 거론한 적은 없었다. 그래서 그랬는지 1990년 8월 우리 대표단이 모스크바를 방문하여 경협차관 문제를 협의하고자 했을 때 소련 정부 대표는 이에 대해서 모르고 있었고 당황하였다고 한다. 우리 측의 결정은 당시 소련의 어려운 경제 상황과 앞서 헝가리 등 동유럽 국가들과 수교하는 과정에서 경협 증진 목적으로 차관을 제공하였던 선례를 고려하여 이루어진 것으로 보인다.

어쨌든 당초 우리 측이 30억 달러를 약속하였으나 1991년 12월 소련의 붕괴로 중단되어 실제로 제공한 차관 규모는 14.7억 달러다. 그 구성을 보면 은행단 현금차관이 10억 달러, 수출입은행의 소비재 차관이 4.7억 달러다. 소비재 차관이란 TV, 냉장고, 자동차 등 한국의 소비재 상품을 현물로 제공한 것을 말한다. 소비재 차관은 러시아 측이 한국 기업과 어떤 상품을 구매하기로 계약을 체결하고 이에 대한 승인이 나면 해당 상품을 러시아에 인도하고 주관은행인 수출입은행이 해당 한국 기업에 수출대금을 지불하는 방식이었다. 즉, 우리가 제공한 차관은 한국 상품 구입을 조건으로 하는 구속성 차관이었고, 러시아 측에 현금을 제공하는 방식도 아니었다.

그 후 러시아 측은 현금 및 현물로 상환하였는데, 현물로는 헬리콥터, 대전차 유도탄, 전차, 장갑차, 공기부양정, 생도 실습기 등 방산물자를 제공하였다. 국내에서 소위 '불곰 사업'이라고 알려진 것이다. 그런데 1998년 8월 러시아 정부가 금융위기에 따른 경제 상황 악화로 대외지불정지를 선언한 이후 연체이자가 불어나서 2003년 6월 말 현재 원리금 총액은 22.4억 달러가 되었다

경협차관 문제는 2000년대 국회에서 야당이 정부를 공격하는 단골 메뉴였는데 국내 언론의 감정적인 보도가 이런 분위기에 일조했다고 본다. 특히 2007년 6월 현금상환일이 도래하기 며칠 전부터 일부 국내 언론에서 러시아가 돈을 갚지 못할지도 모른다고 보도하였는데 그 기사의 작성자들에게는 실망스럽게도 러시아 정부는 약속을 지켰다. 러시아가 우리나라로부터 빌린 돈을 일정 기간 제때 갚지 못하였다는 것은 사실이다. 하지만 1998년 경제 상황 악화로 러시아가 대외지불정지 선언을 하여야 했던 처지에 제대로 채무변제를 할 수 없었던 것은 일면 이해가 된다. 이 시기에 우리나라도 외환위기로 인하여 국제통화기금(IMF)으로부터 구제 금융을 받는 대가로 혹독한 구조조정을 치렀다.

그런데 오늘날 러시아 시장에서 우리 상품에 대한 인지도가 매우 높고 이에 따라 가전제품, 자동차 등의 수출이 호조를 보이고 있는 데는 경협차관의 제공, 그중에서 4.7억 달러에 달하는 소비재 차관이 크게 기여하였다는 점을 인정하여야 할 것이다. 소비재 차관은 전적으로 한국 상품만을 수입할 수 있는 돈이었고, 소련 붕괴 이후 사회경제적 혼란기에 서방국가들이 이러한 혼란을 수습하는 데 도움을 주기보다는 즐기면서 나 몰라라 할 때였으니 당시 러시아 소비자들이 접할 수 있었던 상품의 주류는 한국산이었다고 하여도 과언이 아닐 것이다. 어느 나라에서든 특정 상표에 대한 소비자들의 인식이 한번 확고하게 자리 잡으면 쉽게 바뀌지 않는 법인데 러시아인들의 경우 더

욱 그렇다. 우리 기업들이 이러한 이익을 최대한 누리고 있다고 보아야 한다. 모스크바 시내 목이 좋은 곳에는 반드시 한국산 가전제품이나 자동차 광고판이 있다.

한국과 러시아 간 공식 교역통계를 보면 1992년 대러 수출은 1.2억 달러에 불과했으나 2013년에는 111억 달러를 기록했다. 20여 년 사이에 100배 가까이 증가한 셈이다. 러시아의 대외지불정지 시기를 제외하면 매년 평균 약 40%나 증가한 것으로 우리나라의 전체 수출 증가율 그리고 다른 시장에서의 증가세와 비교할 때 특기할 수치이다. 이러한 현상을 단순히 우리 상품의 경쟁력만으로 해석하는 것은 무리라고 본다. 한마디로 말해서 우리가 제공한 차관이 종잣돈이 되어 차관 제공 액수의 수십 배의 돈을 벌어들인 것이다.

그럼에도 불구하고 국내에는 아직도 러시아에 돈을 떼였다는 부정확한 인식이 자리 잡고 있다. 특히 김대중 정부 때 국회와 언론에서 경협차관과 관련하여 러시아에 대한 부정적인 여론이 비등하였다. 그런데 바로 그 경협차관 덕택에 무임승차로 러시아 시장에 수출하여 톡톡히 재미를 보았던 우리 대기업들이 그러한 여론을 바로잡으려는 노력은 하지 않고 있다. 이들의 침묵을 어떻게 해석해야 할지 모르겠다. 나아가 그 차관은 노태우 정부가 제공한 것이었다. 따라서 당시 야당인 한나라당이 김대중 정부를 공격한 것은 부적절하다고 생각한다. 경협차관은 바로 한나라당의 전신인 민정당이 집권 여당일 때 제공한 것이기 때문이다.

또한 현물상환(불곰사업)과 관련하여 한국군은 전적으로 미국 무기체계인데 상호운용성과 후속 군수 지원 측면에서 문제가 있을 수 있는 러시아 방산제품을 도입할 필요가 있느냐는 의견이 있었다. 그런데 이러한 과정에서 형성된 러시아와의 방산 협력관계가 바탕이 되어 기술보호주의가 극심한 미국이나 유럽 국가들로부터는 도입하기 어려운 군사과학기술을 들여올 수 있었다. 대표적인 예가 2011년 국방과학연구소(ADD)가 러시아 기술을 기반으로 개발한 한국형 중거리 지대공 미사일 체계 '천궁(天弓)'이다. 천궁은 패트리엇에 비해서 적기가 어느 방향으로 침투하더라도 발사대를 적기를 향해 돌리지 않고도 신속하게 대응할 수 있다는 장점을 갖고 있다. 선진국과 대등한 수준의 중거리 요격무기인 천궁은 2016년 실전 배치되었다. 현재는 러시아의 'S-400' 기술을 토대로 '한국형 사드'로 불리는 최대 요격 고도 150km의 'L-SAM'도 개발하고 있다.

2000년대 후반 들어 러시아는 고유가에 힘입어 석유 수출 호황을 누렸고 엄청난 무역흑자 덕택에 외환보유고가 세계에서 세 번째가 될 만큼 많았다. 그런데 왜 러시아는 조기 상환을 하지 않았을까? 실제로 러시아는 2007년과 2008년에 서방국가들에 대한 채무를 조기 상환했고, 이때 상당한 할인, 즉 부채 탕감을 받았다. 한국이 조기 상환을 요구하지 않는 것은 이 경우 러시아에 대해 할인을 해주어야 하는데, 국내에서 또 탕감이냐는 비난 여론이 비등할 것이 뻔했기 때문이다. 한국이 조기 상환에 따른 추가 탕감을 수용할 수 없다는 점을 알기 때문에 러시아도 그런 제의를 하지 않았던 것이다. 그럼에도 불구하고 조기 상환을 추진할 경우 양국 정부는 어느 정도를 할인할 것인지를 놓고 협상을 벌여야 하는데 양국 정부 모두에게 협상은 부담이 되어 관료들이 기피할 가능성이 크다.

마지막으로 사석에서 들은 러시아 외교 실무자들의 흥미로운 시각을 전한다. 러시아는 내심 남북통일이 되면 한국에 대해 채무자에서 채권자로 입장이 바뀔 것이라는 생각을 갖고 있었다고 한다. 러시아의 한국에 대한 채무를 냉전 시절 북한에 대한 러시아의 채권과 상계할 수 있을 것이라는 속셈이다. 2012년 9월 러시아와 북한은 북한의 채무변제에 관한 협정에 합의하였는데, 그 내용은 러시아는 북한에 대해 채무(약 110억 달러)의 90%를 탕감해주고 북한은 나머지를 향후 20년간 무이자로 분할하여 상환한다는 것이다.

　　러시아는 소련 시절 북한에 대해 다양한 원조를 제공하였는데 러시아와 북한 사이에 정확한 채무 규모에 대한 합의가 없고 추정액이 있을 뿐이었다. 왜냐하면 러시아의 지원이 수십 년에 걸쳐 이루어져 왔고 이를 달러화로 환산하는 환율에 대한 합의가 없었던 관계로 총 액수를 확정하기가 어려웠다. 러시아 측은 북측에 대해 당장 갚으라고 압력을 가하지 않고 단지 양국의 채권채무관계를 문서화하기를 희망하였는데 이마저도 북측은 거절하고 있었다. 북한은 오히려 소련의 원조는 자본주의 국가들의 거래와 같은 것이 아니라 사회주의 형제국들 사이의 순수한 지원이었고 냉전 상황에서 소련이 동맹국들을 관리하기 위한 차원에서 제공한 것이지 않느냐고 주장하였다고 한다. 쉽게 말해, '나중에 받을 생각을 하고 준 것이 아니지 않느냐.'고 떼를 쓴 것이다.

(2020-02-12 《프레시안》)

스파이 독살 기도와 한국 언론

3월 초 영국에서 발생한 러시아 출신 영국 스파이 독살 기도 사건을 둘러싸고 영국 메이 수상은 러시아의 책임을 주장하면서 격렬한 반러시아 여론전을 벌이고 있다. 상당수 유럽연합 국가들에 이어 미국이 가세해 러시아 때리기에 앞장섰다. 러시아는 강력 반발하면서 외교관 추방에 대해 맞대응하고 있다.

화학무기 전문가들에 따르면 이 사건에 사용되었다는 독극물을 분석하는 데 최소한 몇 주가 걸린다고 한다. 영국은 이 사건이 알려지고 나서 즉각 국제 감시기관인 화학무기금지기구에 보고하지 않고 하루도 지나지 않아 서둘러서 러시아를 배후로 지목했다.

영국은 아직 결정적인 증거를 제시하지 못하고 있으며 러시아의 공동조사 제의를 거부했고 공개질의에 대해서도 답변하지 않고 있다. 영국 외교부는 문제의 독극물이 '노비촉'이라는 신경작용제이며 러시아에서 제조된 것으로 밝혀졌다고 트윗을 날렸다.

분석을 담당했던 영국 군사연구시설인 포턴 다운 실험실(Porton Down Laboratory) 대표가 이 사건에 사용된 독극물이 무엇인지 밝혀냈을 뿐이며 출처가 어디인지는 확인할 수 없다는 입장을 발표하자 그 트윗을 삭제했다.

영국이 러시아 책임을 주장하는 근거는 노비촉이라는 독극물이 소련에서 제조된 바 있다는 사실이다. 그러나 이 물질은 영국, 미국 등 다른 나라에서도 제조된 것으로 알려졌다. 영국 주장이 사실이라면 왜 러시아는 분명히 외교적 파장이 예상되는데도 불구하고 이미 쓸모없는 인물로서 오래전에 스파이 맞교환으로 영국에 넘겨준 자를 독살하려고 했을까?

물증 없이 심증으로 러시아 비난

그런데 영국은 문제의 독극물이 군사용(military-grade)이라고 했지만 현재까지 사망자가 없다. 그 독극물에 노출되었다는 스파이는 현재 회복단계에 있으며 과연 그가 누구에 의해 어떻게 독극물 공격을 받았는지조차 밝혀지지 않고 있다. 현재로서는 독극물 출처에 대해서 독립적 국제기구인 화학무기금지기구의 조사 결과를 기다려보아야 한다.

영국 메이 수상은 확실한 증거를 제시하지 못하면서도 러시아가 화학무기로 유럽을 공격했다고 하면서 신냉전이 시작되었다고 할 정도로 러시아를 몰아붙인다. 현재 메이 수상이 대내외적으로 어려운 상황에 처해 있음을 고려할 때 다른 저의가 있을 것이라고 보는 견해도 있다. 이미 유럽연합 내에서 영국이 러시아에 대한 단합을 주장하려면 믿을만한 증거를 제시해야 한다는 목소리가 나온다. 야당인 노동당도 정부의 대응 방식에 대해 비난한다.

한국 언론 기사는 대부분 서유럽에 주재하는 특파원들의 보도이거나 영미 언론 기사들을 요약 번역한 것이다. '러시아 소행이 분명', '요즘 미국·유럽에서 가장 미움 받는 남자 푸틴', '영국 외교부가 독극물의 출처 언급에 실수를 하자 러시아는 더욱 기고만장해졌다.'는 식이다.

한국 언론은 사건의 진상에 대한 논란과 관련해 양측 주장을 균형 있게 보도하기보다는 주로 반러시아 캠페인의 진행 상황을 보도했다. 증거도 없이 러시아 책임을 기정사실화하려는 영국의 의도에 무의식적으로 동조하고 있다. 현재 모스크바에 주재하는 한국 특파원은 사실상 1명뿐인데 직접 취재가 어렵다면 러시아 언론이나 정부 사이트에서 얼마든지 영어로 자료를 볼 수 있는데도 한국 언론은 러시아 주장에는 관심이 없어 보인다.

러시아 주장에는 관심 없는 한국 언론

러시아는 과거 냉전시대처럼 단순히 경계의 대상이 아니라 가까운 이웃으로서 중요한 협력대상이다. 북한 비핵화 나아가 통일과정에서 어떤 식으로든 영향을 미칠 수 있는 나라이며, 현재 위기에 처한 한국 경제의 활로로서 극동 러시아 개발 참여, 나아가 21세기 번영의 무대가 될 유라시아 대륙 진출에 있어서 핵심 파트너로서 소홀히 다룰 수 없는 대상이다.

그간 서방은 대내외적인 필요에 따라 러시아에 대해 근거가 있든 없든 기회만 있으면 이미지를 훼손하거나 편견을 조장해왔는데 한국인들이 이러한 경향을 무비판적으로 수용하는 것은 바람직하지 않다. 앞으로 한국과 러시아의 긴밀한 협력에 상당한 걸림돌이 될 수 있기 때문이다.

(2018-04-13《내일신문》)

나로호 발사,
왜 러시아와 협력했나?

2013년 1월 30일 오후 4시 전남 고흥 나로우주센터에서 쏘아 올린 인공위성 나로호가 우주 진입에 성공했다. 한국이 자국 기술로 우주발사체를 쏘아 올려 '스페이스 클럽'의 11번째 국가가 되는 순간이었다. 내년에는 독자적으로 개발 중인 국산 로켓 누리호를 발사할 예정이며 2022년에는 달 궤도선을 쏘아 올릴 계획이다. 하지만 한국은 우주항공 분야에서 러시아와 미국은 물론이고 유럽, 일본, 중국, 인도, 이스라엘 등에 뒤져있는 수준으로 갈 길이 멀다. 우주 선진국들은 이미 수성과 화성 탐사에까지 나서고 있다.

7년 전 온 국민을 들뜨게 했던 나로호의 쾌거를 떠올리면서 당시 나로호가 성공적으로 발사되기까지 두 차례 실패했을 때, 그리고 발사에 성공하고 나서도 우리 언론이 나로호 발사의 기술 협력 파트너였던 러시아에 비판적이었던 사실을 지적하지 않을 수 없다.

첫째, 왜 러시아를 협력 파트너로 정했느냐는 것이다. 2009년 초 어느 국내 신문의 신년호 특집 기사는 2009년 6월 우리 땅에서 최초로 인공위성을 실은 로켓이 발사될 예정이라고 대대적으로 보도하였다. 그런데 당시 러시아가 로켓 제작은 물론 발사장 건설 등 상당한 기술 지원을 제공하고 있었지만 거기에 대해서는 거의 언급하지 않고 마치 100% 우리 힘으로 사업을 추진하고 있는 것처럼 보도했다. 무슨 이유에서였을까? 이후 나로호 발사의 1, 2차 시도가 실패하고 그 원인을 두고 양측 사이에 이견이 있었을 때 우리 언론사들은 협력파트너 국가를 잘못 선정하여 생긴 일처럼 보도했다. 왜 그랬을까?

나로호 발사 사업과 관련하여 중국과 일본에 대해서는 말을 붙여볼 수조차 없었고 유럽연합은 우리가 감당할 수 없는 대가를 요구하였으며 우리의 최대 맹방인 미국도 협력을 거부하였지만 러시아는 우리의 요청에 부응한 사실을 알고 있다면 오히려 러시아에 대해 감사해야 하는 것 아닐까? 심지어 나로호 발사 성공에 즈음하여 국내 유력 일간지의 중견 언론인은 시론에서 '우리는 미국의 바짓가랑이를 잡고서라도 우주에 가야 한다.'고 설파하였다. 현실을 몰라도 한참 모르는 이야기 아닌가? 10여 년간 나로호 발사추진단장으로 고군분투하였던 항공우주연구원 관계자는 바로 그 유력 일간지와의 인터뷰에서 미국이 한국의 우주 개발에 대해 어떤 입장을 취하고 있는지 밝혔다. 오죽하면 미국에서 유학하였던 그가 이 사업을 추진하면서 '반미주의자'가 되었다고 하였을까!

둘째, 러시아가 로켓 1단 엔진 제조 기술을 이전하지 않았다는 주장이다. 그런데 이 사안은 계약서에 들어있지 않았다. 또한 한국은 미사일기술통제체제(MTCR)에 참여하고 있어서 그런 기술은 미국이든 러시아든 어느 회원국으로부터도 도입할 수 없게 되어 있다. 왜냐하면 로켓은 위성 발사용에 더하여 장거리 미사일로도 사용될 수 있기 때문이다. 우리가 북한이 한사코 위성 발사라고 주장해도 장거리 미사일이라고 비난하는 것도 바로 이 때문이다. 따라서 러시아로부터의 로켓 1단 엔진 제조 기술 이전은 원천적으로 불가능한 일이었다.

셋째, 발사 시도가 두 차례나 실패한 데 대한 비난이다. 그러나 이는 우주 선진국들의 우주 개발 역사를 모르고 하는 말이다. 기술 개발 초기 로켓 발사 실패는 그리 드문 일이 아니기 때문이다. 한국과 러시아가 로켓 발사 계약을 체결하였을 때 양측은 이미 3번 시도를 상정하고 있었다. 따라서 두 번의 실패는 로켓 기술 개발의 정상적인 과정으로 보아야 한다. 국내 언론의 이런 비난에는 러시아 우주항공산업의 수준에 대한 의구심이 깔려 있었다고 보인다. 그러나 2009년 나로호 발사 2차 시도의 실패 후 오명 건국대학교 총장은 '최소한 절반의 성공이며 러시아를 자극하지 말아야 한다.'고 말했다. 오명 총장은 과학기술부 장관 시절 나로호 사업을 최초로 추진했던 인물이다. 그가 보기에도 당시 러시아에 대한 국내 여론의 비판이 과도했던 것은 아닐까?

1957년 10월 세계 최초로 인공위성을 쏘아 올린 나라는 러시아의 전신인 소련이다. 당시 미국은 이를 스푸트니크 쇼크(Sputnik shock)라고 불렀을 정도로 큰 충격을 받았다. 이어 1961년에는 소련의 유리 가가린이 인류 최초로 지구 궤도를 돌았다. 미국이 1969년 7월 아폴로 11호의 달 착륙에 성공함으로써 우주 개발 경쟁에서 잠시 소련에 앞서기도 하였으나 현재 우주항공 분야에서 양국은 막상막하이다. 2016년 현재 러시아가 운영 중인 인공위성은 1,457개로 미국의 1,252개를 앞서고 있다. 러시아는 인공위성 발사체 제조 기업이 3개이며 로켓엔진 제조사는 4개, 발사장은 5개에 이르는 등 탄탄한 우주항공산업 인프라를 갖고 있다. 한 마디로 러시아의 우주항공산업은 미국과 대등한 수준이며 국제우주정거장(International Space Station)은 러시아의 참여가 없으면 운영이 불가능하다. 미국 우주인들도 러시아 로켓을 타고 국제우주정거장을 왕래하고 있고 미국은 상업용뿐만 아니라 군사용 로켓 엔진까지 러시아에서 수입하고 있다. 또한 러시아는 인공위성 발사 서비스 시장에서도 우위를 보이고 있다. 현재 지구 상공에 떠 있는 한국 인공위성의 일부는 러시아 로켓으로 발사된 것이다.

넷째, 나로호 발사 성공은 우주 쇼에 불과하며 한국은 얻은 것이 없다는 주장이 있다. 또한 러시아가 돈을 받고 1단 엔진을 팔기만 한 것 아니냐는 주장도 있는데 전혀 근거가 없다. 로켓에서 1단 엔진이 핵심기술이지만 전부는 아니며 그 밖에도 한국은 우주 개발과 관련하여 부족한 기술이 많다. 그동안 발사체를 한 번도 쏘아 올린 경험이 없는 한국 입장에서는 시스템 설계, 제작, 시험, 조립 등 발사체 개발 전 과정을 공동으로 수행함으로써 우주발사체 개발 기술을 쌓을 수 있었다. 또한 발사 과정을 세 차례나 러시아와 함께 진행함으로써 역설적으로 귀중한 노하우를 많이 축적했고 발사 후 위성 추적 기술 또한 익힐 수 있었다. 러시아 측으로부터 발사장 건설을 위해 2만 쪽이 넘는 설계도면을 받기도 했다.

2012년 대선에서 박근혜 후보는 '2020년에 달에 태극기가 펄럭이게 하겠다.'고 하였고 2013년 취임 후에는 2017년까지 달 궤도선을 쏘아올리고 2020년에 달 착륙선을 보내겠다고 선언했다. 하지만 현재 어떤 상태인가? 문재인 정부 출범 이후 무슨 이유인지 모르겠으나 달 궤도선은 2022년, 달 착륙선은 2030년으로 목표 시점이 늦춰졌다. 1957년 러시아가 인류 최초의 인공위성 '스푸트니크 1호'를 쏘아올리고 63년이라는 장구한 세월이 흘렀건만 한국은 아직 독자적 기술에 의한 인공위성 발사 수준에 이르지 못하고 있다. 즉 우주 개발에 관한 한 한국은 갈 길이 멀다는 이야기이다.

그러면 누구와 협력할 것인가? 미국은 미사일 지침을 근거로 한국의 고체연료 우주발사체 개발에 제동을 걸고 있다. 선진국들은 이미 사용하고 있는 고체연료 기술 개발이 늦어진 것은 이제까지 미사일 부품과 기술을 미국에만 의존하여 온 결과이다. 협력 대상은 많을수록 바람직하다. 당연히 한국에 대한 협력에 호의적인 대상을 배제하지 말아야 할 것이다.

나로호 발사 전 과정에서 근거 없는 비난을 받았지만 러시아는 한국과의 협력에 대해 긍정적이다. 단지 경제적 고려만 있는 것이 아니고 자신들의 취약점을 보완할 수 있다고 보기 때문이다. 그런데 나라와 나라 사이에도 모든 일은 주고받기이다. 현재 한국의 인공위성 제작 기술은 전 세계에서 6~7위권으로 평가되며 또한 전자산업은 세계적인 수준이다. 러시아 우주항공청은 2015년 말 한국 항공우주연구원에 러시아 우주프로그램에 필요한 전자부품을 한국으로부터 구매할 용의를 표명하고 나아가 우주용 전자부품의 공동 개발을 포함해 다양한 협력 방안을 제시한 바 있다. 하지만 아직 구체적으로 협력이 진행되고 있다는 이야기는 들리지 않는다. 2013년 나로호의 발사 성공 직후 항공우주연구원의 한 관계자는 러시아와의 추가 협력 가능성을 묻는 질문에 국내 여론 때문에 주저하게 된다고 답변하였다. 그러한 연유 때문이라면 참으로 안타까운 일이다.

(2020-02-18 《프레시안》)

국민생선 명태와
러시아의 갑질?

명태는 한국인 모두가 좋아하는 국민생선이다. 가공 방법에 따라 완전 건조한 북어, 내장을 빼고 반건조한 코다리, 북어의 일종인 황태 등 달리 부른다. 특히 명태가 추운 겨울날 바닷바람을 쐬고, 얼고 녹기를 수없이 반복하며 서서히 건조되면 부드럽고 맛있는 황태가 되는데 황태국은 한국 사람들이 술 마신 다음날 숙취 해소용으로 즐겨 찾는 음식이다. 알과 창자도 젓갈로 만들어 먹는다. 북어와 명태전은 제사 상에 빠져서는 안 될 품목이다. 심지어 우리나라에는 「명태」라는 제목의 유명한 가곡도 있다. 그런데 명태가 매년 한국과 러시아 사이에 이슈가 된다.

명태는 냉수어종이다. 수온에 따라 하절기에는 북위 50도 이북인 오호츠크 해 부근까지 이동했다가 동절기에는 37도 선까지 내려오기도 하였다. 1980년대까지 명태는 국내 수요의 상당 부분을 충족할 만큼 잡혔다. 동해가 무공해 청정해역이었기 때문이다. 그러다가 지구온난화 등의 영향에 의한 조류의 변화로 남하선이 북상하였고, 치어의 남획으로 인한 개체 수의 감소, 폐어망 등 해양오염에 따른 서식환경 변화 등에 의해 어획량이 줄어들었고 결국 동해 어장에서는 명태가 사라졌다. 이에 따라 국내 수산 업체들은 본격적으로 해외 어장으로 눈을 돌리게 되었다.

현재 명태의 수급 상황을 보면 국내에서 소비되는 명태의 거의 100%가 러시아에서 들여온 것이다. 그중에서 90%를 차지하는 것이 민간 쿼터를 받은 러시아 기업과 우리 기업이 합작 형태로 조업하여 현지에서 수출 절차를 밟아 한국으로 들여오는 것이다. 형식적 통계상으로 10% 정도는 국내 생산으로 분류되는데 내용을 보면 우리 수산업체들이 러시아 정부로부터 쿼터를 받아 러시아 수역에서 조업하여 들여오는 것이다. 그러면 국민생선인 명태 확보가 어떻게 해서 전적으로 러시아에 의존하게 되었는가?

물론 명태는 러시아 오호츠크 수역에서만 서식하는 것은 아니고 세계 3대 어장의 하나인 북서태평양 전체에 분포하고 있다. 실제로 1977년부터 한국 어선들은 미국의 알래스카 인근 수역에서 조업해 왔다. 그런데 1980년 미국이 앞서 일방적으로 선포한 어업 보존 수역에서 모든 외국어선 조업의 단계적 금지를 규정한 법률을 공포함으로써 한국 어선들은 심각한 타격을 받았다. 이에 쿼터와 공동어로사업으로 대책을 강구하였는데 1988년 미국이 자원보호와 자국 어민보호를 위하여 대외 쿼터와 공동어로사업을 전면 폐지하여 어획의 길이 막혀 버렸다. 미국의 조치는 연안국 권리를 강화한 「유엔해양법협

약」이 1994년에 발효되기 이전에 이루어진 것이므로 당시로서는 국제법적 근거가 없는 것이었다. 한국 어선들은 어쩔 수 없이 베링 공해 어장으로 조업 장소를 옮겼는데 이곳에서는 한국을 포함해 여러 나라 어선단이 경쟁적으로 조업한 결과 명태 자원이 급감하여 연안국과 조업국들은 1993년 조업 잠정 중지에 합의하였으며, 조업 중지는 현재까지 지속되고 있다.

이런 상황에서 한국이 1990년 러시아와의 수교 과정에서부터 최우선적으로 협력을 추진한 분야가 수산이고 가장 먼저 체결한 협정이 어업협정이었다. 한국정부는 안정적인 명태 공급을 위해서 서둘러 러시아와의 교섭을 시작했고 러시아가 이에 화답해 1991년 어업협정이 체결되어 한국 어선들이 러시아 수역에서 조업할 수 있게 되었다. 러시아는 자국의 배타적 경제수역에서 매년 연간 총 어획 허용량을 설정하고 우선적으로 자국민에게 할당한 다음 나머지를 외국 어선에 배정한다.

명태의 할당량은 2014년까지 4만 톤가량이었으나, 2015년부터 2만 톤 수준으로 떨어져 어민들과 수산물 가공업체들이 어려움을 호소해 왔다. 그리고 러시아 정부가 2001년부터 자국 기업을 우선 대상으로 경쟁 입찰을 실시하여 우리 수산 업체들은 쿼터 확보를 위해 러시아 회사와의 합작을 추진해왔다. 2018년 기준 한국 어선이 러시아 수역에서 직접 조업한 양은 2만4,000톤이고 합작어선의 실적은 17만6,000톤으로 합작 조업 어획량이 훨씬 많다.

러시아가 2015년에 한국에 대해 정부 쿼터를 줄인 배경에는 다음과 같은 요인도 있었다. 러시아 정부는 러시아 업체들의 대게(king crab) 밀수출을 단속하기 위해 한국정부의 협조를 요청하였다. 수출세 납부 등 수출절차를 밟지 않고 대게를 밀수출하려는 러시아 어선이 한국 항구에 입항하는 경우 통관을 보류하고 러시아 측에 통보하여 달라는 것이었다. 한국정부는 이러한 러시아 측의 요청에 대한 대응에 있어 우리 수입 업체의 이익과 국내 가격의 상승 등을 의식하였던 것 같다. 결국 이 문제는 해결되었으나 그 과정에서 한국 측은 대가를 치른 것으로 보인다.

게다가 2010년대 중반 러시아 정부가 수산업을 외국기업의 진출을 규제하는 전략산업에 포함시켜 합작 추진에도 상당한 애로가 있다. 또한 러시아 측은 오래전부터 한국 측에 대해 정부 쿼터를 늘려주는 조건으로 수산물 가공 및 유통 분야에 대한 투자를 촉구해 왔으나 이렇다 할 성과가 없었다.

국내에서는 러시아가 어족자원을 가지고 한국에 대해 고자세를 취하고 있다고 비판적으로 보는 시각이 있다. 미국에 관대하고 러시아에 비판적인 한국 언론이 명태 관련 보도에서도 같은 태도를 보이는 것 아닌가 생각이 든다. 연안국이 어족자원의 보호를 위해 매년 총 어획 허용량을 정하고 쿼터 분배에 있어서 자국 기업에 우선 배정하고 나머지를 외국에 나눠주는 것은 당연하고 자연스러운 것이다. 러시아의 조치와 미국의 조치를 비교하면 미국이 취한 조치는 훨씬 더 일방적인 것이었다.

매년 어업 협상의 이슈는 어획 할당량, 입어료와 조업 조건이다. 지난주에 있었던 제29차 한러 어업위원회에서는 만족할 만한 결과가 나왔다. 2020년도 명태 어획 할당량은 지난해보다 20% 늘어난 2만

8,800톤을 확보하였고 입어료는 작년과 동일한 수준으로 타결되었으며 조업 조건도 완화되었다. 이로써 러시아 수역에서 조업하는 우리 업계의 부담을 상당히 덜게 됐다.

그런데 한국 측이 러시아 측과 협상할 때마다 '을'의 입장에 설 수밖에 없는 상황은 러시아가 우리에게 부당하게 강요한 것이 아니다. 한마디로 말해서 동해에서 명태가 잡히지 않고 러시아 수역 말고는 조업할 수 있는 어장이 마땅치 않다는 것이 현실이다. 러시아 정부 입장에서 볼 때 입어료 수입은 그리 의미 있는 금액은 아니다. 최근 정부의 각별한 노력으로 명태 양식에 성공했다고 하지만 명태는 연어와 같은 회귀성이 없어서 치어 방류 효과를 기대하기 어렵고, 효과가 다소 있더라도 양식에 소요되는 비용 문제도 있다. 문제라면 한국인들이 명태를 매우 즐긴다는 것이 문제일 것이다.

(2020-02-24《프레시안》)

서방의 러시아 제재와 한국 기업

한국 기업의 대러시아 협력 과정에서 가장 큰 어려움은 서방의 제재조치다. 상당수 러시아 주요 기업들과 기업인들이 서방의 제재대상이기 때문에 그렇다.

러시아에 대한 제재는 2014년 3월 친서방 반정부 시위에 의해 친러시아 정권이 무너지면서 야기된 우크라이나 내전으로 거슬러 올라간다. 내전 직후 크림 자치공화국이 독립선언에 이어 주민투표를 거쳐 러시아로 복귀하자 서방은 격렬히 비난하면서 제재조치를 취했다. 당시 미국 요청으로 한국정부는 러시아의 크림 합병을 인정하지 않는다는 성명을 냈고 대부분의 한국 언론은 강탈행위, 약소국 침략 등의 표현을 써가면서 비판적으로 보도했다.

흑해 연안의 크림반도는 18세기 말 제정 러시아가 오스만 터키와의 전쟁에서 승리함으로써 획득한 땅이다. 그 후 1954년 우크라이나 출신인 흐루쇼프 소련 공산당 서기장이 우크라이나 행정구역에 편입시켰다. 1991년 소련 해체시 크림반도는 자치공화국의 지위로 독립국가 우크라이나의 일부가 되었는데, 소련의 국제법상 권리와 의무를 승계한 러시아가 1994년 우크라이나에 크림 반환을 공식 제기하였다.

서방 언론의 일방적인 보도 추종

현재 이 지역 주민의 절대 다수가 러시아계이고 그간 우크라이나 중앙정부와의 관계도 원만하지 않았다. 우크라이나 국내 정세가 친러 성향 동부와 친서방 성향 서부 사이의 극한 대립으로 악화되다가 2014년 내전이 일어났고 이런 가운데 크림 지역 러시아계 주민들은 '집으로 돌아왔다.'는 표현처럼 러시아로의 복귀를 선택한 것이다. 러시아는 이런 기회를 이용해 전격적으로 합병을 단행했다.

러시아의 크림 합병이 전적으로 정당하고 서방 비난이 부당하다는 뜻이 아니라 양측 주장이 단지 부분의 진실을 얘기하고 있을 뿐이라는 것이다. 한국 언론이 양쪽 주장을 균형 있게 보도하기보다는 서방 언론의 일방적인 보도를 추종했다는 점이 아쉽다.

현재와 같은 우크라이나의 상황은 서방과 러시아가 서로를 견제하고 영향력을 확대하려는 과정에서 비롯되었다고 보는 것이 객관적이다. 또한 국제사회에서 흔히 볼 수 있는 '내로남불' 현상을 지적해야 할 것이다.

미국은 러시아를 가리켜 소련과 같은 글로벌 파워가 아니라 지역 강국에 불과하다고 폄하하면서도 러시아 위협을 부풀리면서 동유럽 국가들을 나토 회원국으로 가입시켜 이제 러시아와 나토 사이에는 벨라루스와 우크라이나밖에 남지 않았다.

이는 1990년 소련의 고르바초프 서기장이 독일 통일에 동의했을 때 서방이 했던 나토의 확대는 동독 지역에만 미칠 것이라는 약속을 명백히 파기한 것이다. 우크라이나마저 서방권에 편입된다면 러시아는 거대한 나토와 바로 이웃하게 되는데 누가 누구에 대해 위협을 느끼겠는가?

기업이 스스로 판단하도록 해야

국제사회에서 일어난 사태의 실상을 객관적으로 이해할 필요가 있으며 그런 과정을 거쳐야 국익 관점에서 현명하게 대처할 수 있다.

한국정부는 러시아의 크림 합병을 인정하지 않는다는 입장이지만 서방의 제재에는 참여하지 않았다고 러시아 측에 해명하곤 한다. 한국 기업들은 사실상 정부 내부지침 때문에 러시아와의 협력에 있어 부분적이지만 어려움을 겪고 있다. 상당한 수의 러시아 주요 기업들과 기업인들이 서방의 제재대상이기 때문이다. 한국의 입장이 제재 불참이라면 기업이 자기 책임아래 판단하도록 해야 한다.

서방에서는 러시아가 제재로 인해 큰 어려움을 겪게 될 것이라고 예상했지만 현재 러시아는 버티고 있을 뿐만 아니라 서방에 대해 역제재도 서슴지 않으면서 오히려 자국 산업 육성의 기회로 활용하고 있다.

(2018-03-30 《내일신문》)

러시아는 외국인 투자의 무덤인가?

일반적으로 한국 사람들은 러시아의 투자환경이 좋지 않다고 말한다. 그런 인식의 기저에는 다음과 같은 고정관념 또는 편견이 자리 잡고 있다고 본다. 우선 땅은 넓으나 인구가 적어 시장이 작다. 규제가 많고 법령이 자주 바뀌며 전반적으로 투명성이 떨어진다. 또한 2014년 이래 미국과 유럽연합이 러시아에 대해 경제제재를 취하고 있기 때문에 투자에 많은 제약이 있다. 과연 그런가? 좀 더 객관적으로 들여다보기로 한다.

우선 러시아는 인구가 현재 약 1억 5,000만 수준으로 물론 중국, 인도 등에 비해서는 적지만 세계에서 인구대국 중 하나이다. 그러한 러시아에 대해 시장이 작다고 하는 것은 지나친 이야기이다. 더구나 러시아가 개발도상국도 아니고, 소득수준이 적어도 중위권인데 이만한 규모라면 무시할 수 있는 시장이 아니라고 본다.

둘째, 러시아의 외국인 투자환경에 관한 국제적 평가를 보자. 2020년에 세계은행이 발표한 기업활동 환경 평가 순위에서 러시아는 190개국 가운데 28위로 31위의 중국보다 나은 것으로 평가되었다. 세계은행은 매년 사업 착수(starting a business), 건축 허가(dealing with construction permits), 전력 확보(getting electricity), 부동산 등록(registering property), 금융 접근(getting credit), 중소투자자 보호(protecting minority investors), 납세(paying taxes), 수출입(trading across borders), 계약 이행(enforcing contracts), 파산 절차(resolving insolvency) 등 10개 지표별로 각 나라(2개 도시)의 현황을 실사하여 비교 평가하고 그에 따라 국가별 순위를 매기고 있다. 참고로 요즘 한국 기업들이 몰려간다는 베트남은 세계은행 평가에서 70위이다. 베트남에 투자하는 기업들은 대부분 제3국으로 수출하는 업체로서 현지의 전반적인 투자환경에 매력을 느끼기 보다는 저렴한 노동력을 활용하여 생산 단가를 낮추려는 목적을 갖고 있을 뿐이다.

그리고 영국의 《파이낸셜 타임스(Financial Times)》는 유럽 도시들 가운데 투자 매력도가 높은 도시로 모스크바를 런던, 파리, 암스테르담, 뮌헨에 이어 5위로 평가한 바 있다. 그간 러시아 정부는 특별경제구역, 선도개발구역 및 자유항, 산업단지, 혁신센터 등을 건설하고 인프라 구축, 행정 간소화, 세금 혜택 등을 통해 비즈니스 여건의 개선에 적극적이었다. 특히 러시아 정부는 수입대체를 위한 제조업 육성을 위해 각종 지원책을 시행하고 있는데 이를 활용한 서방 기업들의 진출이 활발하다.

셋째, 러시아 중앙은행의 최근 통계에 따르면 2017년부터 2019년

3/4분기까지 기간에 러시아에 대한 외국인 직접투자 순유입액은 약 633억 달러인데 한국의 투자는 2억 달러 정도로 비중은 0.3%에 불과하다. 그러면 다른 선진국들의 동향은 어떠한가? 러시아에 대한 제재에 앞장서고 있는 유럽과 미국 기업들이 오히려 적극적이다. 구체적으로 영국 75.5억 달러, 프랑스 38억 달러, 독일 17.5억 달러, 미국과 이탈리아가 각각 7.8억 달러, 일본 5억 달러 등이다. 이런 수치는 러시아에 대한 경제제재의 대상이 에너지, 군수, 금융 등 특정 분야 기업들과 제재대상인 개인이 일정 지분 이상을 소유하고 있는 기업에 한정되므로 제재가 실제로 러시아 비즈니스 전반에 미치는 영향은 제한적이라는 것을 말해준다. 그런데 한국정부는 러시아에 대해 경제제재를 취하지 않았음에도 한국 기업들은 대러시아 투자에 대해 서방 기업들보다 더 소극적이다. 한국 기업들은 지레 겁을 먹고 있는 걸까? 아니면 그냥 관심이 없고 그래서 실상을 모르고 있는 걸까?

이상에서 본 바와 같이 러시아가 투자환경이 열악하다고 말하기는 어려우며 러시아로 들어오는 외국인 직접투자 가운데 극히 미미한 비중을 차지하는 한국이 러시아의 투자환경이 이러네 저러네 하고 말하는 것은 주제 파악을 못하는 이야기라고 본다.

어쨌든 현재까지 러시아는 한국 기업들에게 투자 대상지로 인기가 낮다. 한국과 러시아가 수교한 이래 교역은 꾸준히 성장세를 보였지만 투자가 본격적으로 이루어지기 시작한 것은 2000년대 중반이었다. 2018년을 보면 러시아에 대한 한국 기업들의 투자는 1억700만 달러이고 총 해외투자의 0.1%에 불과하다.

그리고 이제까지 러시아에 진출한 한국 기업은 대부분 고전을 면치 못하였을까? 한국 언론은 그간 성공사례 보도에는 인색한 반면 실패 사례에 집중했을 뿐이다. 삼성전자와 LG전자는 냉장고, 세탁기, 진공청소기 등을 현지에서 생산하고 있으며 시장점유율은 압도적이다. 초코파이로 유명한 오리온제과, 사발면 '도시락'으로 더 알려진 팔도라면 그리고 롯데제과도 현지 공장을 세워 승승장구하고 있다. 롯데 호텔의 경우 모스크바와 상트 페테르부르크에 호텔을 열어 양호한 영업 실적을 올리고 있고, 현대자동차는 2010년 현지 공장을 준공했으며 이곳에서 생산되는 '솔라리스' 모델은 러시아에서 국민차로 불릴 만큼 잘 팔린다. 그리고 CJ제일제당은 비비고 브랜드의 왕교자, 군만두, 물만두, 찐만두, 새우만두 등을 현지에서 생산하여 호평을 받고 있다.

물론 실패 사례가 없는 것은 아니다. 2013년 현대중공업이 연해주에 투자한 고압차단기 공장이 대표적인 예이다. 러시아 내 유일한 수요자인 연방송전망공사의 권유로 현지 생산을 위해 5,000만 달러를 투자했는데 당초 약속과는 달리 러시아 정부의 투자계획이 수정되어 구매할 수 없다고 해 현지 공장은 가동되지 못했으며 나중에 러시아 측이 발주하게 되었으나 당시 루블화 가치 하락으로 채산성이 맞지 않아서 수주할 수 없었고 결국 철수했다.

그렇다면 무엇이 문제인가? 2018년에 어느 대형 법무법인의 변호사에게서 들었는데 모 기업 측에서 러시아 프로젝트에 대한 자문을 의뢰하면서 부정적인 결론을 내달라고 부탁하였다고 한다. 기이한 일이지 않은가? 한국 기업들보다 비즈니스 기준이 훨씬 높은 서방 기업들이 선전하고 있는데 반해 한국 기업들은 러시아 시장에 대한 정보 수집은 소홀히 하면서 서방 제재가 있어 비즈니스가 어려우리라는 막연한 선입견만 갖고 있는 것으로 보인다. 필자가 모스크바에서 근무할 때 관찰한 바에 따르면 서방 기업들은 사업 준비 과정에서 한국인의 눈으로 볼 때는 공연한 지출로 보일 정도로 많은 비용을 현지 컨설팅 회사의 자문을 받는 데 쓰고 있다. 사업을 추진하면서 장애 요소나 리스크를 사전에 철저히 파악하고 대비하려고 한다.

가끔 한국 기업인들과 대화하다 보면 러시아에서는 영어가 잘 통하지 않아 언어 장벽이 있다고 한다. 그런데 필자가 아는 한 러시아인들의 영어 실력은 적어도 국제 비즈니스를 하는 사람이라면 한국인들보다 수준이 높으며 오히려 러시아에 와서 사업을 하겠다는 한국인들 중에 러시아어는 물론이고 영어도 구사하지 못하는 경우가 많다. 주위를 살펴보면 영어가 안 통한다고 투덜대는 사람들은 실제로는 영어 구사력이 부족한 경우가 대부분이다. 반면에 유럽에서 온 기업인들은 영어뿐만 아니라 러시아도 꽤 구사한다. 우선 비즈니스에서 가장 중요한, 현지인과의 소통 측면에서 한국인들은 서구인들에 비해 경쟁력이 떨어진다. 그리고 영어든 러시아어든 문제가 있으면 유능한 통역을 써야 되는데 사례비에 인색하다 보니 부실한 통역을 쓸 수밖에 없고 부실한 통역은 비즈니스에 문제를 야기한다. 또 하나 안타까운 것은 상대방은 통역의 러시아어를 알아들을 뿐인데 마치 자신의 한국어를 직접 알아들은 것으로 착각하는 경우도 많다.

어떤 나라와의 비즈니스도 결국은 사람과 사람 간 접촉을 통해 이루어지는 것이므로 인적 네트워크 구축이 긴요하다. 이를 위해서는 러시아인의 심리상태 또는 의식구조에 대한 이해, 즉 시장적응능력 제고에 보다 많은 노력을 기울여야 할 것이다. 가끔 한국인들이 서구인들과 비교하며 러시아인들의 비즈니스 매너가 이러네 저러네 하는데 이해할 수 없다. 왜냐하면 비즈니스 파트너는 평가의 대상이 아니라 적응의 대상이기 때문이다.

현재 상황을 보면 러시아 시장에의 진출은 안 하는 것이 아니라 실은 못 하는 것은 아닐까? 그간 정부는 신북방정책을 주창하여 북방 진출 분위기를 조성하려 하였으나 대부분 한국 기업들은 여전히 러시아 시장에 대해 소극적 태도를 보이고 있다. 투자는 수출의 견인차 역할을 한다. 한국의 중국 시장에 대한 과도한 의존을 탈피하기 위해서도 대체시장의 하나가 될 수 있는 러시아 시장에의 진출 노력이 배가되어야 할 것이다.

(2020-02-25 《프레시안》)

4차 산업혁명
파트너가 될 수 있는 러시아

어떤 사람들은 러시아를 가리켜 핵무기를 가진 사우디아라비아라고 한다. 이는 러시아를 석유, 가스 등 자원을 팔아 살아가는 나라로 이해하고 있다는 이야기다. 그런데 수학, 물리 등 기초과학이 발전한 러시아는 노벨상 자연과학 부문 수상자가 14명이나 될 정도로 과학기술 수준이 매우 높다. 그 결과 창의적 소프트웨어 개발 역량도 풍부한 나라이다. 소련 해체 이후 1990년대 급격한 체제전환 과정에서 붕괴된 제조업 기반이 아직 충분히 회복되지 않아서 일반 생산기술에서 두각을 나타내지 못하고 있지만 우수한 과학기술 인력이 많아 생산기술의 기초가 되는 원천기술 축적은 세계적 수준이다.

김치 냉장고에 관해 인터넷에서 찾아보면 생산기술이 어디서 비롯되었는지에 대해서는 전혀 언급이 없다. 사실은 러시아로부터 탱크 냉각 시스템 기술을 도입해 1995년에 상용화에 성공한 것이다.

2008년 상용화된 휴대폰 통화 노이즈 제거 기술은 러시아의 통신기기 및 레이더 잡음 제거 기술에서 비롯된 것이다. 에어컨의 결로 방지 기술도 러시아 위성 표면 처리 기술을 응용한 것이다. 이 밖에도 한국 기업들이 러시아 원천기술을 응용해 상업화에 성공한 예는 적지 않다. 다이아몬드 코팅 기술, 복강 내시경, 레이저 암 치료기, 자율주행차용 고성능 레이더 등도 그러한 예이다.

방산 분야를 보면 한국형 패트리어트 미사일(천궁)과 휴대용 미사일(신궁)은 러시아의 유도조정 센서 등 핵심기술을 도입해 국산화에 성공했다. 또한 수면 위를 일정 높이로 떠서 운항하는 위그선(Wig ship)도 러시아에서 최초로 개발된 것이고 국내 상용화를 앞두고 있다.

김치냉장고 러시아 기술도입 상용화

한국이 IT강국이라고 하지만 주로 스마트폰 같은 하드웨어 분야가 그렇다는 이야기이고 소프트웨어 분야에서도 선도국가라고 하기는 어렵다. 카카오 택시 모바일 앱이 2015년 4월에 출시되었으나 러시아의 IT기업인 얀덱스(Yandex)는 2011년에 동일한 서비스를 시작했으며 자율주행차 플랫폼 및 자율주행차량 개발을 올해 말까지 마치고 내년에 상업적인 서비스를 개시할 예정이다. 현대 모비스가 프로젝트에 참여하고 있다. 러시아의 소프트웨어 및 IT서비스 산업은 2017년 현재 120만명을 고용하면서 러시아 GDP의 2.7%를 차지했으며 수출도 2009년 28억 달러, 2015년 70억 달러로 가파른 신장세를 보이고 있다.

이미 세계 산업의 중심추는 소프트웨어로 옮겨갔다. 러시아는 4차 산업혁명의 핵심 기반 기술 분야인 인공지능, 사물인터넷, 빅데이터,

자율주행, 블록체인, 양자암호화 개발 등의 분야에서 글로벌 경쟁력을 갖추고 있다. 소련 때부터 발전한 기초소재, 정밀화학, 우주항공산업 등 분야에서도 전략적 협력을 기대할 수 있다. 시급한 것은 인공지능, 사물인터넷, 시스템 SW 분야 등에서 탁월한 개발역량을 보유한 러시아 연구 개발자들과의 인적 네트워크를 만드는 일이다.

이번 주에 서울에서 한러 ICT, 소재부품 산업 투자 포럼이 개최되었으며 러 측에서 컴퓨터 보안 및 바이러스 연구업체인 카스퍼스키(Kaspersky), 빅데이터, 인공지능, 사물인터넷 부문 고객맞춤형 SW 개발업체인 퍼스트 라인 소프트웨어(First Line Software), 5G 통신 양자암호화 기술 업체인 LLC퀀트텔레콤(LLC Quant Telecom), 로봇용 SW/보안센서 개발업체인 라닛텔레콤(Lanit Telecom), 차세대 탄소섬유 신소재 개발업체인 로스아톰(Rosatom) 등 유수업체들이 참가해 발표했다.

근거 없는 선입견과 인식 부족

그런데 홍보 부족 탓인지 한국 업계의 참석은 예상 밖으로 저조했다. 한국은 일본이 불화수소 등 소재의 수출을 규제하자 새삼 기술독립을 역설하며 4차 산업혁명에 앞서나가겠다는 결의를 다지고 있다. 하지만 기술은 독자적인 개발이 능사가 아니라 외국의 유수기업과의 제휴와 협력을 통해 더욱 효과적으로 발전시킬 수 있다. 4차 산업혁명의 선도국이 되기 위해서 필요하다면 누구와도 손을 잡아야 하는데 근거 없는 선입견과 인식 부족 때문인지 러시아와의 협력 추진에는 소극적인 것이 안타깝다.

(2019-11-01 《내일신문》)

스킨헤드가 준동하는
위험한 나라?

　일부 한국인들은 스킨헤드 이야기를 하면서 러시아는 여행하기에 위험한 나라라고 생각하는 것 같다. 그런데 백문불여일견(百聞不如一見)이라는 말이 있듯이 막상 러시아를 가보면 그런 선입견이 깨진다고 한다. 필자가 모스크바에서 근무하던 시절 가깝게 지낸 한 미국인은 이렇게 말한 적이 있다. '뉴욕이나 워싱턴보다 안전한 곳이 모스크바이다. 왜 그러한가? 밤에 도심 뒷골목을 젊은 아가씨들이 마음대로 다닐 수 있기 때문이다.' 어느 나라 어느 도시에서도 신체에 위해를 가하는 이런저런 범죄가 일어나기 마련이다. 러시아가 치안이 완벽하여 범죄가 전혀 없는 곳이란 뜻이 아니라 일반적인 기준에서 볼 때 유달리 위험한 곳은 아니라는 말이다.

　스킨헤드라고 불리는 젊은이들은 사실 1960년대 영국에서 처음 나타났다. 스킨헤드가 원래 인종주의적 성향을 보인 것은 아니며, 일부 젊은이들이 주로 독특한 헤어스타일이나 복장을 하고 다니는 일종의 하위문화(sub-culture) 현상 중 하나였다. 다만 아시아와 아프리카에 많은 식민지를 가졌던 영국이기에 그 지역 사람들이 영국으로 이주하면서 유색인종에 대한 배타적인 경향이 생겨난 것으로 이해된다. 스킨헤드는 일종의 유행처럼 유럽 대륙으로 확산되었고 러시아에도 그런 류의 젊은이들이 나타났다.

그런데 스킨헤드는 단일 집단이 아니라 다양한 독립적인 소그룹으로 구성되어 있고, 모두가 인종주의적 경향을 보이는 것은 아니다. 오히려 인종주의를 배격하는 그룹도 있어 획일적으로 그들의 성향을 규정하기 어렵다. 러시아에서 스킨헤드가 거론되는 것은 주로 히틀러의 생일인 4월 20일 전후이다. 이때가 되면 러시아에 있는 우리 대사관과 총영사관은 교민과 유학생들에게 주의 메시지를 보내는데 실제 사건이 일어난 적은 거의 없었다. 러시아는 2차 대전 때 나치 독일의 공격을 받아 2,500만 명 이상의 희생을 치르며 독일군을 물리쳤는데 극소수일지라도 러시아 젊은이들이 히틀러의 생일 주간에 인종주의적 행태를 보이는 것은 이해하기 어려웠다.

주민의 이동이 엄격히 통제되었던 소련이 해체된 이후 이동이 자유롭게 되면서 아제르바이잔, 조지아(옛 그루지야) 등 코카서스 지역 및 중앙아시아 사람들이 모스크바와 상트 페테르부르크와 같은 대도시로 몰려들어 식당, 야간업소, 소매업 등의 상당 부분을 장악하였다. 이들에 더하여 재래시장에서 장사하는 중국인이나 베트남 사람들이 늘어났다. 이 과정에서 일부 슬라브계 주민들이 이들의 행태에 혐오감을 갖게 되었고 일부 젊은이들은 이주민들에 대한 거부반응을 종종 폭력적으로 나타내었다.

모스크바 근무 시절 모스크바 경찰청 외사국장과 식사를 한 적이 있는데, 그는 이렇게 말하였다. '한국인들은 대체로 교육 정도나 소득 수준이 높아 신경을 쓰지 않는데 중국인과 베트남인의 경우는 그렇지 못하다.' 역사적으로 러시아에서는 오래전부터 슬라브족들이 아시아계 민족들과 더불어 살아왔기 때문인지 필자가 볼 때 아시아인에 대한 편견이 있어 보이지 않지만 중국인에 대해서는 하대하는 경향이 있는 것 같다. 러시아에 와있는 중국인들은 일부 유학생들을 제외하면 대부분 재래시장에서 장사하는 사람들인데 이들은 러시아 사람들에게 좋은 인상을 주지 못하고 있다.

상당수 한국인들이 스킨헤드에 이어 우려하는 것이 마피아의 존재이다. 1991년 소련 붕괴 이후 러시아가 급격한 정치경제 개혁 조치를 취하면서 엄청난 사회적 혼란이 발생하고 치안이 부실했던 시기에 마피아, 즉 조직폭력배들이 생겨나서 일반 시민들의 삶을 위축시켰던 것은 사실이다. 하지만 그런 혼란은 2000년대로 접어들면서 정리되어 이제는 옛 얘기가 되었다. 러시아 정부도 한국과 마찬가지로 총기의 불법 소지를 엄하게 단속하기 때문에 미국에서 자주 일어나는 불특정 다수에 대한 무차별 총기 난사와 같은 끔찍한 사건이 러시아에서는 없었다. '마피아들 간에 충돌이 있지 않느냐?'고 묻는 사람들이 있는데, 일본의 야쿠자를 생각해 보라고 답하고 싶다. 국제사회에서 치안 상태가 양호한 것으로 높은 평가를 받고 있는 일본에도 야쿠자들 사이에 충돌이 있지만 일반 시민들의 삶에 영향을 줄 정도는 아니다.

아마도 한국인들에게 러시아가 위험한 지역이라는 인식이 형성된데는 스킨헤드나 마피아보다는 2010년 2월과 3월에 연달아 한국인들에게 발생했던 폭행 사건이 영향을 준 것으로 보인다. 첫 번째는 시베리아 알타이 지방의 바르나울에서 연수하고 있던 한국인 대학생이 괴한의 흉기에 찔려 사망한 사건이고, 두 번째는 모스크바에서 유학 중인 대학생이 괴한의 피습을 받아 중상을 입은 사건이다. 당시 우리 정부는 러시아 정부에 대해 조속한 범인 체포 및 처벌과 재발 방지 노력을 강력 요청하였다. 수사 결과에 따르면 용의자들은 스킨헤드나 마피아와는 무관한 단순 불량배였으며, 그 뒤로는 유사한 사건이 발생한 적이 없다. 어느 나라 어느 도시를 가더라도 우범지대가 있고 바깥출입을 자제하여야 할 시간대가 있는데 러시아에서도 관련하여 조심하고 유의하는 것이 필요하다.

러시아의 치안 상태는 중국과 비교할 때 양호하다고 할 수 있다. 즉 여행자 대비 사건 발생 건수 비율로 볼 때 러시아의 여행안전지수가 더 높다. 그리고 한국과 러시아 정부가 비자면제협정을 체결함으로써 2014년 1월부터 많은 한국인들이 러시아를 좀 더 수월하게 방문할 수 있게 되어 매년 방문자 수가 늘고 있다. 유럽과 미국은 우리나라보다 훨씬 많은 관광객이 러시아를 찾는다. 여름에 해외여행을 할 경우에는 모스크바 또는 상트 페테르부르크를 선택하여 쾌적한 날씨와 백야를 즐기면서 거리에서 맘껏 '안구정화(眼球淨化)'할 것을 권유하고 싶다.

(2020-02-17《프레시안》)

PART 02

한국과
러시아 관계

푸틴 대통령은 올해 서울에 올까?

올해는 한국과 러시아가 수교한 지 30주년이 되는 해이다. 이미 양국은 2020년을 '한러 상호교류의 해'로 지정하고 기념행사 개최를 위해 긴밀 협력키로 합의했다. 이에 따라 우리 측은 다양한 행사를 준비 중이며 3월 서울에서 수교 기념행사 개막식이 예정되어 있다. 정부는 이 자리에 푸틴 대통령을 초청한 것으로 보인다.

개막식에 양국 정상이 함께 한다면 양국관계에 매우 좋은 장면이 될 것이다. 최근 청와대 인사의 모스크바 방문은 이와 관련 있어 보이는데 과연 푸틴은 올해 서울에 올까? 그런데 청와대 인사가 빈손으로 귀국한 것으로 보아 러 측이 유보적인 반응을 보인 것으로 추측된다. 금년 중 방한 자체에 대한 것일 수도 있고 구체적인 방한시기에 대한 것일 수도 있다. 만일 정부가 올해 푸틴의 방한이 꼭 필요하다고 판단한다면 어떻게 러시아 측을 설득해야 할까?

우선 외교관례로 볼 때 푸틴 대통령이 한국을 방문할 때가 되었다는 점에 대해 러 측이 이의를 제기할 수 없을 것이다. 문 대통령은 집권 1년차인 2017년 9월 블라디보스토크에서 개최된 제3차 동방경제포럼에 참석해 푸틴 대통령과 정상회담을 가진 데 이어 2018년 6월 러시아 월드컵을 계기로 모스크바를 방문해 김대중 대통령 이래 19년 만에 국빈예우를 받았다. 하지만 푸틴 대통령은 문 대통령 취임 이후 아직 한국에 온 적이 없다.

다만 수교 30주년 기념행사 개막식 참석 필요성만으로는 러 측을 움직이기 어려울 것으로 보인다. 양국 정부 관리들은 정상 방문 추진 시 무엇을 성과로 내세울 것인지 고민하게 된다. 국제사회에서 정상외교 성과사업 중 중요한 것으로 협정체결이 있는데 양국 정부는 정상 방문에 맞추기 위하여 합의를 서두르기도 하고 늦추기도 한다.

정상회담 선물로 극동지역 투자 고려해야

푸틴 대통령이 방한할 경우 정상회담 성과로 내놓을 만한 것으로 무엇이 있을까? 한국토지주택공사는 중소기업의 북방 진출을 지원하기 위해 연해주에 총 150만㎢ 규모의 산업단지 조성사업을 추진 중이다. 이와 관련 지난해 12월 러 측과 예비시행협정을 체결했고 올 9월 기공식 개최를 계획하고 있다. 그리고 우리 측이 지난해 9월 경제공동위에서 제의한 소재, 부품, 장비 협력을 강화하기 위한 10억 달러 규모 공동펀드 조성 방안이 현재 논의 중이다. 또한 한러 서비스 및 투자 FTA협상이 진행 중이며 금년 중 타결을 목표로 하고 있다.

그런데 러시아 정부가 각별한 관심을 보이는 극동 러시아에 대한 투자는 여전히 부진하다. 우리 기업들이 인프라 투자에 적극 나설 수 있도록 정부재원을 마중물로 활용할 수 있다. 예를 들어 이미 타당성 조사를 마친 슬라비얀카 항만개발 사업에 정부가 대외경제협력기금을 활용해 공동투자자로 참여하는 방안이 있다. 대외경제협력기금은 주로 개도국을 대상으로 한 것이지만 이런 방안이 현행법상 불가능한 것은 아니라고 본다.

한편 초청국이 방문을 원하는 시기에 방문국의 국내 일정이 어떤가도 영향을 미칠 것이다. 러 측 사정을 보면 현재 국가권력 구조의 개편을 주요 내용으로 하는 헌법 개정이 추진 중이며 절차가 4월 하순에나 끝날 예정이다. 5월 9일은 소위 '대조국전쟁(제2차 세계대전)' 승전일인데 올해는 75주년이라서 기념행사를 대대적으로 계획하고 있어 푸틴의 상반기 방한 가능성은 낮아 보인다.

사정을 고려할 때 양측이 계속 밀도 있는 협의로 금년 중 양국관계에 의미 있는 성과를 거두도록 하고 하반기 적절한 시점에 푸틴 대통령의 방한을 추진하는 것이 현실적으로 보인다.

외교부 러시아 전담 부서 역할 기대

최근 보도에 따르면 30년 만에 외교부에 러시아 업무만 담당하는 부서가 생겼다고 하는데 만시지탄이지만 반가운 소식이다. 특히 한러 관계의 컨트롤타워 역할을 해야 할 외교부의 관련 조직정비는 의미 있는 일이다. 이제 북한 핵 문제로 인한 제재국면과 서방의 러시아에 대한 제재 때문에 할 수 있는 일이 별로 없다는 근거 없는 인식에서 탈피할 때다.

　문 대통령은 「2020 신북방정책 전략」을 보고받는 자리에서 올해 신북방정책이 실질적인 성과를 내도록 최선을 다해달라고 당부했다. 러시아 전담 부서가 그러한 방향으로 각별한 노력을 경주하길 기대한다.

(2020-02-28 《프레시안》)

신북방정책도 용두사미 되나?

2019년 9월초 블라디보스토크에서 제5차 동방경제포럼이 열렸는데 그 기간에 문재인 대통령은 동남아 3개국을 순방하였고, 총리도 자리를 비우는 것이 적절치 않다고 해 홍남기 부총리를 보냈다. 국내 러시아 전문가들은 이런 정부 결정에 대해 우려를 표명한 바 있다. 한국은 러시아 극동지역 개발의 핵심 파트너 국가임에도 불구하고 이번 동방경제포럼에서 그 존재감은 미미했다. 홍 부총리는 푸틴 대통령과 별도 면담을 갖지 못한 것은 물론 정상급 참석자들 토론에 참여할 수 없었고 한러 세션에 러 측에서는 차관급이 참석해 양자 협력 중요성에 대한 진부한 원론적인 이야기만 오고갔으며 남북러 세션은 개최되지도 못했다.

이에 반해 일본은 아베 총리가 이번에도 어김없이 참석했고 남쿠릴 열도를 둘러싼 영토분쟁에도 불구하고 구체적인 8개항의 협력 어젠

다를 제시하며 러시아 극동지역에서 협력 강화를 도모했다. 이번에는 인도 모디 총리와 말레이시아 마하티르 총리도 참석해 구체적인 협력 의사를 보였다.

한국 존재감 갈수록 줄어

왜 문 대통령은 태국, 미얀마 및 라오스 3개국을 군이 동방경제포럼 개최 기간에 방문해야 했을까? 11월 부산에서 한-아세안 특별정상회의가 개최되는데 그 때 얼마든지 3개국 정상들과 개별적인 회담이 가능하다. 이번 순방 결과에 대한 청와대 발표를 보면 주목할 만한 것이 별로 없고 겨우 '대통령 임기 내 아세안 10개국을 방문하겠다.'는 공약을 조기에 달성했다고 했는데 이 공약에 관심 갖는 사람이 몇이나 될까?

돌이켜보면 최초로 북방정책을 표방했던 노태우 정부 시절에는 한국 외교 지평과 한국인의 대외경제활동 무대를 획기적으로 확대하는 성과가 있었다. 하지만 그 이후 특히 러시아와의 협력 측면에서 볼 때 역대 정부는 말의 성찬을 펼치기만 하고 노태우 정부 정책을 충실히 계승하지 못했다. 지금과 같이 북핵 위협이 엄중하지도 않았고 대북제재라는 심각한 걸림돌이 없었음에도 불구하고 진정성을 갖고 추진한 것이 거의 없었다.

이번 정부도 신북방정책이라고 하며 철도 연결, 가스관 건설, 전력망 연결 등 해묵은 메가프로젝트 이야기를 반복하고 동아시아 철도공동체를 거론해 국민들에게 근거 없는 기대감을 불어넣기만 하고 있다. 인터넷에서 가상 유라시아 철도승차권이 인기를 끌었던 일이 아직도 생생하다. 지난 주 모스크바에서 개최된 연례 한러 경제공동위만 보더라도 서비스 및 투자 분야 FTA 협상을 연내 타결하자는 목표를 제시한 것 외에 주목할 만한 성과가 없어 보인다. 문 대통령이 제시한 소위 '9개 다리' 협력도 아직까지는 이렇다 할 성과가 없다.

미래를 위한 투자 시급

연해주를 비롯한 러시아 극동지방은 저성장의 늪에 빠져있는 한국 경제에 돌파구가 될 수 있을 뿐만 아니라 통일과정과 그 이후를 생각할 때 현재로는 큰 이익을 기대할 수 없다고 하더라도 미래를 위해 투자를 해두어야 하는 곳이다. 한국 기업들이 근시안적으로 단기 이익에 급급해 하는 자세를 극복하지 못한다면 한국은 유라시아 진출에 있어 중국과의 경쟁에서 당연히 패배하고 말 것이다. 벌써 현 정부가 집권 3년차로 접어들었으나 가까운 장래에 푸틴 대통령 방한 계획에 대해 아직까지 알려진 바가 없는 것은 이 정부가 표방하는 대러시아 정책에 비추어 볼 때 이해하기 어렵다.

러시아는 전략적 관점에서 통일한국의 출현에 대해 호의적인 입장이며 유라시아 진출에 있어서 핵심 파트너이다. 러시아가 한국에 명석을 깔아주려고 하나 역대 정권은 보수 진보를 막론하고 출범 초기에 반짝 관심을 보였다가 시간이 지나면 관심이 사그라지는 양상을 보였다. 현 정부도 그런 길을 걷는 것은 아닌가 하는 우려가 기우이길 바란다.

(2019-10-04 《내일신문》)

거창한 수사(修辭)는 이제 그만, 착실하게 협력기반을 다지자

현재 한국과 러시아의 관계는 전반적으로 매우 양호하다. 문 대통령은 취임 후 1년 반 동안 4번이나 푸틴 대통령과 정상회담을 가졌다. 특히 역대 대통령들과는 달리 문 대통령은 취임 후 4강중 첫 번째로 러시아를 방문하였으며, 여러 계기에 러시아에 대해 높은 관심을 표하였다. 2018년 1월 거제도에서 있었던 러시아 북극 탐험가의 이름을 붙인 쇄빙 LNG선 '블라디미르 루자노프'호의 진수식에 참석하였고, 국제올림픽위원회의 제재 때문에 평창 동계올림픽에 개인 자격으로 참가했던 러시아 선수단 대표를 청와대로 불러 격려하였으며, 지난 11월 포항에서 열린 1차 한러 지방협력포럼에 참석하여 축사를 하였다. 또한 러시아와의 경제협력을 강화하기 위해 북방경제협력위원회를 발족시켰다. 러시아 측은 이에 화답하였다. 2018년 6월 방러 때 1999년 김대중 대통령의 방러 이후 처음으로 국빈 예우를 받았으며 역사상 처음으로 러시아 하원에서 연설하는 기회를 가졌다. 양국 간 이러한 분위기는 내년에도 이어질 것으로 보인다.

그런데 문 대통령이 2017년 9월 3차 동방경제포럼 기조연설에서 양국 협력 방안으로 제시한 9개 사업(가스, 철도, 전력, 항만, 북극항로, 조선, 농업, 수산 및 산업단지)은 그간 거론되어왔던 것들로 새로운 것은 아니다. 또한 대북 제재가 해제되지 않는다면 가스, 철도 및 전력의 3개 분야 메가프로젝트들은 어떠한 실질적인 진전도 기대하기 어렵다. 다만 지난 12월에 있었던 남북철도 연결을 위한 북한 철도 조사사업처럼 대북 제재 해제 이후 사업개시에 대비하여 정치적 상황에 구애 받지 말고 가능한 범위까지는 당사국들의 기관 또는 기업들이 공동으로 사전 연구 조사 및 준비 작업을 지속적으로 해나가야 할 것이다.

이명박 정부 때 논의된 가스관 건설 프로젝트가 주목을 받다가 실무협상의 부진 및 북핵 상황을 고려하여 박근혜 정부가 논의 중단을 표명하였을 때 러 측은 불쾌감과 실망감을 보였다. 박근혜 정부가 대북 유엔 제재대상에 포함되기도 전에 수년간 끌어왔던 나진-하산 복합물류 프로젝트 협의를 일방적으로 중단시켰을 때도 러 측의 반응은 컸다. 이런 지적을 하는 이유는 한국 측이 대러 협력사업에 있어 여건이 성숙되지 않았고 실행의지도 강하지 않은 상태에서 정상차원에서 거론하여 큰 기대감을 갖게 하다가 중단하는 경우가 있었기 때문이다. 한국의 그러한 행동은 당연히 양국 간 신뢰관계에 부정적 영향을 줄 뿐이다. 문재인 정부의 경우 사업 추진 의지가 확실해 보이지만 이역시 여건이 따라주지 않으면 결과는 마찬가지일 것이다. 문 대통령이 제안하고 푸틴 대통령이 지지를 표명한 동아시아철도공동체 구상이 앞서 이야기한 전철을 밟지 않도록 해야 할 것이다.

최근 양국 관계의 기조를 살펴 보면 한국 측은 이명박 대통령의 2008년 9월 방러 계기에 양국 관계가 소위 전략적 동반자 관계로 격상되었다고 생각하나 러 측은 공식적으로 이를 인정한 바 없고 단지 그러한 관계를 지향할 뿐이라고 이해하였다. 박근혜 정부 때는 양국 관계가 저조하였는데 러미 관계 악화가 결정적 이유였다. 당시와 비교하여 러미 관계가 호전된 것이 거의 없지만 문 대통령이 대러 관계를 적절히 관리하려는 의지를 보이는 것은 평가할 만 하다. 러미 관계는 중동과 우크라이나에서의 대립이 완화되지 않는다면 2019년에도 순탄치 않을 것으로 예상된다. 현재 미국은 러시아에 대한 경제제재를 해제할 의사가 없어 보인다. 그리고 미국은 북한에 대해서도 선 비핵화 입장을 고수하고 있으므로 남북은 물론 남북러 협력도 의미 있는 진전을 기대하기 어려워 보인다. 물론 2019년에 2차 북미 정상회담이 성사되어 북한 비핵화 프로세스에 돌파구가 생긴다면 그리고 김정은 위원장의 러시아 방문이 이루어진다면 좋은 신호일 것이며, 2019년 상반기로 예정된 푸틴 대통령의 방한은 양국 관계를 다지는 좋은 기회가 될 것이다.

그러나 정치적 관계도 중요하지만 실질 협력이 뒷받침되지 않는다면 의욕적인 구상은 공허한 수사(修辭)로 끝날 수 있다. 러시아 경제는 우크라이나 내전 이후 서방의 경제제재 때문에 마이너스 성장을 기록하기도 하였으나 2017년부터 성장세로 돌아섰으며 대외무역은 지속적으로 흑자를 유지하고 있다. 대러 수출도 2017년부터 완만하지만 회복세를 보이고 있고 교역규모도 2018년 11월말 현재 228억 달러를 기록하여 2014년 우크라이나 내전 이전 수준을 회복하였다. 대러 투자는 2011년 이래로 매년 1억 달러 수준을 유지하고 있다. 하지만 양국 간 협력 잠재력에 비추어 아직도 교역과 투자 모두 낮은 수준이다.

양국 간 교류를 측정하는 지표의 하나인 상호방문자 수가 2014년 1월부터 시행된 비자면제 조치의 효과로 매년 지속적으로 늘어나 2017년에 51만 명에 달했으며 2018년 상반기에 약 30만 명을 기록하였다. 이러한 현상은 서방 언론의 편파적인 보도 때문에 형성된 러시아에 대한 부정적인 인식 내지 편견을 해소시킴으로써 단순히 관광객의 증가를 넘어 여러 분야에서 교류와 협력을 촉진하는데 기여할 것으로 기대된다. 또 하나 고무적인 현상은 한국 언론의 무관심에도 불구하고 최근 러시아와의 협력을 지향하는 민간단체와 러시아 뉴스 또는 러시아 관련 정보에 특화하는 인터넷 매체가 생겨나고 있는 것이다.

그간 양국 간 실질협력이 기대만큼 확대되지 않은 것은 특히 제조업 분야에서 양국 기업 간 매칭이 잘 이루어지지 않았기 때문이었다. 장애요인에는 러시아 측 상황도 있었다. 소련 사회주의가 몰락하고 자본주의로 급격히 전환하는 과정에서 야기된 엄청난 혼란으로 러시아는 제조업 기반이 사실상 붕괴되었고 자유시장경제에 걸맞은 법령과 제도가 바로 갖추어지지 않아 외국기업과의 합작이 원활이 이루어질 수 없었다. 하지만 2000년대 이후 러시아의 경제적 혼란은 극복되었고 고유가로 호황기를 맞이하기도 하였는데, 당시 단기적 이익만을 추구하는 한국 기업들이 중국 시장에 몰입하고 러시아 시장 진출은 소홀히 하는 동안 독일, 프랑스 등 서방의 많은 기업들은 러시아 시장에서 기반을 닦았다.

현재 러시아 정부는 제조업 재건을 위해 다양한 지원책을 시행하고 있으며 러시아 기업들의 한국 측 생산기술에 대한 수요가 상당하다. 한국 측은 러시아의 기초기술과 원천기술에 대한 지속적인 수요가 있다. 양국 기업 간 파트너십 구축을 촉진하기 위해 코트라, 상공회의소, 무역협회, 중진공 및 산업별 단체들이 기업 데이터베이스를 구축하고 다양한 접촉 기회를 제공하며 시장 적응 능력 향상을 위한 자문기능을 강화하여야 할 것이다. 기술 교류와 관련해서 모스크바 한러 과학기술센터 확대와 서울 한러 혁신센터 개설은 환영할 일이다.

한국에는 러시아의 투자환경에 대한 우려가 상존하지만 평균적으로 한국의 투자가 매년 러시아에 유입되는 외국인투자 총액에서 차지하는 비중이 1%에도 미치지 못하는 점을 고려하면 그러한 우려는 객관적이라고 보기 어려울 것이다. 한국 기업들이 투자 의욕이 없거나 러시아 시장에 대한 적응 능력이 서방 기업들에 비해 떨어진다고 봐야 할 것이다. 또한 서방의 경제제재로 한국 기업들이 대러 투자에 소극적인데 제재대상은 에너지, 군수, 금융 등 부문의 기업들과 제재대상인 개인이 일정 지분 이상을 소유하고 있는 기업에 한정되어 있으므로 제재로 위축되지 말고 서방 기업들처럼 사업대상 조정으로 분쟁 소지를 최소화하면 되는 것이다. 최근 러시아에서는 다양한 분야에서 민관합작프로젝트(PPP)가 활성화되고 있고 한국 도로공사가 러시아 도로공사와 도로 인프라 부분 상호 PPP 협력증진을 위한 MOU를 체결하였는데 그러한 합작이 여러 분야로 확대되기를 기대해 본다. 그리고 2019년에 개시될 서비스 및 투자 분야 FTA 협상이 타결되면 한국 기업의 러시아 시장 진출 여건은 더 나아질 것이다. 한편 지난 11월 1차 행사를 가진 한러 지방협력포럼은 러시아 극동지역과 한국 기업들의 협력을 촉진하는 명실상부한 플랫폼이 되도록 중앙정부와 지자체가 적극 지원해야 한다. 양국 간 교역의 3분의 1 이상이 극동지역에서 이뤄지고 있기 때문이다.

앞으로 한러 관계의 밑바탕이 되는 실질협력 확대는 철도 연결, 가스관 건설, 전력망 연결 등 메가프로젝트의 실현 여부에 달려 있는 것이 아니라 양국 기업 간 파트너십을 강화하기 위한 미시적인 조치들을 지속적으로 시행해 나가는데 좌우될 것이다. 물론 남북러 삼각협력이 현실화되면 한러 경제협력은 더욱 탄력을 받을 것이다.

(2019-01-01 《모스크바 프레스》)

서울에 모스크바역이
생기는 날을 고대한다

러시아는 철도의 나라이다. 러시아 철도의 총 연장은 8만여Km로 독일, 프랑스, 영국 세 나라 철도를 합한 것보다 길다. 모스크바에는 러시아 각 지역으로 열차들이 출발하는 커다란 역이 8개나 된다. 일반적으로 역 이름은 위치하고 있는 지역 명칭을 따르는데 러시아에서는 최종 목적지를 역 이름으로 한다. 모스크바에서 각지로 출발하는 여행자들은 역 이름만 보면 그곳에서 출발하는 열차가 어디로 향하는지 알 수 있다. 예를 들어, 키예프 역에서는 우크라이나 수도 키예프까지 가는 열차가 출발한다.

모스크바에서 블라디보스토크까지 이어지는 철도 노선, 즉 시베리아횡단철도(TSR)는 세계에서 가장 긴 노선이며 길이가 9,289Km이다. 시베리아횡단철도 건설 공사는 1891년부터 1916년까지 무려 25년이나 걸렸다. TSR 개통은 대서양 연안에서부터 태평양 연안까지,

즉 유라시아 대륙 서쪽 끝에서 동쪽 끝까지 철도로 운송이 가능해졌다는 점에서 역사적으로 큰 의미를 갖는다. 소위 21세기 신실크로드 시대 전개를 위한 인프라가 이미 100여 년 전에 구축되었다. 그동안 이데올로기라는 정치적 장벽이 가로막고 있었을 뿐이다.

1990년대 김대중 정부 시절부터 '철의 실크로드' 프로젝트라고 해서 남북한 철도와 TSR 연결 사업이 거론되어 왔다. 북측의 도발적 행태와 남측의 소극적인 태도 때문에 러시아가 주도한 북한의 나진과 러시아 하산 구간 철도 현대화를 제외하면 거의 진전이 없었다.

한러 철도 궤도 폭 차이부터 극복해야

신북방정책을 표방하는 문재인 정부는 남북 철도 연결은 물론 TSR 과의 연결에도 강한 의지를 보이고 있으나 북한의 핵 도발이 초래한 국제사회의 강력한 제재가 걸림돌이 되고 있다. 한국이 해양뿐만 아니라 대륙으로도 뻗어 나가는 것은 21세기 한민족 번영을 위해 가야만 할 길이므로 어떤 방식으로든지 돌파구를 열어야 한다.

또한 대북 제재 해제에 대비해 그 이전에 할 수는 있는 것은 미리 해둘 필요가 있다. 우선 기술적 측면으로 남측 열차가 북한을 통과해 러시아로 운행할 때 철도 궤도 폭이 달라 국경에서 환승이나 환적을 해야 하는 불편을 해소할 수 있는 기술을 확보하는 것이다. 다행히도 2014년 한국철도기술연구원이 러시아 철도 광궤와 한국철도 표준궤를 모두 달릴 수 있는 '궤간가변 고속대차'의 자체 개발에 성공했는데 앞으로 상용화에 박차를 가하여야 할 것이다. 지난 6월 한국이 유라시아 국가들의 국제철도협력기구(OSJD)에 정회원으로 가입한 것은 국산 기술을 대륙철도에서 시험하는 것은 물론 향후 유라시아 철도 운행에 대비해 회원국들과 협력 체제를 구축할 수 있게 되었다는 점에서 의미가 크다.

남북한은 지난 8월 하순 서울에서 신의주까지 열차 시범 운행을 추진했는데, 유엔군사령부가 48시간 이전 사전 통보 시한을 지키지 않았다는 이유로 제동을 걸었다. 현재 주한미군사령관이 유엔군사령관을 겸직하고 있기 때문에 미국이 북핵 협상과 관련해 남북 협력의 속도에 이견을 표출한 것으로 해석되고 주권 침해 논란까지 벌어졌다.

한반도 고립된 섬에서 벗어나는 길

통일부 대변인은 철도 공동조사 사업은 유엔 제재대상이 아니며 북측과 협의해 다시 추진하겠다고 밝혔다. 공동조사를 통한 실태파악은 북한 철도 현대화 계획을 수립하기 위한 기초자료로서 필수적이며, 이에 근거해 재원 및 자재 조달 계획도 사업이 개시되기 전에 해야 할 일이다. 물론 이 단계에서 남북한과 러시아 3자 협의도 병행하는 것이 바람직하다.

지난 70여년간 지속된 분단 상태에 젖어서 사실상 '섬' 신세에서 벗어나려고 노력하지 않고 북한의 핵 위협 타령만 하고 있을 수는 없다. 한국은 지리적으로 '섬'이 아닌데도 정치적인 이유 때문에 본래 모습을 되찾지 못하고 있을 뿐이다. 철도 연결 사업은 승객이 아니라 화물 수송을 우선적으로 시행할 것이므로 개방에 따른 북한 당국의 부담감을 최소화할 수 있으며 남북 사이에 긴장 완화는 물론 통일과정에 불가역적 효과를 가져 올 것이다. (2018-09-06 《내일신문》)

천안함 사건과 한러 관계

　천안함 사건이 일어난 지 9년이 지났으나 진상에 대한 논란이 완전히 가라앉지 않은 채 남북관계에서도 여전히 거론된다.

　2018년 2월 평창 동계올림픽 폐막식에 참석하기 위해 북한 김영철 통일전선부장이 서울에 왔을 때 천안함 유족들이 세종로 네거리에 모여 천안함 사건 주범으로 지목된 그를 규탄하며 국제형사재판소에 회부해야 한다고 주장했다. 일부 야당 의원들은 임진각 통일대교 앞에서 농성을 벌였다. 통일부장관 후보에 대한 인사청문회에서도 거론됐다.

　2010년 3월 26일 사건 발생 이후 5월 하순 서방조사단 결과 발표, 6월 초 러시아 독자조사단 방한, 7월 초 유엔 안보리 의장성명 발표, 9월 초 이명박 대통령 방러로 이어지는 과정에서 석연치 않은 점들이 적지 않았다.

우선 안보리 문서 중에서 '의장 성명'은 형식상 무게감이 상대적으로 떨어진다. 그나마 도발 주체가 누구인지 적시함이 없이 단지 천안함에 대한 공격을 비난했을 뿐이다. 안보리 문서가 사건의 책임 소재를 명확히 밝히지 않은 것은 내부 논의 과정에서 서방 조사단 판단이 러시아 전문가들 주장을 압도하지 못한 결과라고 볼 수 있다.

안보리 의장성명 이후에도 국내외적으로 논란이 계속되는 가운데, 도널드 그레그 전 주한 미국 대사는 《뉴욕타임스》 8월 31일자 온라인 기고에서 러시아가 조사보고서를 공개하지 않는 이유는 그 내용이 이명박 대통령에게 큰 정치적 타격을 주고 오바마 대통령을 당황하게 만들 수 있기 때문이라고 했다. 그리고 9월 9일 이명박 대통령은 러시아를 전격 방문하였고 귀국 후 천안함 사건에 대한 최종보고서를 발표하였다.

이명박 대통령의 수상한 방러

역대 한국 대통령들은 러시아에 대해서는 재임 중 1회 방문이 관례 아닌 관례였고, 이명박 대통령은 임기 첫해인 2008년 9월 러시아를 방문했으므로 당시 시점은 국제관례로 볼 때 러시아 대통령이 방한할 차례였다. 실제로 메드베데프 대통령은 2010년 11월 서울에서 열리는 G20 회의에 참석하면서 한국을 공식 방문하고 정상회담을 갖기로 되어 있었는데 9월에 이 대통령이 재차 러시아를 방문한 것이다.

이 대통령의 방문 목적은 야로슬라블 세계정치포럼 참석이었다. 당시 청와대는 러시아 대통령의 특별초청이라고 강조하였으나 러시아 측 소식통은 한국 측이 먼저 참석하겠다고 알려왔다고 했다. 메드베데프 대통령의 개인적인 이니셔티브로 열린 이 행사는 주제가 모호했고, 참석한 외국 정상급 인사로는 추문이 많은 벨라루스코니 이탈리아 총리밖에 없었다. 이보다 훨씬 비중 있는 행사 초청도 수락하지 않았는데 한적한 러시아 지방도시에는 왜 자청해서 다녀왔을까? 이 대통령 방러 직후 메드베데프 대통령은 러시아 조사단의 보고서를 공개하지 않기로 하였다고 발표했다.

이와 관련해 두 가지 문제점을 지적하지 않을 수 없다. 첫째, 러시아 조사단의 보고서 내용이 언론을 통해 알려지자 한국정부는 러 측을 거칠게 비난했는데 이는 미숙한 외교적 대응이라는 점이다. 왜냐하면 러 측이 조사 결과를 공식 발표하지도 않았고 보고서 내용을 공개하지도 않았음에도 불구하고 언론 보도만 놓고 그러한 대응에 나섰기 때문이다. 이는 외교적 미숙함을 노출했을 뿐 아니라 천안함 침몰 원인에 대한 논란을 오히려 증폭시키는 부작용도 초래했다.

둘째, 한국정부가 평소 러시아와의 관계에 노력을 기울여 왔다면 천안함 사건과 관련한 러 측 협조는 정상 간 통화 또는 통상적 외교채널을 통해 확보할 수 있지 않았을까 하는 점이다. 누군가 외교는 보약을 먹는 것과 같다고 했는데 보약은 병이 생겼을 때가 아니라 평소에 먹는 것이다.

한러 관계, 전략적 사고 중요

역대 정부는 대러 관계에 대한 전략적 사고를 거의 하지 않고, 출범 초기에 대통령의 방러 성과 홍보용으로 거창한 협력사업안을 발표하고 이후 흐지부지하는 패턴을 되풀이해 왔다. 물론 역대 정부의 전략부재뿐만 아니라 대내외적인 어려움도 있었을 것이다. 문재인 정부도 출범 1년차에 담대한 신북방정책을 천명하고 대러 협력방안으로 9개 다리(nine bridges)를 제시하였는데 아직 이렇다 할 가시적인 성과가 보이지 않는다. 과거를 거울삼아 중장기적으로 그리고 전략적 사고를 갖고 한러 관계를 잘 일구어 나가길 기대한다.

(2019-04-05《내일신문》)

판문점 선언과 남북러 삼각협력

2018년 4월 27일 남북 정상회담과 판문점 선언 이후 남북경협에 대한 기대감이 빠르고 폭넓게 퍼져나가고 있다. 정부는 첫번째 경협 과제로서 산림협력을 선정하고 사전 연구조사에 착수했다.

1990년대부터 논의해왔던 남북러 삼각협력사업 전망은 어떠한 가? 주요 삼각협력 프로젝트에는 한반도종단철도(TKR)와 시베리아횡단철도(TSR) 연결, 북한을 경유하는 가스관 건설 및 전력망 연결 등이 있다. 이 사업들은 과장된 북한 리스크와 이에 따른 한국정부의 소극적인 자세로 인해 거론된 지는 오래되었지만 사실상 아무런 진척이 없었다.

최근 한국 언론과 마찬가지로 러시아 언론도 삼각협력사업 추진 가능성에 대해 상세히 보도하고 있으며 특히 가스관 건설에 대해 강한 기대감을 보이고 있다.

이 사업들 모두 현재로서는 유엔 대북 제재가 해제되지 않았기 때문에 당장 시작할 수 없고 여건이 갖추어지길 기다려야 한다.

철도 연결과 관련 있는 사업으로 2016년 1월 북한의 수소탄 실험 이후 한국 측이 러 측과 협의를 중단한 나진-하산 복합물류 프로젝트가 있다.

당초대로 한국 측 컨소시엄(포스코, 코레일, 현대상선)이 북러 합작회사인 라선콘트라스의 러 측(러시아 철도) 지분을 매입하는 것은 현재라도 정부와 컨소시엄 참가회사들의 의지만 있다면 추진할 수 있다.

실제로 유엔 대북 제재 2375호 28조(합작투자 금지)에서 예외를 인정하고 있고 한국정부도 이 프로젝트 논의 시작단계에서부터 5.24조치(신규투자 금지)의 예외로 인정했기 때문이다.

러시아 가스관 건설에 강한 기대감

다만 유엔 제재 결의의 28조 단서는 러시아산 석탄 수출 관련으로 제한하고 있으므로 이 프로젝트에 대해 투자하더라도 당장 남북교역에 대한 파급효과를 기대하기 어려우나 삼각협력에 대해 한국이 적극적 의지를 보여주는 의미가 있다. 한국정부가 지금과 같이 북한에 대해 전향적 입장이라면 한국의 기업들은 라선콘트라스가 제공하는 물류 서비스를 이용할 수 있다. 예를 들어 포스코가 나진항을 통해 러시아산 석탄을 제3국 선박을 이용해 수입하는 것은 당장이라도 가능하다.

유엔 안보리가 나진-하산 프로젝트에 대한 투자관련 예외를 인정하면서 그 사업이 시행될 수 없게 한다면 논리적으로 모순이므로 유엔 제재에 따른 문제는 없을 것으로 보인다.

미국의 독자 제재(행정명령 13810호)에 따르면 북한 경유 선박에 대해 180일 이내 미국 항구 입항을 금지하고 있고 러북 합작회사인 라선 콘트라스에 물류서비스 대금을 지불할 때 자금이체에 제약이 있을 수 있으므로 문제가 있는지 확인할 필요가 있다.

삼각협력사업은 남북한과 러시아 모두에 이익이 보장되는 상생 프로젝트일 뿐만 아니라 한반도 긴장완화와 통일에 불가역적 효과를 가져온다. 경제적 관점에서만 접근하는 것은 근시안적인 사고다.

중국과의 경제협력에는 북한 리스크가 이렇다 할 의미를 갖지 않는데 반해 러시아는 다르다. 이런 맥락에서 러시아는 철도연결, 가스관 건설 및 전력망 연결과 같은 메가프로젝트가 원만히 추진되는데 필수적인 전제조건인 남북한 협력 분위기 조성, 나아가 통일에 대해 중국보다 호의적인 태도를 보일 수밖에 없다. 이 점을 한국의 대러 외교에 있어서 특히 향후 남북 경협 및 통일과정에서 간과하지 말아야 한다.

남북한 통일에 가장 적극적인 러시아

러시아 정부는 한국과의 협력에서 남북러 삼각협력에 가장 큰 관심을 보여왔고 한국정부의 소극적 태도에 대해 공개적으로 불만을 표시하기도 했다. 러 측은 한국 측 호응이 없었지만 TKR-TSR 연결사업의 일환으로 2008~2014년에 나진-하산 구간 철로 54km를 현대화했고 앞으로 원산까지 추진할 계획이다.

이제 판문점선언에 이어 북미 정상회담으로 호의적인 분위기가 조성될 것으로 보인다. 러북 간에는 2018년 4월 중순 모스크바를 방문한 리용호 외무상과 트루트네프 부총리가 이 프로젝트 이행에 대해 논의했다고 알려졌다. 6월 문재인 대통령의 러시아 방문과 그에 앞서 개최될 한러 경제공동위에서 이 사안도 심도 있게 논의되길 기대한다.

(2018-05-18《내일신문》)

남북러 정상회담을 추진하자

　최근 중앙아시아 키르기즈스탄에서 열린 유라시아국가들 간 철도 협력기구(OSJD)의 제46차 장관회의에서 마침내 북한이 태도를 바꿔 동의함으로써 한국의 정회원 가입이 만장일치로 확정되었다.

　이는 한반도종단철도(TKR)와 시베리아횡단철도(TSR) 연결 사업을 위해 의미 있는 진전이다. 또한 최근 서울에서 열린 제17차 한러 경제 공동위원회에서 한국과 러시아 양국은 4월에 있었던 정상 간 통화에서 언급된 남북러 삼각협력사업 재개 방안을 논의했다. 얼마 전에는 라브로프 러시아 외무장관이 평양을 방문해 김정은 위원장에게 9월 중순 블라디보스토크에서 열리는 제4차 동방경제포럼에 초청한다는 푸틴 대통령 친서를 전달했다.

　문재인 대통령은 지난해 9월 제3차 블라디보스토크 포럼에 참석해 기조연설을 통해 동북아 국가들이 협력해 극동지역 개발을 성공시키는 일은 북핵 문제를 해결하는 또 하나의 근원적 해법이라고 생각한다며 북한도 극동지역 경제협력에 참여하는 것이 이익이고, 핵 없이도 평화롭게 번영할 수 있는 길임을 알게 될 것이라고 말했다. 문 대통령은 또한 남북러 삼각협력사업이 당장 실현되기는 어렵더라도 한국과 러시아 양국이 먼저 할 수 있는 사업은 바로 시작해야 한다고 말했다.

평창 동계올림픽 이후 두 차례 남북정상회담에 이어 역사적인 북미정상회담에서 북한 비핵화 의지가 공식적으로 확인되고 비핵화 일정에 대해 큰 틀에서 합의를 보았다. 이제 상황이 바뀌어 남북경협은 물론 남북러 삼각협력을 위한 분위기가 뜨고 있다. 그렇지만 현실적으로 철도연결, 가스관 건설 및 전력망 연결과 같은 삼각협력사업이 1~2년 내에 개시되기는 어려울 것이다.

북한 동의로 한국 철도협력기구 가입

미국이 완전한 비핵화가 이루어지기까지는 대북 제재를 풀지 않겠다는 입장이기 때문이다. 이 사업들은 사전에 공동 조사 연구를 진행하고 실행계획을 수립하는 데만 상당한 기간이 걸리기 때문에 대북 제재가 해제되면 바로 착수할 수 있도록 지금부터 미리 작업을 시작하는 것이 바람직하다. 또한 이러한 사전 작업 자체는 유엔 대북 제재에 저촉되지 않을 것으로 보인다.

그간 역대 대통령들의 취임 초기에 한국과 러시아 양국의 실무 레벨에서 삼각협력사업에 관한 협의가 있었다. 하지만 고위층에서 북한 핵개발을 이유로 지속적인 관심을 보이지 않으면서 단지 삼각협력사업을 정치적인 수사로 이용했을 뿐이었고 언론도 일반적으로 러시아와의 협력에 대해서는 별로 주목하지 않았다. 이런 분위기에서 양측 실무자들 노력들은 축적되지 못하고 흐지부지 되었다가 다시 원점에서 시작해 시간과 노력만 허비되었다.

삼각협력사업은 남북한과 러시아의 공동 번영에 기여할 중요한 프로젝트로 언젠가는 추진해야할 사업이다. 그렇다면 이제부터라도 남북한과 러시아가 사전 준비 작업을 중단 없이 진행하기 위해서 3국 정상이 공동으로 확고한 결의를 보여주어야 한다.

오는 9월 블라디보스토크 포럼에서 세 나라 지도자들이 자연스럽게 회동할 수 있게 되었는데, 이를 정상차원에서 남북러 삼각협력을 논의하기 위한 계기로 활용할 수 있도록 해야 한다. 우선 푸틴 대통령은 주최국이니 당연히 참석할 것이고 김정은 위원장이 요즘과 같은 상황에서 푸틴 대통령 초청을 거절할 이유가 없다. 동방경제포럼은 연례행사이며 최근 매년 한국과 일본의 정상이 참석했다. 2차 회의에는 박근혜 대통령이, 3차 회의에는 문재인 대통령이 참석했다. 푸틴 대통령은 올해에도 문재인 대통령을 초청할 것으로 예상된다. 즉 남북러 정상은 3자 회동 자체에 대해 소극적이 아니라면 별도의 일정 조율을 하지 않더라도 블라디보스토크에서 자연스럽게 만날 수 있을 것이다.

(2018-06-15《내일신문》)

다가오는 한러 정상회담은
지정학적 의미를 갖는다

세계인의 축제인 러시아 월드컵에 세간의 관심이 집중된 가운데 한국의 문재인 대통령이 6월21일부터 23일까지 러시아를 국빈 방문한다. 2008년 이명박 대통령과 메드베데프 대통령은 한러 관계를 전략적 동반자 관계로 격상시키기로 합의하였다. 하지만 그간 양국 관계가 그렇게 발전했는가에 대해 동의하는 사람은 많지 않을 것이다. 과거 10년 간 북한 경유 가스관 건설 사업에 대해 상당한 논의를 진행하였으나 진전이 없었고, 그 사이 북한의 핵, 미사일 도발이 이어지며 한국은 향후 여건이 조성되면 논의를 재개하기로 결론을 내렸다. 그리고 우크라이나를 두고 러시아와 서방의 관계가 악화되면서 한러 관계도 부정적인 영향을 받게 되었고, 특히 한국은 서방의 대러 제재에 동참하지 않았음에도 불구하고 미국의 세컨더리 보이콧 때문에 대러 투자를 원활히 진행하지 못하였다.

한편 국민의 압도적 지지를 얻어 출범한 문재인 정부는 '신북방정책'을 내놓으며 한러 관계에 새로운 희망을 갖게 하였다. 실제로 그는 역대 대통령들과는 달리 중국, 일본보다도 러시아를 먼저 방문했다. 그런데 올해 2월 평창 동계올림픽 이후 남북 및 북미 정상 회담이 개최되며 사실상 한반도 비핵화 내지 평화 프로세스가 시작되었음에도 현재까지 러시아의 존재감은 거의 전무한 것이 사실이다. 하지만 앞으로 이러한 프로세스가 순조롭게 진행되기 위해서는 러시아를 비롯한 주변국들의 지지와 협조가 매우 중요하다. 특히 러시아는 남북러 협력사업의 활성화를 통해 자국의 이익을 실현할 뿐만 아니라, 한반도 평화 구축에도 기여할 수 있다.

실제로도 남북러 삼각협력에 유리한 분위기가 조성되고 있다. 한국 언론은 한반도종단철도와 시베리아횡단철도 연결, 북한 경유 가스관 건설, 전력망 연결과 같은 남북러 삼각협력사업의 전망에 대해 앞다투어 보도하고 있다. 특히 많은 한국인들 사이에서는 벌써부터 유라시아 대륙으로의 기차여행에 대한 기대가 대단하여 서울에서 출발하여 러시아나 유럽까지 가는 가상 승차권이 유행이다.

물론 미국은 완전한 비핵화 이전까지는 대북 제재를 풀지 않겠다는 입장이어서 삼각협력사업이 적어도 1~2년 내에 개시되기는 어려울 것으로 보인다. 하지만 대북 제재가 해제되면 즉시 착수할 수 있도록 지금부터 미리 본격적인 협의를 시작하는 것이 바람직하다고 본다. 이런 작업 자체는 유엔의 대북 제재에 저촉되지 않을 것으로 보이며, 이 사업들은 사전에 공동 조사 연구를 진행하고 실행계획을 수립하는

데만 상당한 기간이 걸리기 때문이다. 또한 이제까지 협의는 주로 한국-러시아, 러시아-북한 2개 채널로 진행되었으나 이제 3자가 한 자리에서 협의할 수 있는 여건이 조성될 수 있다.

러시아는 삼각협력사업의 빠른 추진을 위해 유엔 안보리 상임이사국으로서 제재조항의 전향적인 해석을 유도하거나 제재의 조기 해제를 추진하는 등의 외교력을 발휘할 수 있을 것이다. 이와 병행하여 북한 김정은 위원장이 이번 싱가포르 정상회담에서 약속한 비핵화를 서두르도록 설득하는 역할이 기대되며 이는 향후 한반도 평화체제의 구축 과정에서 러시아의 입지를 강화시켜, 미국과의 관계 개선에도 도움이 될 것이다.

그간 러시아 정부가 한국과의 협력에 있어서 각별한 관심을 갖고 있는 분야는 극동 러시아 개발과 남북러 삼각협력이다. 이 둘은 구분되면서도 동시에 서로 긴밀히 연결되어 있다. 남북러 삼각협력은 한국의 극동 개발 참여를 촉진할 뿐만 아니라 극동 개발에 대한 남북한의 공동 참여를 유도할 수 있다. 삼각협력사업은 남북한과 러시아의 공동 번영에 기여할 중대한 프로젝트이고 언젠가는 반드시 추진해야 할 사업이다. 이는 한국 입장에서 보면 경제발전의 새로운 모멘텀으로 유라시아 시장 진출을 촉진한다. 러시아 입장에서는 극동 러시아 지역이 갖는 지정학적 중요성을 고려할 때 지금과 같은 저개발 상태를 계속 방치할 수 없고 이 지역의 개발을 위해 한국의 자본과 기술 그리고 북한의 노동력을 끌어 들일 필요가 있는데 철도, 가스, 전력 분야 삼각협력사업이 촉매 역할을 할 것이다. 무엇보다도 남북러 삼각협력사업이 추진되어 가시적 성과를 거둔다면, 한반도 평화와 동북아 상생의 실질적인 틀이 될 것이다. 지난해 9월 제3차 동방경제포럼에 참석한 문재인 대통령은 기조연설을 통해 "남북러 삼각협력사업이 당장 실현되기는 어렵더라도, 한국과 러시아 양국이 먼저 할 수 있는 사업은 바로 시작해야 한다."며 "앞으로 남북관계가 풀리면 북한을 경유한 가스관이 한국까지 오게 될 것" 이라고 말했다.

이번 6월 한러 정상회담은 두 나라가 명실상부한 전략적 동반자 관계임을 확인하고 문재인 정부가 제시한 신북방정책의 진정성이 드러나는 계기가 되리라고 생각한다. 이제 양자 협력에 장애가 되었던 북한의 핵 문제가 해결될 조짐을 보이고 있고, 한국에서도 북한과의 평화추구 정책이 전폭적인 지지를 얻고 있어 신북방정책은 더욱 탄력을 받을 것이다. 이제 한국과 러시아는 협력에 유리해진 여건을 적극적으로 활용하고 긴밀한 소통을 통해 동북아시아에 평화와 번영을 실현하는 주역이 될 것이다.

(2018-06-20《브즈글랴드》)

Предстоящая встреча лидеров России и Южной Кореи имеет геополитическое значение

экс-министр Посольства Республики Корея в Российской Федерации

Внимание всего мира, и Кореи в частности, приковано к проходящему в России празднику – чемпионату мира по футболу. Пользуясь таким случаем, президент Республики Корея Мун Чжэ Ин посетит Россию с государственным визитом с 21-го по 23 июня.

Дипломатический прием корейского лидера на государственном уровне состоится впервые за 19 лет – с визита в 1999 году президента Ким Тэ Джуна. В связи с этим Россия, соответственно, возлагает большие надежды на правительство Мун Чжэ Ина.

В 2008 году президенты двух стран уже договаривались вывести российско-корейские отношения на уровень стратегического партнерства. Однако мало кто может сказать, что отношения двух стран в самом деле развивались в соответствии с «политической риторикой».

За последние 10 лет много раз обсуждался проект прокладки газопровода через территорию КНДР, но до его реализации дело так и не дошло. Кроме того, на фоне происходивших ракетно-ядерных провокаций со стороны северян было решено и вовсе отложить эти разговоры до лучших времен.

Стоить добавить, что негативное влияние на отношения двух стран оказал конфликт между Россией и Западом на почве украинских событий. И хотя Южная Корея не участвовала в экономических санкциях в отношении России, под влиянием так называемого «косвенного бойкота» инвестировать в российскую экономику южнокорейским компаниям было непросто.

Между тем, заручившись твердой поддержкой со стороны граждан, президент Мун Чжэ Ин определил «новый Nordpolitik», что

152 한국 외교에는 왜 러시아가 없을까?

предусматривает нормализацию межкорейских отношений и расширение сотрудничества с соседними странами на Севере, а это, в свою очередь, дарит надежду и на развитие отношений между Южной Кореей и Россией.

Так, в частности, самая первая в Азии встреча Муна на высшем уровне проходила именно с президентом Путиным, а уже после – с лидерами Китая и Японии.

Однако справедливости ради следует сказать, что, с тех пор как в феврале этого года благодаря участию КНДР в Олимпийских играх в Пхенчхане между Севером и Югом начался процесс установления мира на Корейском полуострове (был проведен межкорейский саммит, а также встреча лидеров КНДР и США), позиция России оставалась довольно безучастной.

Тем не менее именно поддержка России, как и других стран-соседей, как никогда важна в дальнейшем процессе денуклеаризации Северной Кореи.

В частности, сотрудничество Юга и Севера с Россией не только было бы экономически выгодным для нее, но также смогло бы внести вклад в установление мира на Корейском полуострове.

Многие корейские СМИ с большим энтузиазмом смотрят в будущее и обсуждают возможность соединения транскорейских железных дорог с Транссибом, прокладки газопровода и линий электроснабжения через территорию КНДР.

В частности, жители Южной Кореи с большой надеждой говорят о возможности в будущем путешествовать по Евразии на поезде, имея шанс отправиться по суше из Сеула в Россию и Европу.

Конечно, никто не питает иллюзий: понятно, что США не отменят экономические санкции в отношении КНДР до полного ядерного разоружения последней, восстановление трехсторонних экономических проектов может занять в лучшем случае пару лет.

Однако подготовку к сотрудничеству разумно было бы начать заранее, чтобы приступить к созданию проекта непосредственно сразу после отмены санкций. Ведь известно, что потребуется еще и довольно длительный подготовительный процесс, включающий в себя совместные исследования и планирование проектов. Видимо, такой процесс не нарушает санкции в отношении КНДР.

Кроме того, ныне трехсторонние проекты обсуждаются только по двум каналам: Россия – Республика Корея и Россия – КНДР, а в будущем возможно, что три стороны посидят «за одним столом».

Также Россия в качестве постоянного члена Совбеза ООН может проявить свои дипломатические способности для ускорения реализации трехсторонних проектов: вызвать досрочную отмену санкций или истолковывать требования резолюции ООН в пользу возобновления сотрудничества. В связи с чем России необходимо сыграть свою роль в давлении на Ким Чен Ына, который на прошедшем саммите в Сингапуре пообещал отказаться от ядерного оружия.

Чем быстрее это произойдет, тем быстрее Корейский полуостров сможет встать на путь мира, в котором роль Российской Федерации будет ведущей, что должно поспособствовать и улучшению отношений между Россией и США.

Нужно отметить, что наибольший интерес России в сотрудничестве с Республикой Корея – это развитие Дальневосточного региона и трехсторонних проектов Юга, Севера и России. С точки зрения Южной Кореи, это станет моментом для нового витка экономического развития и выхода на евразийский рынок.

Что касается России, то Дальний Восток больше не может оставаться в статусе малоосвоенного региона, учитывая его геополитическое значение. В его развитии большую помощь могли бы оказать финансовый капитал и передовые технологии Южной Кореи наравне с рабочей силой из Северной Кореи. Трехсторонние проекты в сферах железных дорог, газа и электроснабжения станут катализатором такого развития.

Кроме всего прочего, если такие проекты дадут видимый результат, они создадут условия для обеспечения мира на территории всей Северо-Восточной Азии.

В сентябре 2017 года президент Республики Корея Мун Чжэ Ин на 3-м

Дальневосточном экономическом форуме во Владивостоке отмечал, что, хотя сейчас говорить об осуществлении трехсторонних совместных проектов между Югом, Севером и Россией еще трудно, Россия и Южная Корея должны уже сейчас начать сотрудничество в доступных для диалога областях, а в дальнейшем, когда отношения между Югом и Севером окончательно наладятся, можно будет перейти к прокладке газопровода через территорию КНДР.

Предстоящая июньская встреча лидеров России и Республики Корея подтвердит стратегическое партнерство двух стран, опорой которого стал успех «новой северной политики». Барьеры в развитии российско-южнокорейских отношений, такие как ядерная проблема Северной Кореи, устраняются, и большинство граждан Южной Кореи выступают за мирное сосуществование с Севером.

На данный момент Россия и Южная Корея должны активно использовать нынешние благоприятные обстоятельства для сотрудничества и поддерживать тесный контакт. В результате чего они займут ведущие роли в установлении мира и процветания в Северо-Восточной Азии.

(2018-06-20 《Взгляд》)

푸틴은 6자회담을 제의하지 않았다

2019년 4월 북러 정상회담에 대해 국내 언론매체 대부분은 러시아가 6자회담을 제의해 남북미 정상의 톱다운 협상 방식에 제동을 걸었다고 분석 또는 평가했다. 이번 회담이 끝나고 러시아 정부가 크레믈린 사이트에 올린 푸틴 대통령 발언을 토대로 팩트체크를 해보았다.

푸틴 대통령이 무슨 말을 했는지 정확히 이해하기 위해 그의 발언을 최대한 직역했다. 우선 환영 리셉션 연설에서 푸틴 대통령은 "김정은 위원장이 미국과 직접 대화의 진전 및 남북관계 정상화를 위해 취한 조치들을 환영한다."고 말했다. 다음으로 단독정상회담 모두 발언에서는 "러시아는 현재 진행되고 있는 긍정적인 프로세스를 지원할 수 있다고 확신한다."라고 했고, 마지막으로 회담 직후 단독 기자회견 답변 중 관련 부분은 다음과 같다. 일반적으로 모두 발언을 하고 답변하는데 그러한 절차 없이 바로 질문을 받았다.

6자회담 관련 질문은 다음과 같다. 2000년대에는 한반도 문제를 다루기 위한 6자 틀이 있었고 당사국들은 합의에 이르기도 했다. 그러나 그 틀은 그럴만한 이유가 있어 현재는 중단된 상태이다. 지금과 같은 여건에서 그것을 되살리는 것이 의미가 있다고 보는가? 이에 대해 푸틴 대통령은 다음과 같이 답변했다. 지금 당장 그런 틀을 복구하는 것이 필요한지는 모르겠다. 북한에 대한 안전보장을 만들어내야 할 필요가 있는 상황에 이르게 되면 국제적인 보장이 불가피하다고 확신한다. 두 나라 사이의 합의로는 아마 충분하지 않을 것이다. 궁극적으로 이 문제는 북한에 관한 것이며, 북한이 결정할 문제이다. 북한이 미국 또는 남한의 보장으로 충분하다고 하면 괜찮겠지만 그러한 보장이 북한에게 충분한 것이 아니라고 한다면 북한을 위한 국제적인 안전보장 시스템을 수립하기 위해 6자회담의 틀이 요구될 것이라고 생각한다.

북미대화 진전, 남북관계 정상화 환영

관련 질문도 이어졌다. 오늘 회담에 대해 트럼프 미국 대통령에게 이야기할 계획인지 아니면 내일 베이징에서 만날 지도자들과 회담 결과를 논의하길 더 원하는가? 이에 대해 푸틴 대통령은 이렇게 답변했다. 물론 내일 베이징에서 중국 지도부와 이야기할 것이며, 또한 미국 지도자와도 오늘 회담에 대해 공개적으로 솔직하게 논의할 것이다.

위에서 보듯이 푸틴 대통령은 현재 진행 중인 북미 직접 대화 프로세스를 긍정적으로 평가하고, 그러한 과정에 기여하겠다는 의지를 내비치고 있다. 그리고 협상이 잘 되면 북한에 대한 안전보장을 마련해야 할 때가 올 것인데 어느 정도 보장이면 충분할 것인가는 북한이 결정할 문제라고 말했다. 다만 북한으로서는 그러한 보장이 양자 합의만으로는 충분하지 않다고 볼 것으로 전망하며, 그럴 경우에는 다자적 안전보장 체제가 필요할 것이고, 그러한 논의를 위해서는 6자회담이 필요하지 않겠느냐고 한 것이다.

따라서 푸틴 대통령이 진행 중인 남북미 간 톱다운 방식 협상에 제동을 걸려고 6자회담의 틀을 거론하였다고 해석하는 것은 오독(誤讀)이다. 거듭 이야기하면 푸틴 대통령은 북한 비핵화 협상의 마지막 단계에 가서는 북한에 대한 안전보장의 구체적 방안이 논의될 것이고, 그 방안은 다자적 방안이 될 것이며, 6자회담 형식을 통해 논의될 것으로 본다는 원론적 발언을 했을 뿐이다.

북러 정상회담이 열린 같은날 있었던 파트루세프 러시아 안보회의 서기의 문재인 대통령 예방에 대한 청와대 보도자료 어디에도 '러 측이 6자회담을 제의하였다.'라는 말은 없다. 파트루세프 서기가 러중 공동행동계획을 설명한 데 대해 문재인 대통령은 "지금 시급한 과제는 북미대화 재개와 비핵화 촉진이다. 공동행동계획도 미국과 충분히 협의되어야 한다. 러시아 측에서 미국과 많이 논의해 달라. 우리도 충분히 검토하겠다."고 응답했을 뿐이다.

국내 언론 일제히 자의적 해석 보도

이러한 오독(誤讀)이 '6자회담 재개 압박한 푸틴', '비핵화 협상이 더 꼬이는 것 아니냐?' '뱃사공이 많아지는 것은 좋은 일이 아닐 것이다.', '숟가락을 얹게 되면 문제가 더욱 복잡하고 어려워 질 것이다.',

'발을 담그려 하는 것 아니냐?', '푸틴까지 끼어든 북핵 줄다리기', '우군인가 훼방꾼인가?' 등 러시아의 입장에 대한 잘못된 인식 또는 평가로 이어진 것은 더 안타까운 일이다. 한러 관계에 부정적 영향을 줄 수 있는 그러한 잘못된 인식 또는 평가와 관련해 한국 외교부는 푸틴 대통령 발언 오독을 즉시 바로잡았어야 하는 것 아닌가 생각된다.

(2019-05-10 《내일신문》)

북러 정상회담, 단순히
러시아의 반갑지 않은 끼어들기인가?

지난 2월 하순 하노이 북미 회담이 아무런 성과 없이 끝난 지 2개월이 지났다. 4월 25일 러시아 블라디보스토크에서 북러 정상회담이 개최되었고 김정일 위원장과 푸틴 대통령은 한반도 비핵화와 양자 협력 방안에 대해 논의하였다.

이번 정상회담에 대한 국내외 언론의 평가는 크게 보아 세 가지이다. 첫째, 공동성명과 같은 어떤 결과 문서도 발표되지 못하였다는 점에서 단순히 쇼에 불과하였다. 둘째, 북한은 기댈 언덕이 있다는 것을 미국에 대해 보여주려 했고 러시아는 실질적인 영향력도 없으면서 존재감을 보이고자 하였다. 셋째, 러시아의 '끼어들기'로 북미 간 비핵화 협상을 복잡하게 하는 등 부정적인 영향을 줄 수 있다. 필자는 정상회담 직후 단독 기자회견에서 푸틴 대통령이 밝힌 것을 중심으로 러시아의 생각을 들여다보고자 한다.

첫째, 한반도 비핵화와 관련한 부분은 다음과 같다. 1) 러시아는 미국과 마찬가지로 완전한 비핵화를 지지하며 대량살상무기의 확산에 반대한다. 2) 비핵화는 북한의 군비축소를 의미하며 북한이 이에 대해 요구하는 것은 단지 주권 보전, 즉 안전 보장일 뿐이다. 이러한 보장은 국제적 보장이어야 하고 우선 상대방의 이익을 존중함으로써 신뢰를 쌓아가는 조치들이 필요하다. 3) 이런 맥락에서 (북미가 9.19 공동선언에 합의한) 2005년에 비핵화 문제가 해결될 수도 있었으나 미국 측의 추가적인 요구 때문에 결렬되었다. 4) 6자 논의 방식은 지금 당장 재개할 필요가 있는지는 모르겠으나 비핵화 협상이 체제보장 방안을 구체적으로 수립할 필요가 있는 단계에 이르면 국제적인 보장이 불가피하다고 보며, 만일 한국과 미국의 보장만으로 충분하지 않다면 6자회담이 필요할 것이다.

우선 3항에 관해서는 좀 더 구체적으로 사실 확인이 필요하겠으나 정동영 전 통일부 장관은 지난해 5월 언론 인터뷰에서 "(슈퍼 매파로 불리는) 볼턴 백악관 안보보좌관은 94년 제네바 합의를 2002년 파기할 때 국무부 차관으로 있었고, 2005년 9.19 공동성명을 깨뜨린 장본인이었다."고 말한 바 당시 미 정부 내 '매파'들은 판을 깨려 했던 것으로 볼 수 있겠다. 다만 향후 비핵화 협상의 원활한 진전을 위해서 과거 6자회담의 경과를 면밀하게 복기해 볼 필요가 있다. 특히 신뢰 구축을 위해서는 양측이 상대방에 대해 어떤 점을 유의해야 할 것인지 정확히 파악하는 것에 그 의미가 있을 것이다.

그리고 트럼프 대통령은 이번 김정일 위원장과의 회담 후 푸틴 대통령의 발언을 환영하였다. 구체적으로 어떤 부분에 대한 것인지 분명하지 않고 의례적인 립 서비스일 수도 있겠으나 작년에 열린 북중 정상회담 때는 없었던 반응이다. 현재 북미 협상에서 양측은 일괄타결이냐 단계적 해법이냐를 놓고 기 싸움을 하고 있다. 한국정부는 2018년 북한의 핵실험 및 미사일 발사 중지, 동창리 핵 실험장 해체, 미군 유해 송환 및 수감 중인 미국인 석방 등의 조치에 대해 보상하는 동시에 비핵화 진전의 유인책으로 가역적인 제재 완화(북한이 추가적인 비핵화 조치를 하지 않을 경우 해제한 조치를 복원)를 설득함으로써 현재의 협상 동력이 유지되도록 노력하고 있는 것으로 보인다. 한반도 비핵화와 관련하여 아마도 미국은 한국보다는 러시아와 중국의 목소리를 주의 깊게 들어줄 것이다.

다만 중국은 현재 미국과의 무역 분쟁으로 인해 엄청난 압박을 받고 있어 미국에 대해 강한 입장을 개진하기가 어려운 상황이므로 중국보다 훨씬 자유로운 입장에 있는 러시아가 미국을 설득하는데 역할을 할 수도 있을 것이다. 특히 현 단계에서 비핵화 협상이 지속되기 위해서 부분적이라도 제재 완화가 필요하다는 것이 한국정부의 입장이라면 북미, 남북, 한미 대화에 한정하지 말고 관련국들 모두와 활발히 소통하는 것이 중재자 역할을 제대로 하는 것 아닐까? 한반도 비핵화를 통한 평화정착 나아가 남북통일 과정에서 한국이 원치 않는다고 하더라도 현실적으로 러시아와 중국을 배제하는 것은 사실상 불가능하기 때문이다. 특히 이 두 나라는 지속적으로 북한에 대해 영향력을 행사하고 소통하는 존재가 아닌가?

앞서 이야기 했듯이 이번 북러 정상회담과 관련하여 '러시아가 남북미 정상의 톱다운 대화 방식에 제동을 걸었다.' '6자 회담을 앞세워 동북아에서 영향력을 확대하려 한다.' 등 러시아에 대해 의구심을 갖고 바라보는 시각이 있다. 푸틴 대통령의 기자 회견 내용 가운데 체제보장 및 6자회담에 대한 언급을 보면 한국 측이 그리 당황하거나 우려할 것이 없다고 생각된다.

첫째, 푸틴 대통령은 당장 6자회담이 필요하다고 주장하지 않았으며 현재의 비핵화 협상이 체제보장방안을 구체화하는 단계에 이르면 생각해 볼 수 있다고 하였다. 둘째, 체제보장과 관련해서 북한이 한국과 미국의 보장만으로는 충분하지 않다고 하는 경우 6자 논의가 필요하다고 했으므로 체제보장에 관한 6자 논의 여부는 결국 북한에 달려 있는 것이다. 파트루세프 러시아 연방 안보회의 서기가 문재인 대통령에게 설명한 러중 공동행동계획은 푸틴 대통령이 언급한 바 없으므로 당장 확인할 수 없으나, 2017년 5월 러중 양국이 합의한 바 있는 쌍중단(雙中斷) 및 쌍궤병행(雙軌竝行) 방식과 별 차이가 없을 것으로 보이며, 그럴 경우 새로운 것은 아니다.

따라서 한국정부는 이번 북러 정상회담으로 남북정상회담과 북미 협상을 추진하는 데 걸림돌이 생긴 것으로 판단할 이유가 없다고 보며 오히려 러시아를 현재의 프로세스를 촉진시키는 데 유용하게 활용해야 할 것이다. 러시아의 '불순한' 의도 운운하는 것은 성숙하지 못한 대외인식을 드러낸 것이다. 도대체 국제사회에 '착한' 외세가 어디 있는가? 모두가 자기이익을 추구하는 것 아닌가? 국제사회에서는 그러한 자기 이익 추구가 다른 나라의 그것과 충돌하느냐 않느냐가 문제일 뿐이다.

둘째, 북한 근로자들의 귀국 문제에 대해 "이것은 인도주의적

(гуманитарного характера) 문제이며 그들의 인권 실현과도 관련이 있는 (связанные с реализацией прав) 문제라고 하면서 조용하고 충돌되지 않는(спокойные, не конфронтационные) 해법이 있다."고 하였다. 1만여 명에 달하는 북한 노동자들이 연말까지 모두 북한으로 돌아가지 않고 일부라도 잔류한다면 어떤 일이 벌어질까 궁금해진다. 러시아의 상당한 맷집으로 볼 때 흥미로운 상황이 전개될 지도 모른다.

셋째, 철도 연결, 파이프라인 건설 및 전력망 연결과 같은 남북러 삼각협력사업에 관해서 논의하였다면서 "이러한 사업이 한국의 이익에 부합함에도 불구하고 최종적인 결정을 하여야 할 때 주권의 부족 (дефицит суверенитета)이 있는 것 같았고 미국에 대해 동맹국으로서 의무가 있기 때문인지 어느 순간엔가 모든 것이 중단되었다. 이러한 사업들이 실현되었더라면 비핵화 문제 해결을 위해 필요한 신뢰 구축의 조건이 만들어졌을 것이다."라고 하였다.

1990년대 말부터 2016년까지 세 차례 주러시아 대사관에서 근무한 필자로서는 푸틴 대통령의 생각에 상당 부분 공감한다. 역대 정부는 보수든 진보든 집권 초기에 3대 메가프로젝트를 거창한 수사로 정상외교 성과 홍보용으로 이용할 뿐이었고, 이러한 사업들이 한반도 평화 정착과 남북통일에 대해 갖는 불가역적 효과가 있음에도 불구하고 진지한 실행 의지를 보인 적이 없었다. 물론 이 과정에서 한국정부가 스스로 미국의 눈치를 본 것인지 아니면 미국의 입김이 작용하였는지 실무선에서는 확인하기 어렵다. 어쨌든 현재는 유엔 제재 때문에 하려고 해도 못하고 있지만 그런 제재가 없었던 때는 왜 적극적으로 추진하지 않았는가라는 질문을 던지고 싶다.

한편 일부 언론은 러시아의 '끼어들기' 때문에 한국의 중재자 역할이 흔들린다거나 비핵화 협상에서 소외되거나 배제될 수도 있다고 분석하였는데, 북한의 핵 위협을 가장 직접적으로 받는 나라인 한국은 비핵화 문제의 직접 당사자이며 동시에 북미 협상의 중재자이다. 그런데 일부 야당에서 지적하듯이 남북정상이 만나 비핵화에 대해 실질적인 협상을 하였던가? 한국정부는 북한의 비핵화 의지를 반복적으로 확인하거나 북미 협상에 응하도록 설득하는 것이 전부였다. 북한이 비핵화 협상의 상대방은 미국이지 한국이 아니라고 하는데 달라지는 것은 없다. 오히려 러시아와 중국과도 활발히 소통하여 현재 비핵화 협상이 앞으로 나아가도록 하는 것이 한국이 중재자의 모습을 보일 수 있는 길이 아닐까?

그리고 비핵화 협상과 관련하여 일부 언론에서 걸핏하면 '엇박자' 운운하며 우려의 목소리를 쏟아내곤 한다. 동맹국 사이에도 왕왕 이견과 갈등이 존재하는 법이다. 미국으로서는 북한 핵을 제거하는 것이 가장 중요한 목표이겠으나 한국의 입장에서는 그것만이 전부는 아니다. 더욱이 대한민국의 이익만이 아니라 한민족 전체의 이익도 생각해야 하지 않은가?

미국은 급할 것이 없을 뿐만 아니라 협상 타결을 위해 지불해야 할 것도 없다. 제재 해제는 비용이 아니며, 결국 경제적 보상이 관건인데 이미 트럼프 대통령은 이에 대해 한국과 일본이 알아서 해야 하는 것으로 대놓고 말한 바 있다. 한국은 협상이 늘어짐에 따라 이미 기회비용을 지불하고 있는데 남북협력사업의 추진 중단이 그것이다. 현재 남북한 협력에 대해 현실적으로 미국의 양해 또는 동의를 받아야 하는 상황이 이어지고 있다. 물론 현재와 같이 북한이 도발을 자제하여 외견상 평화가 유지되고 있는 것 자체만으로도 매우 다행스러운 결과이다. 미국의 대북 협상 목표나 전략은 절대적인 것은 아니며, 따라서 한국이 무조건 따라야 하는 것은 아니다.

끝으로 남북한의 적대적 대치는 한민족의 선택이었다기보다는 2차 대전 이래 미국과 소련 사이 냉전의 산물이고 북한의 핵 개발도 그 연장선에서 일어난 일이다. 따라서 애초부터 북미, 남북만의 소통만으로 해결될 수 있는 문제는 아닌 것이다. 현 단계에서 최선의 목표는 남북한이 비적대적인 평화공존 상태로 나아가는 것이다. 북한이 반대하지 않는 한 러시아와 중국의 참여는 회피할 수 있는 것이 아니다. 그들과 소통을 하는 과정에서 지나치게 미국을 의식할 필요는 없다고 본다.

일찍이 1971년 4월 대통령 선거에서 김대중 야당 후보가 한반도 평화에 대한 4대국 보장론을 주창하여 당시에는 잠꼬대 같은 소리라고 하였지만 현재 상황에서 볼 때도 그럴까? 마지막으로 사족을 달자면, 작년 싱가포르 북미 정상회담을 전후하여 시진핑이 초조한 빛을 노골적으로 드러내며 김정은을 세 번이나 만났을 때 국내 언론들은 이번 북러 정상회담 때와 마찬가지로 '왜 중국이 끼어드냐?'고 하였던가? 예를 들어 비핵화 협상에서 중국의 주 관심사 중 하나는 주한 미군 철수나 러시아는 이를 거론한 적이 없다. 어느 나라가 우리에게 덜 위험하거나 더 유용한지 냉철히 생각해 보아야 할 것이다.

(2019-04-29 《프레시안》)

러시아의 영공 침범으로
드러난 문제들

한일 갈등이 고조되는 가운데 2019년 7월 23일 중국과 러시아의 연합훈련 과정에서 러시아 공군기가 독도 영공을 침범하는 사태가 벌어졌다. 중국과 러시아 공군기가 한국방공식별구역(KADIZ)에 무단 진입하기도 했다. 한국군은 전투기를 출격시켜 영공을 침범한 러시아 공군기 쪽으로 경고 사격을 가했다. 이번 사태로 대내외적으로 간단치 않은 문제들이 노정되었다.

우선 한국의 대응에는 문제가 없었나? 사건 당일 정의용 청와대 안보실장은 러시아 연방안보회의 파트루셰프 서기에게 항의 메시지를 보냈으며, 외교부는 주한 러시아 대사대리를, 국방부는 주한 러시아 공군무관을 각각 초치해 항의하고 재발 방지를 촉구했다.

여기까지는 정상적이고 합당한 외교적 조치였다. 그리고 다음날 오전 청와대 국민소통수석이 전날 국방부에 초치된 러시아 무관을 통한 반응이라며 러 측이 이번 사태에 대해 깊은 유감을 표명했다고 밝혔다. 그런데 러 측은 상황이 발생하자마자 주러시아 한국무관을 불러 영공 침범을 부인하고 오히려 한국군의 대응에 대해 항의한 것으로 드러났다. 청와대에서 러 측이 신속하게 유감을 표명했다는 보고에 고무되어 사실 확인을 충분히 하지 않고 정무적 판단에서 서둘러 발표한 것으로 판단된다.

주한 러시아 공군무관은 한국 측 항의를 가감 없이 본국 정부에 보고해야 하며 본부훈령 없이 어떠한 공식 입장도 표명할 수 없다. 사건 내용을 정확히 파악하지 못한 러시아 공군무관의 원론적 발언에 대해 국방부에서 희망 섞인 해석을 했거나 통역이 정확하지 않았을 가능성도 있다. 7월 24일 주한 러시아 대사관 측은 청와대 국민소통수석을 인용한 국내 언론 보도 내용을 전면 부인했다.

독도의 분쟁지역화 가능성

일본의 횡포에 대해 분노를 느끼고 있던 상당수 국민들은 청와대 소통수석의 발표에 잠시나마 위안을 얻었을 것이다. 하지만 성급한 브리핑은 외교가에서는 웃음거리가 되었을지 모른다.

러시아 공군기의 독도 영공 침범에 대해 한국이 7월 25일 증거를 제시했다. 러 측은 무턱대고 영공 침범을 부인할 것이 아니라 사실관계를 분명히 밝히는데 협조하고 그 결과에 따라 필요한 조치를 취해야 할 것이다.

두 번째로 러시아가 독도는 한국 영토임을 인정했다는 일부 해석에 타당성이 있는가? 이런 해석의 근거는 러 측이 한국 항의에 대해서만 반응을 보이고 일본 항의는 묵살했다는 것이다.

하지만 러 측은 영공 침범을 인정하기는커녕 한국군 대응에 대해 항의했다. 러 측 발표는 '한국의 영공'이라고 하지 않고 '다른 나라들의(иностранных государств) 또는 제3국들의(третьих стран) 영공을 침범하지 않았다.'라며 영공 국가를 명시하지 않았다. 게다가 영공 국가를 복수로 기술했다. 또한 이번 사건과 관련해 동맹국인 미국 국방부장관이 한국 영공(South Korean airspace)이라고 언급했다고 하지만 그 이후 국무부 대변인은 영공 국가를 직접적으로 언급하기를 회피했다.

이번 사태에서 러시아와 미국이 보인 태도를 보면 일본이 국제 사회에서 끈질기게 시도해 온 '독도의 분쟁지역화'가 상당히 진전된 것은 아닌가 하는 우울한 생각이 든다.

계속되는 방공식별구역 무단 진입

세 번째는 중국과 러시아에 의해 무시돼 온 방공식별구역(KADIZ)을 어떻게 지킬 것인가에 대한 한국정부의 확고한 입장이 있는지 궁금하다. 방공식별구역은 영공의 방위를 위해 영공 외곽 공해 상공에 설정한 것으로 자국 국가 안보에 위협이 되면 퇴각을 요청하거나 격추할 수 있다고 사전에 국제사회에 선포해 놓은 구역이다.

그간 한국정부는 중국과 러시아의 침범이 있을 때마다 항의하고 재발 방지를 요구했지만 시정은커녕 상황은 악화되는 추세이다. 러시아 공군기는 지난달에 이어 8월 8일 우리 방공식별구역에 또 다시 무단 진입했다. 이번에는 러시아 공군기가 우리 방공식별구역에 머무른 시간이 매우 짧았고 대부분 일본의 방공식별구역에 머물렀다는 이유로 우리 군은 무단 진입 사실을 공개하지 않았고 일본 측 발표로 알려졌다. 이런 미온적인 태도로는 러시아 또는 중국의 무단 진입을 억지하기가 어렵지 않을까 우려된다.

(2019-08-23 《내일신문》)

러시아는 남북통일의
우군이 될 수 있다

한반도 주변국들은 남북통일에 대해 어떤 입장을 갖고 있을까? 우선 동맹국인 미국은 기본적으로 한반도 현재 상황의 유지를 선호하고 통일에 대한 입장은 이렇다고 정한 것은 없고, 현재 최대 관심사는 북한 핵의 제거라고 할 수 있다. 무력에 의한 통일 시도는 6.25 전쟁의 재판이 될 것이므로 실익이 없다고 볼 것이고 평화적 통일의 경우에도 미국은 통일한국의 외교정책을 가늠하기 어렵기 때문에 리스크를 안을 필요를 느끼지 못할 것이다. 특히 현재 진보정권의 대중국 처신을 보면 그런 우려를 더욱 느낄 것이다. 현재의 한반도 정세는 미국의 전략적 및 경제적인 이익에 부합되기 때문에 남북통일을 방해하지는 않겠지만 그렇다고 적극적으로 지원할 가능성도 없어 보인다.

일본은 당연히 현상 유지를 선호하며 통일에 대해 부정적일 것이다. 경제적으로 번영하고 인구 8,000만 수준의 통일한국의 출현은 식민지배의 원죄가 있는 일본으로서는 달갑지 않을 뿐만 아니라 두려운 상황일 수도 있다. 하지만 일본은 통일을 견제할 적절한 수단이 없다.

중국 역시 현상 유지를 선호하되 북한 정권의 생존을 적극적으로 지원하고 있다. 자신들의 코앞에 강력한 한민족 통일국가의 출현은 영토분쟁 가능성은 물론이고 친미노선이 지속된다면 중국에게는 상당한 위협이 될 수 있다. 따라서 남한 주도의 통일에 반대하고 남북한 사이 대립관계가 지속되도록 이한제한(以韓制韓) 정책을 펴고 있다.

러시아는 남북통일의 경우 예상되는 전략적 경제적 이익을 고려하여 평화적인 방법이라면 남한 주도의 통일에 대해서 호의적이다. 우선 1990년 수교 이래 러시아가 지속적으로 추진하고자 했던 철도, 가스, 전력망과 같은 메가프로젝트와 남북러 삼각협력을 통한 극동 러시아지역 개발은 남북 관계가 원만해야만 실현될 수 있고 동시에 그러한 프로젝트의 추진은 남북관계의 호전을 촉진하는 것은 물론 나아가 통일로 가는 길을 여는 효과도 있다. 그리고 러시아의 입장에서는 강력한 통일한국의 등장이 자신들의 안보를 위협하기보다는 극동지역에서 중국에 대한 상대적 열세를 상쇄하여 줄 수 있는 견제세력이기 때문에 유용해 보일 것이다.

한편 이러한 주변국들의 입장을 고려할 때 북한에서 급변사태가 일어난다면 러시아는 어떤 역할을 할 수 있을까? 남한사람들 대부분이 은근히 기대하고 있듯이 핵 문제가 해결되든 그렇지 않든 북한주민들의 불만이 고조되어 김정은 정권이 위기에 몰려 북한 내부가 혼란에 빠졌을 때 어떤 일이 벌어지겠는가?

우선 압록강 너머에 대기하고 있는 중국군이 바로 평양으로 진격하려 할 것이다. 중국은 2017년 4월 트럼프-시진핑 회담에서도 드러났듯이 역사적 사실 여부에 관계없이 북한 지역에 대한 연고를 주장하고 있고 급변사태의 경우 평양에 그들의 괴뢰정권을 세워 통제하려 할 것으로 예상된다. 특히 국제사회가 우려하고 있는 북한의 핵무기 및 시설을 접수하여 통제하고자 한다는 명분을 내세워 중국은 자신들의 행동을 정당화하려고 할 것이다. 중국의 군사작전이 북한 내부의 저항이 별로 없이 단기간에 완료된다면 국제사회는 이를 기정사실로 받아들일 지도 모른다.

이때 과연 대한민국의 군대가 휴전선을 넘어 북진할 수 있을까? 그러지 못할 가능성이 크다. 그렇게 하는 경우 중국군과의 물리적 충돌을 피할 수 없고 중국군의 개입을 정당화시켜주는 결과가 될 것이다. 1961년 군사동맹조약에 따라 중국은 유사시 자동개입조항을 발동할 것이다. 아마도 미국도 한국군의 행동을 말릴 것이다. 한미 상호방위조약은 어디까지나 북한의 남침 도발이 있는 경우에만 적용되는 것이기 때문이다. 또한 한국에서는 북한을 우리 국토의 일부를 불법으로 점거하고 있는 반국가단체라고 보지만 국제사회에서의 북한은 유엔 회원국으로서 엄연한 주권국가이므로 국군의 북진은 얼마든지 침략행위로 비칠 수 있다.

그러면 미국이 중국을 제지할 수 있을까? 미국이 말로는 중국에 대해 경고를 하겠지만 중국군이 휴전선을 넘지 않는다면 중국의 행동에 대해 군사적 조치까지 취하지는 않을 것이다. 강대국들에게는 자신의 '세력권'이 있는데 미국이 그럴 명분이 없다. 나아가 미국은 한반도에서의 현상 유지를 선호하므로 중국과의 충돌을 선택할 필요를 느끼지 못할 것이다. 이미 1970년대 미중 화해 때 드러났듯이 미국과 중국은 한민족 때문에 공연히 인적, 물적 희생을 무릅쓰고 싸울 이유가 없고 현재 각자 자신의 세력권을 지키는 것에 만족하고 있는 것으로 보인다.

이 대목에서 러시아가 등장하지 않을 수 없다. 중국군이 평양에 진주하여 괴뢰정권을 세우고 북한에 대해 독점적인 영향력을 행사하는 것을 러시아가 좌시할 수 있을까? 소련은 2차 대전 이후 북한 정권의 산파 역할을 하였으며 다만 소련의 붕괴 이후 러시아가 일시적으로 내부 사정 때문에 북한에 대해 방관적인 태도를 취한 적이 있었을 뿐이고 북한에 대해 중국의 독점적 영향력을 인정한 적이 결코 없다. 만일 그러한 변화를 받아들인다면 러시아의 전략적 이익에 심대한 타격이 될 것이다. 따라서 러시아는 중국의 군사적 행동에 대해 엄중하게 반응할 것이다. 또한 러시아는 중국을 압도하는 군사력을 갖고 있으며 언제든지 유사시 중국의 배후에서 중국을 타격할 수 있다. 중국은 미국이 아니라 러시아를 의식하지 않을 수 없을 것이다. 즉 북한에 대한 중국의 군사행동에 제동을 걸 수 있는 나라는 러시아뿐이다.

혹자는 6.25 전쟁 때 주로 중국군이 들어와서 싸우지 않았느냐고 할 것이나 당시 중국의 참전은 사회주의 종주국 소련의 지시에 따른 것이었다. 또한 현재 한반도에서의 세력 대결에 있어서 미국과 중국이 주전 선수이고 일본이나 러시아는 주니어 파트너가 아니냐고 반문할 것이다. 그런 발언은 중국과 러시아의 관계가 미국과 일본과의 관계와 비슷한 것으로 착각하고 있고, 국제사회에서 러시아의 위상을 전혀 모르고 하는 말이다. 경제력에서 러시아가 중국에 비해 열세인 것은 사실이나 한 나라의 국력은 경제력만 가지고 판단할 수 있는 것이 아니다.

그러면 북한에 급변사태가 일어날 때 중국군이 진입하여 평양에 꼭두각시 정권을 세우는 것이 왜 문제가 되는가? 결론부터 얘기하면 그럴 경우 남북통일은 물 건너가기 때문이다. 앞서 보았듯이 중국이 남북통일에 대해 부정적이므로 중국의 괴뢰정권과는 협력과 통일을 위한 대화가 어려울 것이다. 왜냐하면 북한이 중국이든 러시아든 어느 쪽에 대해서도 결코 종속적인 위치에 있지 않을 때 통일의 가능성이 있기 때문이다. 그런데 세습왕조 3대째인 김정은 정권은 말로는 통일을 외칠지 모르나 실제로는 자신의 몰락을 자초하는 과정을 거부할 것이다. 반면 김정은 정권이 무너지고 외세의 개입 없이 집권한 새로운 세력은 자신들의 정당성과 권력유지를 위해 남한과의 대화에 응할 것으로 예상된다. 왜냐하면 북한주민에게 더 이상 고난의 행군을 강요할 수 없기 때문이다.

그런데 러시아가 중국과 모종의 타협을 한다면 이 또한 한민족의 장래에 재앙이 될 수 있다. 예를 들어 2015년 8월 어느 국내 매체가 보도한 바와 같이 중국이 미국에 협의를 요청한 바 있다는 북한 급변사태 시 4개국(중국, 미국, 한국, 러시아) 분할통제 제안을 러시아가 받아들이거나 또는 중국과 러시아가 북한 영역을 평양을 포함한 북한 서부와 동해안쪽 북한 동부로 나누는 안에 합의할 수도 있다.

따라서 중장기적으로 대러시아 외교는 북한에서 사태 발생시 러시아가 중국과 타협하지 않고 중국의 군사행동을 억제함으로써 북한에 외세 개입 없이 새로운 정권이 들어서도록 하는 것이 한국과 러시아 모두에게 전략적으로 이익이 됨을 이해시키는데 중점을 두어야 할 것이다. 즉, 러시아가 남북통일의 우군이 되느냐는 우리하기에 달려 있다.

한반도 통일과 중국, 러시아

　문재인 대통령은 2017년 9월 블라디보스토크 동방경제포럼에서 '신북방정책'을 천명하고 러시아와의 협력 확대를 강조했다. 하지만, 우리 사회의 전반적인 분위기는 여전히 러시아에 대해 무관심하다. 중국의 사드 보복을 계기로 새롭게 인식하게 되었듯이 언론이 우리 경제의 중국에 대한 과도한 의존에 대해 경종을 울리면서 인도와 동남아를 대안시장으로 거론하지만 러시아에 대한 언급은 거의 하지 않고 있다. 또한 북한의 핵 위협에 대처하는 데 있어서도 러시아는 거의 거론되지 않고 있다.

　사드 보복만 놓고 보더라도 러시아나 중국이나 모두 사드 배치에 반대하지만 러시아는 어떤 경제제재도 취한 바가 없다. 러시아에도 삼성, LG, 현대 및 롯데가 나가 있고 러시아인들도 한국에 관광을 많이 오며 한국 화장품을 좋아하지만 중국처럼 치졸한 조치는 취하지 않고 있다.

제재 자체도 문제지만 더 중요한 것은 그 이면에 깔려 있는 심리다. 그리고 러시아가 지닌 대안시장으로서의 잠재력에 대한 과소평가가 상존하는데, 현재 러시아에 진출한 우리 기업의 수는 100여 개에 불과하나 한국보다 훨씬 비즈니스 스탠더드가 높은 독일과 프랑스의 경우 기업수가 각각 수천 개에 달한다. 그리고 현재 진척이 없는 남북러 삼각협력 프로젝트들, 즉 철도 연결, 가스관 건설, 전력망 연결과 같은 메가프로젝트들은 러시아에게만 유익한 것이 아니다. 실현될 경우 한반도가 단순히 물류 허브뿐만 아니라 동아시아 비즈니스 허브가 될 수 있다.

러시아는 남북통일에 호의적인 나라

북핵 위기와 관련해 현재 러시아는 사실상 북한과 대화가 되는 유일한 나라이다. 최근 러시아는 미국과 북한의 제의가 있으면 양측의 중재 역할을 할 용의가 있다고 선언한 바 있다. 최근 공해상에서 북한 선박에 유류품을 넘겨준 중국계 선박들에 대한 제재에 반대하고 있는 것에서 보듯이 중국은 여전히 대북 제재에 소극적이나 러시아는 그런 억지는 부리지 않고 있다. 앞으로 북한의 태도에 따라서는 제재 수위를 더 높일 수도 있는데 제재의 효과를 고려할 때 러시아의 협조는 필수적이다.

현재 주변 4강 중에서 소극적이나마 남북통일에 호의적인 나라는 러시아가 유일하다. 물론 러시아가 선량한 나라라기보다는 국익 차원에서 그런 판단을 하고 있는 것이다. 우선 적어도 동북아에서는 상대적으로 열세를 보이는 러시아로서는 강력한 통일한국의 출현이 그들에게 유리한 세력균형의 변화가 될 수 있고, 3대 메가프로젝트 및 극동 개발을 추진하는데 호의적인 환경이 조성되기 때문이다.

북한 급변사태 가능성과 관련해서도 러시아가 어떤 역할을 할지 주목할 필요가 있다. 중국은 이미 수년 전부터 보도된 바와 같이 압록강 하구에서 도강 훈련을 하는 등 북한 진주 가능성을 드러내고 있다. 또한 미국과 중국이 북한 급변사태 가능성과 관련하여 협의를 하고 있다는 보도도 있다.

미국이 선제공격으로 인한 전쟁을 피하기 위해 북한 핵 제거 임무를 중국에 맡길 가능성도 있다. 그럴 경우 중국군이 임무만 마치고 조용히 물러날 것인가? 필시 평양에 친중국 정권이 수립될 것이고 그렇게 되면 앞으로 남북통일 논의는 물 건너가게 될 수도 있다.

유라시아 대륙 진출 위한 핵심 파트너

그런 사태를 막으면서도 북한의 핵무기를 통제하려면 중국군의 북한 진주를 막아야 하는데 누가 할 수 있을까? 우리 국군의 북진은 오히려 중국군을 불러들이는 결과만 가져올 것이다. 현재로서는 가상의 일이지만 러시아로서는 중국의 북한에 대한 독점적인 영향력 행사를 용인하기 어려울 것이다. 러시아가 중국을 억지하여 준다면 외부의 간섭이 없이 수립된 북한의 새로운 정권과 대한민국 정부는 통일을 논의할 수 있을 것이다.

러시아는 사드 배치와 북핵 문제에 대해서만이 아니라 남북통일에 대한 입장에 있어서도 중국과 차이를 보이고 있다. 또한 러시아는 한국이 경제적으로 과도한 중국 의존에서 벗어나기 위해서 대안시장으로도 유용하며, 특히 유라시아 대륙 진출을 위한 핵심 파트너이기도 하다.

(2018-01-05 《내일신문》)

에너지 시장의 파워게임과
한러 에너지 협력

러시아와 독일을 잇는 총 연장 1,222Km의 발틱 해저(海底) 가스관 프로젝트(Nord stream-2)를 둘러싸고 유럽국가들간 그리고 독일과 미국 사이에 심각한 갈등이 일고 있다. 이 프로젝트는 러시아의 가즈프롬이 독일의 Wintershell과 Uniper, 프랑스의 Engie, 오스트리아의 OMV 그리고 영국-네덜란드 합작기업 Royal Dutch Shell 등과 함께 추진하고 있다. 가스관 공사는 2018년 5월 시작되었으며 2019년 말까지는 개통될 예정이다. 그런데 미국 정부는 독일 정부에 대해 가스관 건설 공사를 중단하라고 압박하고 있으며, 우크라이나와 폴란드 등 일부 국가들도 사업 추진을 반대하고 있다.

이 프로젝트가 완성되면 유럽 시장에 대한 러시아산 가스의 공급이 늘어나게 되지만 어디까지나 가스 구매는 각국의 선택인데 왜 시끄러운 것일까? 미국의 논리는 프로젝트가 완성되면 유럽의 러시아에 대한 에너지 의존도가 높아져서 소위 '에너지 안보'가 우려된다는 것이다. 그런데 동서가 첨예하게 대립하던 냉전시기에도 소련은 유럽으로 향하는 송유관을 전술적 목적으로 이용한 적이 없었다. 또한 이미 사용하고 있는 러시아의 육상 가스관은 에너지 안보에 문제를 야기하지 않는 것일까? 반대하고 있는 유럽국가들은 자신들의 영토를 통과하는 러시아산 가스 공급량이 줄어들어 통과료 수입이 감소할까봐 반대하는 것이지 에너지 안보란 말은 입에 올리지 않고 있다.

　미국은 대통령, 부통령, 국무장관 및 에너지부 장관 등 정부가 총동원되어 독일을 전방위적으로 압박하고 가스관 공사의 주계약사들에게는 제재를 가하겠다고 엄포를 놓고 있다. 2018년 미 의회는 「미국에 적대적인 국가들에 대한 제재 법률(the Countering America's Adversaries Through Sanctions Act)」을 통과시켰는데 현재 행정부가 이 법을 근거로 주계약사들에 대한 제재를 검토하고 있다고 한다. 최근에는 이와는 별도로 Nord stream-2 사업에 참여하는 법인과 개인을 제재하는 법안이 미 상원에 상정되었다. 트럼프 대통령은 메르켈 수상에게 미국산 가스를 사라고 대놓고 요구하고 있다. 자유무역의 '챔피언'을 자처해 온 미국이 동맹국에게 자기 물건을 팔려고 경쟁상대인 다른 나라 것을 사지 말라고 하면서 설득력이 없는 안보 논리를 펴고 있다. 이런 현상을 어떻게 보아야 할까? 문제는 미국산 셰일가스가 러시아산 가스에 비해 경쟁력이 떨어진다는 것이다. 미국산 가스는 우선 러시아산보다 비싸고 또한 LNG운반선으로 수송하여야 하기 때문에 상대적으로 공급의 안정성이 떨어진다. 독일은 '가격 경쟁력과 공급 안정성이 있는 수입선을 선택할 수 있는 에너지 주권을 포기할 수 없다.'는 입장을 취하고 있어 어떻게 결론이 날지 매우 흥미롭다.

　이러한 상황을 보며 이명박 정부 당시 한국과 러시아간 PNG 사업, 즉 북한 경유 가스관을 통한 러시아산 가스 공급 프로젝트에 대한 협상 전말을 복기해 본다. 이 프로젝트 논의는 근거리에 저렴하고 안정적 공급원을 확보한다는 차원에서 시작되었고 2008년 9월 한러 정상회담 계기에 한국가스공사는 러시아 가즈프롬과 연간 750만 톤씩 2015년부터 30년간 러시아산 가스를 도입한다는 양해각서에 서명하였다. 그 이후 예상과는 달리 협상이 지지부진한 가운데 2011년 정부는 중장기 에너지수급계획을 발표하였는데 미국산 셰일가스 수입이 포함되어 있었다. 그리고 2012년 1월 미국산 셰일가스를 연간 350만 톤씩 2017년부터 20년간 구매하는 계약이 체결되었다. 정부는 이 계약을 한미 FTA 체결에 따른 효과, 즉 한국이 미국산 가스를 수입할 수 있는 혜택을 받기라도 한 것처럼 홍보하였다. 한편 당시 북한은 통과료 수입에 큰 관심을 갖고 PNG 프로젝트에 적극적인 입장이었다. 하지만 한국 측은 가스관 수송에 대한 북한의 보장을 믿을 수 없고 러 측 당사자인 가즈프롬이 자료 요청에 성실하게 응하지 않는다는 등 협상 초기와는 달리 유보적인 태도로 일관하다가 박근혜 정부 출범 직후 북한 변수를 들어 협의 중단을 선언하였다. 그런데 미국이 저렴한 가스 추출 기술을 개발함으로써 가격 경쟁력을 갖게 되어 본격적으로 국제시장에 진출한 것은 우연히도 2010년대 초반이었다. 명백한 근거는 없지만 당시 한미 관계를 고려할 때 이러한 상황이 한러 PNG 협상의 결렬에 부분적일지라도 작용하였던 것은 아닐까 하는 의구심이 든다.

현재는 한국가스공사가 사할린-Ⅱ 광구에서 LNG를 2008년부터 20년 동안 연간 150만 톤씩 도입하기로 2005년 7월 체결한 계약에 따라 러시아산 가스가 도입되고 있는데, 2028년 이후에는 어떤 일이 벌어질까? 또한 앞으로 비핵화 협상이 진전되어서 대북 제재가 해제되고 북한 경유 PNG사업이 다시 논의된다면 과연 한국은 어떤 결정을 내릴지 궁금하다.

(2019-05-16《내일신문》)

'러시아제 불화수소' 언론 보도 유감

일본 정부는 G20 정상회의가 끝나자마자 기다렸다는 듯이 한국에 대한 불화수소 등 반도체 및 디스플레이 공정 관련 소재의 수출 규제를 발표했다. 한국정부가 대책 마련으로 분주한 가운데 러시아가 자국산 불화수소를 우리 기업에 공급할 수 있다는 뜻을 표명한 사실이 언론을 통해 알려졌다.

이와 관련 국내 언론 보도를 보면 러시아를 '백기사'에 비유한 보도도 있지만 상당수 매체는 회의적이거나 부정적인 반응이었다. 삼성전자나 SK하이닉스가 써본 적이 없기 때문에 그리고 우리 반도체 업계가 품질에 의문을 제기하고 있어 러시아산은 대안이 될 수 없다고 했다. 심지어 러시아가 갑자기 공급을 중단할 수 있다는 우려를 제기하는 보도도 있었다.

러시아산 불화수소 도입 가능성과 관련해 두 가지 문제 제기가 있다. 첫째, 품질이 일본산과 같은 수준인지 그리고 이를 검증하는데 최소한 2개월이 걸린다는 것이다. 둘째, 품질 즉 순도에 문제가 없더라도 일본산 불화수소의 스펙에 최적화된 공정 및 장비를 러시아산에 맞추려면 수개월이 소요된다는 것이다. 모두 합리적인 문제 제기이다.

그렇다면 우선 러시아산 품질을 확인해 보기 위해 신속하게 샘플과 데이터를 입수하자고 제안하는 것이 맞다. 안 써봐서 믿을 수 없다는 식으로 반응하는 것은 한국 기업들이 아직은 아쉬울 게 없거나 한일 간 갈등 문제가 곧 해결될 것으로 보고 있는 게 아닌가 하는 생각이 들게 한다. 어떤 매체는 대만산과 중국산도 있다고 했는데 이들로 대체가 가능하다면 왜 요란을 떠는지 묻고 싶다.

러시아산은 안 된다는 회의론부터 제기

한일 갈등은 이제 시작된 것이 아니라 2018년 8월 한국 대법원의 징용배상 판결 때부터 시작된 것으로 일본은 그들의 시나리오에 따라 구체적 조치를 시작하였을 뿐이다. 한국이 WTO에 제소하고 또 승소하더라도 짧게는 1년 길게는 후쿠시마 수산물 사례처럼 몇 년이 걸린다. 또한 미국이 한국 요청에 따라 일본을 설득할 것이라고 생각한다면 이는 과도한 기대이다. 박근혜 정부 시절 위안부 문제에 관해 2015년 12월 많은 사람들이 우리가 받아들이기에는 문제가 있다고 생각한 합의가 한일 간에 이루어졌는데 미국이 양국에 합의를 종용한 것으로 알려져 있다.

일부 언론은 지금은 러시아산 불화수소 수입을 논할 때가 아니라 한일 관계를 총체적으로 정상으로 돌리는 게 시급하다며 특사를 보내든 미국에 중재 역할을 요청하든 외교력을 총동원해 뒤엉킨 실타래를 풀어야 한다고 주장하고 있다. 대체재를 확보하려는 노력이 한일 관계 정상화를 위해 외교력을 집중하는 데 걸림돌이라도 된다는 뜻인가?

어떤 매체는 러시아산 불화수소를 들여오게 되면 한국이 자칫 러시아의 경제식민지가 될 수 있다고 하며 그렇게 판단하는 이유로 러시아가 유럽에 대한 천연가스 공급을 수시로 차단하였다고 주장했다. 경제식민지 운운은 말도 안 되는 이야기이다. 천연가스 이야기는 러시아에 대한 근거 없는 편견을 보여준 것이다. 러시아는 유럽으로 가는 가스관 밸브를 잠근 적이 없고 경유국인 우크라이나가 자신들에 대한 특혜가격 유지 및 통과료 인상을 러시아에 압박하기 위해 벌인 일이다.

사실에 대한 무지와 근거 없는 편견 가득

러시아는 한국에 대해 자국산 불화수소를 구매하라고 요구한 것이 아니다. 러시아는 어려움을 겪게 될 한국에 대해 선의를 갖고 제의를 했을 뿐이다. 한국 기업의 기준에 부합되는지 따져보아 맞으면 수입할 수 있고 그렇지 않으면 구매하지 않으면 된다. 그런데 상당수 한국 언론 매체가 한일 갈등에 공연히 러시아가 끼어들기라도 한 것처럼 보도하는 것은 러시아에 대한 무지와 근거 없는 편견이 여전함을 보여주는 것이다.

러시아 제의에 대해 일본 언론은 불화수소 자체는 소규모 연구소에서도 제조 가능하지만 고순도 제조법 특허권은 일본기업이 갖고 있어 러시아가 일본의 특허권을 침해하지 않고 한국 기업에 공급하려면 오랜 시간이 걸릴 것이라고 보도했다.

일본 언론의 보도는 러시아도 고순도 불화수소를 제조할 수 있다는 것으로 읽힌다. 러시아의 기초과학 수준은 물리와 화학 부문에서만 노벨상 수상자를 14명이나 배출할 정도로 높다.

(2019-07-19《내일신문》)

러시아 비즈니스, 무엇이 문제인가?

1990년 노태우 대통령의 북방정책의 일환으로 당시 소련과 외교 관계를 수립하던 때를 전후해서 한국인들은 러시아를 마치 '엘도라도'같이 생각했다. 당시에는 모스크바에 한번 다녀오지 않으면 명함을 내밀지 못할 정도로 '러시아 붐'이 일었던 것이 사실이다. 하지만 몇 년 못가서 그러한 붐은 사라지고 이제는 우리 사회에 러시아에 대해서는 무관심이 자리 잡고 있다. 그렇다고 해서 한국과 러시아 사이에 교역과 투자가 정체 상태인 것은 결코 아니다. 수교 당시와 현재를 비교하면 러시아에 대한 한국의 수출은 거의 100배 정도로 비약적으로 증가하였다. 그런데 국내에서 왠지 러시아하면 비즈니스하기 어려운 나라 또는 주목할 만한 시장이 아니라는 인식이 퍼져있다.

우선 1990년대 초 러시아 붐이 조기에 사그라졌던 것에는 이유가 있을 것이다. 왜 그렇게 되었는가에 대해서는 다음과 같은 견해가 있다. 한국 기업은 러시아 시장이 열리자 손쉽게 차지할 수 있는 큰 시장이 열렸다고 사전 준비도 제대로 하지 않은 채 앞 다투어 진출을 도모하였고, 한편 러시아는 하루아침에 사회주의가 자본주의 체제로 전환되다 보니 외국인투자를 수용할 수 있는 법, 제도 및 관행을 확립할 겨를도 없었으면서 한국 기업들에 대한 기대수준만 높았는데, 양측의 상호 기대수준이 맞지 않아서 많은 시행착오가 발생하였고 현지적응에 실패한 경험만이 다소 과장되어 한국에 전파되어서 유감스럽게도 한국 내의 러시아 시장에 대한 열기는 가라앉고 말았다.

그러면 러시아에 진출한 한국 기업들이 대부분 고전을 면치 못하였을까? 실제는 그렇지 않았다. 실례를 들어보자. 삼성전자와 LG전자의 경우 러시아 시장에서 선전함으로써 글로벌 브랜드로 도약할 수 있었다. LG전자는 2006년 9월 모스크바 주에 1.5억 달러를 들여 현지 생산 공장을 완공하였다. LG전자의 러시아 현지법인 직원의 말을 빌리면 전 세계에 퍼져있는 현지법인 중에서 러시아 법인은 최고의 실적을 기록하여 회사 내에서 효자 법인으로 평가받는다고 한다. 삼성전자는 2008년 9월 칼루가 주에 1.9억 달러를 들여 현지 공장을 건설하였다. 이 두 회사는 백색 가전 즉 냉장고, 세탁기, 진공청소기 등을 현지에서 조립생산하고 있으며 이들의 러시아 시장점유율은 가히 압도적이다. 또한 삼성과 LG의 스마트폰 판매실적도 양호하다.

쵸코파이로 유명한 오리온 제과는 2006년 6월 현지생산 공장을 세워 승승장구하고 있으며, 국내 라면시장에서 하위권인 한국야쿠르트 ㈜의 팔도라면 또한 '도시락'을 비롯한 다양한 라면제품으로 러시아 시장을 석권하고 있다. 반면에 국내시장을 주름잡는 농심㈜은 러시아에서는 기를 펴지 못하고 있다고 한다. 농담이지만 팔도라면의 현지 공장이 있는 곳이 '라멘스코예(Раменское)'라는 도시인데 그 이름 덕택에 매출이 매년 급속도로 성장하고 있다고 한다.

롯데 그룹의 경우 모스크바 중심가 요지에 백화점(2007년, 3억 달러)과 호텔(2010년, 3억 달러)을 지어서 양호한 영업실적을 올리고 있다. 특히 호텔의 경우 탁월한 경영 노하우와 수준 높은 서비스가 러시아 내에 널리 알려져서 여러 지방도시에서 롯데 측에 호텔업 진출을 권유하고 있는데, 롯데는 이미 상트 페테르부르크에 제2의 호텔을 짓고 있으며 제3의 장소도 물색하고 있다고 한다.

또한 현대 자동차는 상트 페테르부르크에 조립공장을 2010년 9월 준공하였고 부품을 생산하는 협력업체들도 동반 진출하였으며, 이 공장에서 생산되는 '아반떼'를 일부 개조한 '솔라리스' 모델은 러시아의 국민차로 불릴 만큼 잘 팔리고 있다. 그뿐 아니라 현대와 기아의 완성차 수출도 호조를 보이고 있어서 현재 현대/기아차는 러시아 자동차 시장 점유율에 있어서 외국 브랜드 가운데 1위를 차지하고 있다.

그러면 러시아 시장에 대한 부정적인 견해는 어디서 어떻게 나오게 된 것일까? 예로부터 배고픈 자가 요란하다고 재미를 본 회사들은 입 다물고 표정관리를 하지만 실패하거나 손해를 본 회사들은 동네방네 떠들고 다니는 것 같다. 여론은 부정적 견해에 휘둘리기 마련이다. 어느 나라를 막론하고 시장마다 특성이 있고 문제점이 있다. 위에서 본 성공적인 예를 보면 공통된 점이 있다. 대기업들이라는 점이다. 죽을 쑨 기업들은 대부분 중소기업이라고 보면 된다. 즉, 시장 상황, 제도 및 법령, 현지 문화에 대한 철저한 이해 없이 도전한 경우 대부분 실패하였다고 볼 수 있다. 대기업들은 자체 역량이 충분하나 그 외는 그렇지 못하고 러시아 시장을 만만하게 보고 도전한 탓이 크다.

러시아 공무원들이 부패가 심각하다고 하는데, 국제조사기관의 평가에 따르면 부패지수에 있어 중국이나 러시아는 도토리 키 재기 식으로 비슷하다. 아마도 2017년 현재로 보면 러시아가 중국보다 나을지 모른다. 2006년 상반기에 있었던 러시아 내에서 영업 중인 외국투자기업에 대한 설문 조사 결과에 따르면 부패가 투자활동에 미치는 영향과 관련하여 응답자중 50%는 러시아의 공무원 부패가 투자에 전혀 영향을 주지 않는다고 답했고, 39%는 직접적 영향을 미치지 않는다고 응답하였다. 물론 고약한 사례가 몇 년 전 연해주에서 있었다. 농업기업인 '아그로 상생'의 농업용 수로를 연해주 정부가 뺏으려고 했던 일인데, 러시아 법원이 공정한 판결을 내려 황당한 사태가 해결된 것으로 알려져 있다. 그런데 이런 특수한 예를 일반화하는 것은 설득력이 없다.

1990년대와 최근을 비교할 때 러시아에서 사업을 하는 한국인 자영업자의 수가 줄었다고 한다. 이것은 무엇을 말해주는가? 1990년대 현지에서 만난 한국인 사업가들은 러시아에 대해 제도가 어떻고 법령이 어떻고 뇌물이 어떻고 불만이 상당하였다. 이제는 러시아의 자본주의 체제도 자리가 잡혀서 제도나 법령은 선진국 수준에 육박할 정도로 정비되어 있다. 그런데 한국인 사업가들은 오히려 사업하기가 힘들어졌다면 그들의 책임이 더 크다고 본다. 달리 말하면 시장 적응력, 즉 경쟁력을 키우지 않고 적당히 편법에 의존하다가 이제 러시아 사회가 투명해지고 엄격해지니까 견디지 못하는 측면이 적지 않다는 것이다.

한국인들은 흔히 러시아의 투자환경이 좋지 않다고 말하곤 한다. 2006년 10월 러시아의 프라드코프 총리가 방한하였을 때 한명숙 총리가 러시아 내 외국인 투자환경에 대해 불평 내지 훈수를 두었는데 이에 대해 러시아 총리는 대꾸하지 않고 화제를 다른 곳으로 돌렸다고 한다. 왜 그랬을까? 듣기 싫은 소리여서 그랬을까? 내용을 알고 보면 다음과 같다. 1990년 수교 이래 한국 기업이 러시아에 투자한 규모는 2005년 말 현재 198건 약 3.7억 달러에 불과하고 2005년 한 해만 보더라도 러시아에 유입된 외국인 직접투자 총액 137억 달러 중 한국 기업의 비중은 1억 달러로 0.74%에 불과하다. 이 수치를 보면 프라드코프 총리의 태도를 이해할 수 있을 것 같다. 아마도 쥐꼬리만큼 투자하는 나라에서 무슨 투자환경 타령인가라고 생각했을 것이다. 현재 모스크바에는 러시아에 진출한 미국 기업들의 이익단체인 미국 상공회의소가 있는데 이 단체에 1천 개가 넘는 기업들이 등록되어 있으며 또한 수천 개의 독일 및 프랑스 기업들이 사업을 하고 있다고 하는데, 그 많은 서방 기업들은 정확한 정보도 없이 무모하게 러시아 시장에 뛰어들고 있다고 보아야 하는가? 우리 기업들은 러시아 시장에 대한 정보력과 현지 적응능력에 있어서 서방 기업들의 상대가 되지 않는다. 2015년 말 현재 러시아에 있는 현지법인, 지사 및 사무소 등 한국계 기업의 숫자는 고작 100개이다. 달리 말하면 한국 기업들은 목수가 자기 실력이 부족한 줄 모르고 연장 탓만 하는 것과 같다.

모스크바에 근무할 때 한번은 독일 대사관 주최 리셉션에 참석하였는데, 손님들에게 작은 선물 보따리를 나눠주어서 열어보니 소소한 문방구와 어린아이들이 갖고 노는 비누방울을 만드는 도구가 들어 있었다. 나중에 들어보니 러시아에 진출한 독일 중소기업제품이었다. 나는 한국의 그런 소규모 기업도 러시아 시장에 진출할 수 있을까 하는 생각이 들었다. 그리고 구경삼아 러시아와 벨라루스 국경에 가까운 스몰렌스크라는 도시를 다녀올 때 역에서 독일인을 만났는데 독일 중소기업의 직원으로 그곳에 출장을 왔다 돌아가는 길이라고 하였다. 독일 기업이 소소한 상품을 가지고 러시아의 소도시까지 파고들고 있다는 걸 알게 되었다. 한국사람들이 독일하면 우선 벤츠 자동차를 떠올리며 하이테크 제품만 취급하는 것으로 아는데, 실제로는 이런 중소기업도 있고 러시아 시장에서 지방 소도시까지 파고들고 있다는 걸 알고 다소 충격을 받았다.

한편 러시아 정부가 각종 혜택을 제공하는 특별경제구역은 물론 주요 공단지역에는 국제적으로 명성 있는 소비재를 생산하는 다국적기업들이 상당수 입주해 있다. 한국의 경우에는 현대 자동차, 삼성전자, LG전자, 팔도라면, 오리온 제과 등 소수의 기업들이 현지 공장을 갖고 있을 뿐이다. 기업인은 돈을 벌 수 있는 곳이면 전쟁터라도 마다하지 않고 가는 존재이다. 우리 기업인들의 태도는 만일 러시아 시장에 대해 제대로 알고 있으면서 그렇다면 이미 배가 부르다고 할 수 밖에 없고, 정보도 없이 그렇다면 안타까울 뿐이다.

한국 기업들의 문제점으로는 다음과 같은 점을 들 수 있다. 대기업은 대부분 대표이사가 고용사장으로서 임기가 2~3년이거나 그보다 짧다 보니 재신임을 받기 위해서는 단기간, 즉 임기 내 성과를 낼 수 있는 사업이 아니면 선뜻 나서지 못하는 게 현실이다. 반면 중소, 중견 기업의 경우는 그런 핸디캡은 덜하지만 주먹구구식 정보 수집이 대부분이고 정보 수집 비용(information cost)에 대한 인식이 매우 부족하다. 심지어는 현지 파트너와의 원활한 의사소통을 위해 필수적인 전문통역의 역할에 대해서도 개념이 없다. 또한 현지에서 관찰한 바에 따르면 한국 기업들은 서방 또는 일본 기업들과는 달리 진출업체들끼리 소통도 원활하지 못하다. 재러경제인협회의 모임에 나가 보면 러시아 시장에 대한 정보 교환이나 토론 자리라기보다는 친목단체의 회식 자리에 불과하다는 느낌이 든다. 또한 러시아 당국과의 소통도 원활하지 못하고 그런 자리에 대한 참여가 매우 저조하다. 메드베데프 총리가 위원장을 맡고 있는 외국인투자위원회에 서방이나 일본은 굵직굵직한 회사의 대표들이 참여하고 있으나 한국 대기업들은 참여가 없다가 겨우 2016년에 우리 정부의 권유에 못이겨 삼성과 현대가 회원으로 가입하였을 뿐이다. 투자와 관련하여 어려움이 있다면 그런 자리에서 러시아 정부에 대해 당당하게 얘기하고 고위당국자로부터 답변도 들을 수 있어야 한다고 본다.

그러면 우리 기업들이 러시아 시장에서 성공적으로 활동할 수 있으려면 무엇이 요구되는가를 얘기해 보고자 한다. 기업들로서는 정확한 시장 정보 수집 비용을 아끼지 말아야 한다. 한국계든 외국계든 제대로 된 컨설팅회사의 자문을 받아야 할 것이며 현지 파트너와의 원활하고도 정확한 의사소통을 위해 러시아어 전문통역요원을 확보하는 데 인색해서는 안 된다. 그리고 현지인 직원들을 최대한 활용하기 위해서 러시아 특유의 직장문화에 대한 이해를 바탕으로 하는 소통 경영에도 관심을 기울여야 할 것이다. 실제로 이것이 제대로 이루어지지 않아 낭패를 보는 경우도 적지 않다.

정부 차원에서는 코트라가 중소기업진흥공단으로부터 위임받아 시행하고 있는 '비즈니스 인큐베이터 사업'과 자체사업인 '중소기업지사화사업'을 대폭 확대할 필요가 있다. 또한 코트라가 주도적으로 분야별 시장정보의 데이터베이스를 확충하여 기업들이 진출 검토단계에서 활용할 수 있도록 하여야 할 것이다. 예를 들어 해외 농업 진출의 경우 농지 매입이나 임차와 관련하여 현지 법령과 관행에 대한 지식, 농작물의 수송, 저장 및 판로에 관한 정보가 축적되어야 할 것이다.

끝으로 작년 9월 러시아가 주도하는 유라시아경제연합과 한국은 자유무역협정의 체결을 위한 정부 간 협상을 개시하기로 원칙적인 합의를 한 바 있는데, 아직 협상이 개시되지는 않았으나 앞으로 적어도 2~3년내 협정이 체결되면 관세 인하 등 우리 기업들이 러시아에 대한 무역과 투자에 있어서 보다 많은 혜택을 받게 될 것임을 첨언한다.

(2017년 여름호 《해외농업저널》)

러시아 농업 진출 방향

우리나라의 해외농업분야 진출은 1990년대 시작되어 그간 러시아, 동남아시아, 남아메리카 등지에 우리 기업들의 투자가 이루어졌다. 러시아의 경우 주로 극동 러시아 지역에 우리 기업 및 공기업들이 진출하였는데, 일부가 철수하기도 하였으나 2016년 현재 7개사가 지속적으로 영농을 하고 있고 경작면적은 2만여 ha에 이르며, 2000년대에는 러시아 남부 로스토프 주에 진출한 기업도 있다.

그간 러시아에 대한 농업 진출을 활성화하고 지원하기 위해 여러 전문가들이 다양한 제안을 하였고 구체적으로 자연환경, 종자, 비료 등 재배기술, 농자재·농기계 수급, 현지 인력 고용, 유통·판매 전략, 법령, 제도 등에 관한 현지 정보, 국내 융자 활용 방안 등 여러 분야에서 의미 있는 조언들이 있었다. 이 글에서는 향후 우리 기업의 러시아 농업분야 진출 방향과 관련하여 그간 러시아에서의 근무경험을 바탕으로 하여 몇 가지 문제 제기를 하고자 한다.

첫째, 우리 기업들이 굳이 연해주 지역에만 집중하기 보다는 광활한 러시아 영토의 다른 지역도 검토하는 것이 바람직하다고 본다. 알다시피 진출 초기에 소위 식량안보 차원에서 생산한 곡물을 국내로 반입한다는 고려에 따라 지리적으로 가까운 연해주 지역이 대상이 되었다. 물론 연해주가 과거 우리 민족의 활동지역이라는 상징성도 작용하였다. 그런데 정보도 준비도 부족한 경우가 많아 진출 업체들 중 절반이 넘는 10개사가 철수하였다. 중장기적으로 수익성이 담보되지 않는다면 우리 기업의 진출이 지속적으로 확대되기 어려울 것이다. 이런 맥락에서 대규모 농산물 소비시장으로부터 가까운 지역, 즉 모스크바나 상트 페테르부르크 같은 대도시로의 생산물 수송에 애로가 없는 지역도 검토해야 할 것이다. 좋은 예로 러시아 남부 지역에서 토질, 기후 및 시장 접근성이 양호한 로스토프 주에 2009년부터 진출한 ㈜셀트리온을 들 수 있다.

둘째, 현재 우리 기업들은 곡물 재배 위주인데, 재배 작물의 다양화를 검토할 필요가 있다. 우리나라가 조방농업보다는 집약농업에 강점이 있다는 점에서 재배 작물로 채소, 과일, 꽃 등도 적극 검토되어야 한다. 모스크바에서 슈퍼에 가면 당근, 감자, 마늘 등도 수입된 것이 적지 않고 파, 콩나물, 두부 등의 소비도 꾸준히 늘고 있다. 대도시 주변 지역에서의 채소 생산은 이미 진출한 중국인들이 상당 부분을 담당하고 있다. 러시아 대도시의 채소 및 과일 수요는 상당한 수준이며 얼마 전까지 서방에 많이 의존하였다. 그런데 2014년 우크라이나 사태와 관련하여 서방이 러시아에 대해 경제제재를 가하자 러시아 정부는 서방으로부터의 채소, 과일, 육류 및 유제품의 수입을 금지하였으며 동시에 수입금지 품목의 국내 생산을 독려하기 위해 보조금 지급 및 유통구조 개선 등 적극적인 지원을 제공하고 있다. 이러한 상황적 요인이 아닐지라도 대도시에서 가까운 지역에서의 채소 영농을 적극 검토할 필요가 있다고 본다. 또하나 고려할 점은 러시아가 세계에서 꽃을 가장 많이 수입하는 나라 중 하나라는 점이다. 러시아 남자들이 여성들에게 꽃을 자주 선물하는 문화가 있어 꽃 소비량이 엄청나다.

2016년 어느 때인가 어떤 러시아 회사의 대표가 대사관으로 필자를 찾아왔다.그는 겨울이 상대적으로 긴 러시아의 기후여건상 신선 채소의 안정적 공급을 위해서는 온실영농의 확대가 절실하여 전세계를 둘러보았는데 마침내 한국에서 우수한 온실 기자재와 농법을 찾았다고 하면서 한국 회사와의 협력을 지원해 달라고 하였다. 이와는 별도로 같은 해 상반기에 한국의 선진화된 온실 영농이 우랄산맥의 서쪽에 위치한 튜멘 주에 진출하였다. 최근에는 어느 한국 회사가 추운 기후에서도 경작이 가능한 양파 종자를 보급하고 있는데 반응이 좋다고 한다. 러시아의 드넓은 땅과 비옥한 토질을 생각하면 러시아가 상당한 양의 채소, 과일, 육류 등을 수입하고 있다는 것은 이해하기 어렵다. 농업분야에 대한 투자가 아직도 빈약하며 역설적으로 돈 벌 구석이 많다는 의미도 될 것이다. 한마디로 말해 러시아에 대한 농업 진출에 있어서 특정지역, 특정 작물, 특정 영농방식에 국한하여 접근하기보다는 다양한 접근이 요구되며 수익이 예상되는 분야를 지속적으로 발굴하는 것이 필요하다.

셋째, 해외 진출 검토단계에서부터 그 이후 경영까지 자문해주는 농업전문컨설팅 서비스를 발족시켜야 한다. 그간 러시아에서 철수한 일부 기업들의 사례를 보면 정보 및 준비 부족이 주요인이었다. 그런데 대기업이 아닌 중소기업이 자연환경, 종자, 비료 등 재배기술, 농자재·농기계 수급, 현지 인력 고용, 유통·판매 전략, 법령·제도 등에 관한 현지 정보, 국내 융자 활용 등을 충분히 파악하여 철저하게 준비한다는 것은 현실적으로 쉽지 않다. 특히 까다로운 금융기관 투융자 절차의 높은 문턱을 넘기 위해 필요한 자료들을 작성하는 데는 상당한 시간과 노력이 필요하다. 이러한 애로를 해소해주기 위해서는 농업전문컨설팅이 필요한데 당장 순수한 상업적 베이스로는 채산성이 맞지 않아 어려움이 예상되므로 우선 공공부문의 제도적 지원이 검토되어야 한다고 본다. 즉 초기 단계에서는 농림부 산하 연구기관 및 공사 차원에서 컨설팅 태스크포스를 구성하고 민간전문가들을 참여시켜 서비스를 시작하되 비용의 일부를 정부가 지원하고 추후 적절한 시점에 정식으로 해외농업전문컨설팅회사로 분리, 독립시키는 방안을 검토해 볼 수 있을 것이다. 컨설팅을 위해서는 이미 진출한 한국 기업들의 경험과 노하우가 수집되어야 하는데 그간의 경험에 비추어 볼 때 한국 기업들의 생리상 그리 협조적이지 않을 가능성이 우려된다.

한편, 연해주 진출 농기업들은 최근 파종면적뿐만 아니라 우리나라로의 곡물 수출도 지속적으로 늘고 있다고 한다. 앞으로 우리 농기업들이 경작면적을 더욱 확대하고 국내반입을 늘리기 위해서는 산지 사일로(silo) 건설이 시급한데 진출 농기업의 본사들이 이에 필요한 자금을 마련할 수 있도록 일부 융자, 일부 보조금 형식으로 지원하는 것을 검토해야 한다. 또한 물류비의 절감을 위하여 연해주 지역 항구에 곡물엘리베이터를 건설하는 방안이 오래전에 제기되었는데 정부 차원에서 어떤 형태로든 추진할 때가 되었다고 본다.

그리고 연해주에 진출한 우리 기업들 대부분이 검토해 본 적이 있는 사안으로 북한 근로자 고용 문제가 있다. 최근 현지 어느 기업은 북한 당국으로부터 구체적인 제안을 받기도 하였다고 한다. 러시아 당국도 원칙적으로 그 지역에 노동력이 부족하고 미시적인 차원이지만 남북한과 러시아 간 삼각협력의 한 형태라는 측면에서 반대할 이유가 없고 한국정부는 그간 소극적 자세로 일관하여 왔지만 금년 5월 문재인 정부가 출범하면서 정책의 전환이 예상되었다. 그러나, 얼마 전 북한이 대륙간탄도탄급 미사일을 두 번째 발사하였고 이에 따라 8월 5일 유엔 안전보장이사회는 북한에 대해 고강도 제재를 결의하여 당분간 북한 근로자의 고용은 고려할 수 없게 되었다.

한편, 연해주에 대한 영농 진출과 관련 특기할 만한 상황에 대해 언급하고자 한다. 러시아 정부는 2017년 1월 1일부터 러시아 국민이 신청만 하면 극동 러시아 지역에 1 ha의 땅을 무상으로 제공하고 있다. 고려인협회에서는 우리 동포들이 단체로 토지 신청을 하여 농장을 조성하고 소련시절 우즈베키스탄에서의 성공신화(농장 지도자인 김병화는 탁월한 농장 경영으로 매우 드물게 2번이나 노동영웅 칭호를 받은 바 있음)를 재현하겠다는 의지를 표명하고 이와 관련하여 한국 측의 투자를 유치하고 한국정부의 지원을 요청한다는 구상을 갖고 있다. 이는 우리 기업들이 투자 진출을 모색할 때 의미 있는 참고사항이 될 것이다. 고려인들과 우리 기업들의 합작은 진출 초기 비용을 줄일 수 있고 농지 임차의 안정성이라는 측면에서 적지 않은 장점이 있을 것으로 예상된다.

　러시아 연방정부는 극동지역 개발 프로그램의 일환으로 농업을 장려하고 상당한 투자를 하고 있다. 이 지역에는 아직 서방의 곡물메이저들이 진출해 있지 않고 다만 중국 기업들의 진출이 활발하다. 그런데 러시아 정부는 농업에서도 다른 분야에서와 마찬가지로 중국인들의 과도한 진출에 대해서 내심 경계하고 있다. 아무르 강 주변 지방정부들이 국경지대에 노는 땅을 중국 기업에 빌려주는 데 대해 러시아 정치권에서 강력히 반발하여 정부에 대해 특히 국경지대 농지를 중국 기업에 빌려주지 말도록 공개적으로 촉구한 적도 있다. 러시아가 극동지역 특히 연해주와 아무르 강 유역에 대한 중국의 진출에 부담을 느끼는 이유는 그 지역이 러시아가 19세기에 청나라로부터 사실상 빼앗은 땅이기 때문이다. 그 지역에 대한 러시아의 역사적 연고는 150여 년 남짓밖에 되지 않는다. 중국은 이 지역에 대한 회복의지를 공식적으로 드러내지는 않지만 애써 숨기지도 않고 있다. 러시아는 중국의 '평화적 잠식'을 우려하면서 심정적으로 편한 상대인 한국의 적극적인 진출을 기대하고 있으나 우리 기업의 진출은 기대에 미치지 못하고 있다. 반면에 중국기업들은 활발히 진출하여 부패한 러시아 지방관리들을 매수하면서 비즈니스를 확대하고 있다고 한다. 우리 정치인들이나 민간단체들이 우리 기업들의 진출과 관련하여 실질적으로 하는 일은 없으면서 가끔 '고려인 자치주 건설'을 청원하겠다는 등 지나치게 앞서 가는 발언을 하여 러시아 당국의 항의를 받은 일이 있다. 또한 어느 러시아 인터넷 매체가 '한국이 우리의 연해주를 넘보고 있다.(Сеул мечтает о нашем Приморье)'라는 제목의 기사를 싣기도 하였다. 연해주에 대한 한국의 투자 진출이 활발해져서 현지 기반이 확고해진 다음에야 거론할 수 있는 것을 섣불리 제기하여 공연히 러시아 정부의 경계심만 유발시키는 것은 우리 기업들의 진출에 걸림돌이 될 뿐이다.

(2017년 여름호 《해외농업저널》)

연해주 농업 진출 확대를 위한
정부의 과제

2017년 9월초 블라디보스토크에서 열렸던 제3차 동방경제포럼에서 문재인 대통령은 기조연설을 통해 '신북방정책'을 천명하면서 러시아와 한국 사이에 9개의 다리를 놓아 동시 다발적인 협력을 이뤄 나가자고 제안한 바 있다. 9개 다리(nine bridges)란 가스, 철도, 항만, 전력, 북극항로, 조선, 일자리, 농업, 수산을 뜻한다. 동시에 그는 러시아가 추진하는 극동개발을 위한 최적 파트너가 한국이라고 하였다. 물론 문 대통령이 새롭게 포장하여 발표한 내용의 대부분은 그간 양국이 협의해온 것이지만 이번에 한국과 러시아 양국 정상차원에서 농업 분야가 주요 협력 분야의 하나로 제시되었다는데 의미가 있다.

1990년대부터 우리 기업 및 단체가 주로 연해주 지역에 농업 투자를 하였으나 2016년 현재 상생복지회(아그로 상생), 남양 유니베라, 바리의 꿈, 서울사료, 아로, 현대중공업, 포항축협, 코리아통상, 치코자루엔 엠파트너스, 퓨쳐인베스트리더, 해피콩, 김화복 등 12개 업체만이 사업을 계속하고 있고, 고합, 대경 등 10개 업체가 철수한 상태이다. 철수한 기업들의 사업 중단 이유와 관련하여 현지 사정과 문제점을 살펴보면 아래와 같다.

첫째, 자연환경 여건에 의한 영농 성과의 불확실성이 상존하는 점이다. 연해주는 서리가 내리지 않는 기간이 짧으므로 적기에 파종하고 적기에 수확하지 않으면 안 된다. 봄이 늦게 오거나, 또는 파종기와 수확기의 잦은 비, 이른 서리 때문에 일년 농사를 망칠 수도 있다. 경작하지 않는 넓은 땅이 있으나 토양은 생각보다 비옥하지 못해 비료를 쓰지 않고서는 큰 수확을 기대하기 어렵다.

둘째, 현지법령, 제도, 관행 등에 대한 충분한 조사와 이해 부족으로 인한 시행착오와 불필요한 비용이 발생한다는 점이다. 대부분의 한국 업체들은 회사 설립을 포함하여 영농을 개시하기 전 단계는 물론 그 이후 단계에 필요한 절차를 밟는 데 있어 전문가의 도움을 받기 보다는 적당히 현지 공무원들과의 친분으로 해결하려는 경향이 있는데 이는 나중에 낭패로 이어질 수도 있다. 러시아의 경우 지방도시에는 아직 시장경제원리의 몰이해, 지나친 문서 요구, 늦은 행정처리 등의 장애가 있다.

셋째, 대규모 조방농업에 대한 기술적 이해 부족이다. 한국식 집약농업에만 익숙하다 보니 그런 시각으로 현지 농업을 바라보게 되어 시행착오를 거쳐서야 조방농업에 대해 적응하고 있다.

넷째, 농산물이 나오면서부터 정선, 건조, 보관, 운송, 판매과정을 거치면서 손실되는 농산물과 판매할 농산물이 나오기까지의 예측하기 어려운 비용이 상당히 많이 소요된다. 한국 업체들이 모든 인프라를 갖추고 있는 것이 아니기 때문에 많은 농산물을 수확하였다 하더라도 농산물 처리가 곤란할 수 있다. 특히 연해주 자체 시장은 매우 작은 시장이어서 러시아 내 다른 지역이나 중앙아시아에 판매하거나 제3국으로 수출하여야 하는데 내륙 수송비가 과다하고 곡물의 대량 수출을 위한 항구 및 곡물엘리베이터 시설 등이 미비하여 물류 측면에서 효율성이 매우 낮다. 또한 국내로의 반입도 높은 관세율 때문에 어려움이 있다.

다섯째, 노동력의 수급이 원활하지 않고 노동생산성이 낮다. 현지의 인건비는 낮은 편이나 노동의 질과 생산성도 매우 낮으며 양질의 대형 농기계 기사들을 확보하기도 쉽지 않다.

그간 한국 기업과 단체들의 연해주 농업 부문에의 진출은 애초부터 순수한 상업적 목적뿐만 아니라 해외식량기지 확보 내지 통일한국의 식량문제 해결이라는 차원에서 이루어졌다. 이는 연해주가 지리적으로 북한과 접하고 있고 그 지역이 과거 한민족의 활동무대였다는 역사적 인연에 따른 것으로 자연스런 것이라고 할 수 있다. 실제로 그간 현지에 진출한 일부 기업들은 곡물 등 생산물을 북한에 현물로 지원한 사례도 있었다. 그런데, 지난 20여 년간 우리 정부가 우리 기업들의 현지 사업에 대해서 심정적 차원에서의 지지 외에 구체적인 지원을 한 것이 거의 없었다고 하여도 지나친 말이 아닐 것이다. 단지 수년 전에 연해주 우수리스크에 영농지원센터를 세웠을 뿐이다. 우리 기업들이 순수하게 상업적 목적으로 진출한 것이 아니더라도 이 지역에 대한 우리 기업들의 진출이 바람직하다면 정부가 손을 놓고 있어서는 안 될 것이다. 더욱이 이 지역에 대한 중국 기업들의 진출이 확대되는 것에 대해 우리 정부가 전략적 관점에서 신경을 써야 한다면 더욱 그러할 것이다.

물론 그렇다고 해서 현지 진출 우리 기업들의 애로 내지 문제점들을 정부가 나서서 모두 해결해 줄 수는 없을 것이고 그렇게 하는 것이 바람직하지도 않다. 따라서 정부 차원에서 해야 하거나 할 수 있는 일 위주로 무엇을 할 것인가를 살펴보자.

우선, 현지 영농지원센터를 활성화하여 영농기술 측면에서의 지원뿐만 아니라 초보적인 단계일지라도 경영 컨설팅 기능까지 추가할 필요가 있다. 이를 위한 전문가 파견을 위해 재원을 마련하고 이들이 일정기간 안정적으로 서비스를 제공할 수 있도록 러시아 당국과 이들의 체류 자격에 대해 협의하여야 한다.

둘째, 농산물의 저장, 유통, 물류와 관련된 인프라의 구축은 현지 진출 기업들의 숙원이다. 농업용 도로, 저장시설, 곡물엘리베이터, 곡물수출 전용 터미널 등이 그 예이다. 현재 러시아 정부가 2013~2020 농업개발 프로그램에 따라 농업 인프라를 개선하겠다는 강력한 의지를 보이고 있는 것은 사실이나 재정 부족으로 계획대로 시행되고 있다고 보기 어렵다. 러시아 당국이 계획하고 있는 총 투자액 1,600억 루블 가운데 민간 투자 조달 비중이 72%인 것을 보면 알 수 있다. 투자하려는 기업의 입장에서만 보면 단기적으로는 수익성이 그리 높지 않고 자본회수기간이 길기 때문에 소극적인 것이 당연하다. 그러면 과연 우리 정부가 할 수 있는 일이 없을까?

이와 관련하여 우리 정부가 연해주 지역 진출이 전략적 의미를 갖고 있다고 인정한다면 발상의 전환이 필요하다고 생각한다. 물론 러시아를 어떤 의미에서든 개발도상국의 범주로 분류하는 것은 무리가 있으나 러시아 영토의 광대함을 고려할 때 지역에 따라서는 특히 인프라가 제대로 갖추어져 있지 않다는 측면에서 예외적으로 개발도상국으로 간주할 수 있을 것이다. 위에서 언급한 기반시설의 확충을 우리 정부 차원에서 지원키로 할 경우 개발도상국을 지원하기 위해 운용하고 있는 장기 저리 차관인 '대외경제협력기금(EDCF: Economic Development Cooperation Fund)'을 활용한다면 별도의 재원을 마련해야 하는 어려움은 없을 것이다. 실제로 이 기금은 부진한 운용 실적 때문에 거의 매년 국회에서 지적을 받고 있을 정도로 여유가 있다는 점을 고려한다면 검토해 보지 못할 이유가 없다고 본다. 이 기금의 지원대상에 러시아의 특정지역을 포함시키는 것은 기획재정부가 검토하여 대외경제위원회(위원장: 기획재정부 장관)에 상정하고 이 위원회에서 전략적인 고려를 하여 결정하면 가능하다. 기획재정부가 이런 아이디어에 소극적일 수 있는데, 그렇다면 그간 기획재정부는 '왜 원래 개발도상국만을 대상으로 하는 KSP(Knowledge Sharing Progrm, 한국인 전문가가 수행하는 일종의 개발컨설팅)사업을 러시아 극동지방에 대해서도 시행하였는가?' 라고 반문하고 싶다. 그리고 그냥 돈만 주는 것이 아니라 연계차관(tied-loan, 실제 공사는 우리 업체가 수주하도록 하는 조건의 차관)형식을 취할 수 있기 때문에 일방적인 퍼주기도 아니다.

또한 민간기업 중에 관심을 보이는 곳이 있다면 통일한국의 식량문제 해결이라는 관점에서 남북협력기금을 활용하여 지원할 수도 있을 것이다. 2017년 10월 현재 남북협력기금의 규모는 13조 7천억 원에 달하지만 집행액은 미미한 실정인데, 한마디로 말해서 '엄청난 돈이 놀고 있다.'라고 말할 수 있다. 북한의 핵 도발 때문에 남북교류가 사실상 전면 중단되어 있는 상황을 고려한다면 당분간 대규모 지출은 없다고 보아야 한다. 만일 이러한 접근 방식이 실현된다면 한국정부의 러시아에 대한 강력한 협력의지를 보여주는 것이 될 것이다.

셋째, 현지 진출 영농기업이 수요처 발굴을 포함하여 유통과정까지 직접 담당하는 것은 바람직하지 않다. 러시아에는 한국의 대기업 종합상사들이 진출해 있는데 이들이 현지 진출 영농기업들의 농산물 판매에 관여하도록 특히 수출의 경우 유기적인 협력 체제를 갖추도록 유도할 수 있을 것이다. 실제로 상당수의 우리 종합상사들은 한국과 러시아 간 교역 외에 러시아의 생산물을 제3국에 수출하는 비즈니스도 하고 있다. 좀 더 욕심을 낸다면 영농기업들이 겪는 농자재 수급상 어려움을 덜어주기 위해 공동구매를 하도록 유도하고 우리 종합상사들이 구입을 대행해 준다면 영농기업들에게 상당한 도움이 될 것인데 우리 정부의 지도가 필요한 대목이다.

넷째, 적기 파종과 적기 수확이 매우 중요한데 적절하고 충분한 노동력 확보에 어려움이 있다면 이에 대한 대책이 필요하다. 이와 관련하여 실제 고용 계약은 업체별로 하더라도 국내 공공기관이 단기 파견 형식으로 농업노동자를 선발하는 역할을 수행할 수 있다고 본다. 이미 한국과 러시아 간에는 상대국 내에서의 한시적 고용에 대해서 상호주의에 입각하여 여러 가지 특별대우를 규정하는 협약이 체결되어 있으므로 국내에서 지원자들을 확보할 수 있다면 절차적인 문제는 장애가 되지 않을 것이다. 물론 파견 예정자들에게 관련 공공기관에서 적절한 교육을 받게 하여야 할 것이다. 파견 한국인 노동자들의 임금 수준 책정과 관련하여 현지 영농기업들이 부담을 느낄 수 있으나 노동생산성이 담보된다면 심각한 문제는 없을 것이다. 2016년 현재 현지 진출 영농기업들이 확보하고 있는 경지 면적이 총 77,000ha이나 실제 경작면적은 약 24,000 ha 정도인 데는 다양한 이유가 있겠으나 충분한 노동력의 조달에 문제가 있다고 볼 수 있다.

한편 러시아에서는 노동 인구 감소세와 병행해서 중국인들의 유입이 늘어나는 데 따른 우려가 점점 커지고 있는데, 최근《연합뉴스》보도에 따르면 지난 달 러시아 과학아카데미 산하 국민경제전망 연구소의 이주연구센터 잔나 자이온치콥스키 소장은 앞으로 중국 이주민이 러시아 인구에서 두 번째로 많은 비중을 차지하게 될 것으로 전망하면서 현재와 같은 중앙아시아 이주자의 감소 추세를 고려할 때 러시아의 지속적 경제 발전에 필요한 노동력을 채울 이주민은 중국인밖에는 없다고 하였다. 즉, 중국이 러시아를 '평화적으로 잠식할 것'이라는 뜻인데, 이런 상황에 러시아 당국이 한시적인 한국인 농업노동자들의 입국을 거부할 이유가 없다고 본다.

그리고 연해주 내 대부분의 우리 기업들이 노동력 확보 방안으로 검토해 본 적이 있는 북한 근로자의 고용 문제가 있다. 실제로 일부 기업의 경우에는 북측과 접촉하여 고용 방식과 규모, 그리고 보수 지급 방식에 대해서까지 협의한 적이 있는 것으로 알려져 있다. 러시아 당국도 그 지역에 노동력이 부족하고 남북한과 러시아 간 삼각협력의 한 형태라는 측면에서 반대할 이유가 없다. 현재와 같이 북한의 핵 도발로 인해 남북관계가 매우 경색되어 있는 상황이 아니라면 농업 분야야말로 남북한과 러시아가 모두 마음만 먹으면 쉽게 실현할 수 있고 동시에 3자가 모두 윈윈 할 수 있는 협력분야이다.

다음은 우리 정부가 연해주 농업 협력을 확대하기 위해 러시아 정부에 요청하여야 할 것들에 대해 언급하고자 한다.

우선, 몇 년 전에 연해주 지방정부가 아무런 근거도 없이 우리 영농기업인 '아그로 상생'이 합법적으로 보유하고 있는 수로를 무상으로 양도하라고 압박했던 황당한 일이 있었는데, 러시아 중앙정부에 대해 앞으로는 연해주 정부가 그와 같은 자의적인 조치를 하지 않도록 단속해 줄 것을 강력히 요청하고 확약을 받아내야 할 것이다.

둘째, 영농지원센터 근무자의 체류자격과 관련하여 최근까지 러시아 외교부는 우리 정부기관의 파견 직원이 현지 우리 공관 내에서 근무하지 않는 경우 국제협약상 공관 직원 중 행정직원(administrative staff) 지위를 부여하는 것에 대해 부정적이었으나 문재인 정부의 등장으로 양국 간에 다른 분위기가 조성되고 있으므로 적극 추진할 필요가 있다. 또한 현지 영농기업의 대표를 포함한 한국인 직원들에 대한 비자 발급과 관련하여 사소한 이유로 러시아 이민당국이 억지를 부리는 사례가 가끔 있는데 이에 대해 엄중한 문제 제기가 있어야 할 것이다.

셋째, 러시아 당국이 각종 행정절차와 관련하여 과도한 서류 요구를 자제하도록 할 것, 특히 농산물을 수출할 때 통관과 관련하여 규제를 철폐하도록 요구하여야 한다.

넷째, 연해주 정부의 농업발전을 위한 발전 프로그램에 포함되어 있는 농기계 조립공장 및 기술서비스 센터 설립, 영농 대출 접근성 향상 및 농업보험 확대를 조속히 시행하도록 촉구하여야 한다. 또한 외국에 비해 높은 내륙운송비를 낮춤으로써 연해주에서 생산되는 농산물의 경쟁력이 제고되도록 도로망의 확충을 요청하여야 한다.

다섯째, 금년 9월 블라디보스토크 정상회담에서 한국과 러시아 양국 정상이 공동작업반 구성에 합의함으로써 최근까지 교착상태에 빠져 있던 러시아가 주도하는 유라시아경제연합(EAEU: Eurasian Economic Union)과의 자유무역협정 체결 협상이 본격화될 예정이다. 이와 관련 우리 정부는 협상과정에서 우리 영농기업들의 애로 중 러시아 당국과 관련된 중장기 과제들에 대해 협상 타결 이전이라도 해결하도록 강력히 요구하여야 할 것이다.

러시아 연해주에 대한 농업 협력 강화는 단순히 경제적 이익만을 추구하는 것이 아니라 통일 전후와 그 이후를 대비한다는 전략적 목표를 갖고 있다면 우리 정부는 현지 진출 기업들의 상황을 외면해서는 안 되고 적극적으로 지원하여야 할 것이다. 연해주는 북한과 육로로 연결되어 있으며 자연환경과 지형, 식생 등이 북한 지역과 거의 같기 때문에 이 지역에서의 영농 경험은 향후 대북협력 사업에 도움이 될 것이다.

역대 정부가 진보정권이든 보수정권이든 집권 초기에는 반짝 러시아와의 협력을 마치 구색을 갖추려는 듯 강조하였으나 제대로 시도해 본 적이 없다. 우크라이나 내전 이래 서방의 경제제재로 어려움을 겪고 있는 러시아가 중국의 '평화적 잠식'앞에 제대로 대처하지 못하고 있는 가운데, 특히 연해주 지방의 중국화는 가속화되고 있다. 연해주가 완전히 중국 경제의 영향권에 들어가게 되면 어떻게 될 것인가?

단지 '강 건너 불'에 불과할까? 아마도 통일의 여망은 더욱 멀어지게 될 것이다. 우리의 유라시아로의 진출은 공염불에 그치고 말 것이며 남북한 모두 중화인민공화국의 서슬 아래 숨죽이며 지내야 할지도 모른다. 우리의 생존과 번영을 위해 결코 연해주를 중국에게 양보해서는 안 된다. 남북한과 고려인이 힘을 합쳐 최소한 그 지역이 러시아의 영역으로 유지되도록 하는 것이 우리의 전략적 목표가 되어야 한다. 일부 정치인들이나 민간사회단체들이 연해주에 와서 '고려인 자치주 건설'이라는 허황된 구호를 외치기보다는 현재 그곳에 나가 분투하고 있는 우리 영농기업들을 지원하고 응원하여야 할 것이다.

(2017년 겨울호 《해외농업저널》)

역사전쟁과 러시아의 한국학

　현재 한국, 일본, 중국 세 나라 사이에는 역사전쟁이 진행 중이다. 특히 상고사와 고대사에 관하여 세 나라의 입장은 첨예하게 대립하고 있다. 역사전쟁의 결과는 단순히 과거에 대한 해석을 넘어 현재 및 미래의 분쟁에 영향을 미칠 것이므로 우리는 이 문제에 대해 심각하게 접근해야 한다. 2017년 7월 미중 정상회담에서 시진핑 주석이 트럼프 대통령에게 '한국은 중국의 일부였다.'라고 했다고 한다. 역사적으로 사실 여부를 떠나 그가 단순히 옛날이야기로 그렇게 말한 것은 아닐 것이다.

　중국의 대국주의 사관과 일본의 식민사관은 한국사의 축소와 왜곡이라는 면에서 닮은꼴이며 구체적으로 고조선의 존재 부정, 고구려 역사의 축소 내지 왜곡 등에서 그러하다. 우선 일본에서는 한국의 역사는 중국의 식민지로 시작되었으며 고대 한반도 남부에 임나일

본부가 있었다고 여전히 주장하는 학자들이 상당수이다. 중국에서는 2002년부터 동북공정을 진행하여 일본의 식민사관과 마찬가지로 한반도 북부에 한사군이 위치했다고 주장하고 고구려와 발해의 역사를 중국사에 포함시켰다. 그동안 국내 비주류 학자들이 각고의 노력으로 상고사의 상당 부분을 바로 잡고 복원하였으나 주류 강단사학계에서는 그러한 연구 성과를 수용하여 중국과 일본의 역사 왜곡에 대처하기 보다는 그들을 '사이비역사학'이라고 매도하고 있다. 또한 중국의 동북공정에 대응하기 위해 2005년 설립된 동북아역사재단은 사실상 설립 취지와는 반대되는 활동을 하고 있는 것으로 보인다.

현재 한국의 국사 교과서들은 고조선에 대해 『삼국유사』의 단군신화를 소개하고 나서는 건너 뛰어 위만이 왕이 되었고 얼마 뒤에 한(漢)나라의 공격을 받아 망했다고 간략하게 기술함으로써 고조선의 역사를 사실상 부정하고 있다. 그런데 러시아 학자들은 한국의 상고사 내지 고대사에 대해 제3자적 입장에서 객관적으로 접근해 왔다. 이미 19세기에 니키타 비추린(1777~1853)은 고조선의 존재를 인정하고 고조선이 한국사의 시초라고 하였다. 유리 부틴(1931-2002)은 '고조선은 1천 년간 중국의 지배를 받지 않고 고유의 문화를 발전시켜 왔으며 한사군은 현재 한국 국경 밖에 있었다. 소위 기자동래설(箕子東來說)은 단순한 허구가 아니라 한(漢)나라 때 사가들에 의해 의도적으로 조작되었는데 조선의 영토에 대한 중국인들의 권리 주장을 정당화하기 위한 것이었다.'고 하였다. 주류 강단사학계에서는 유리 부틴의 학문적 수준에 대해서 시비를 걸기도 하는데 그는 1986년에 고조선과 한국 고대사에 관한 연구결과를 모아서 동양학연구소 레닌그라드(상트 페테르부르크)지부에서 국가박사학위를 받았다. 그 이전에 그의 연구결과가 『고조선(1982)』과 『고조선에서 삼국까지 한국(1984)』으로 발간되었고 그 중에서 『고조선』은 한국어 번역판이 1986년 국사편찬위원회에 의해, 그리고 1990년에는 소나무 출판사에 의해 간행된 바 있다.

러시아 학자들은 상고사뿐만 아니라 고구려, 발해 및 조선의 역사에 대해서도 열린 자세를 취하고 있다. 만주에서 중국학자들이 한국 학자들과 함께 고구려나 발해 유적을 발굴한 예는 거의 찾아 볼 수 없는 반면에, 러시아 학자들은 1990년대 이래 지속적으로 한국 학자들과 공동으로 연해주 지역에 있는 발해 유적을 발굴하여 왔다. 2007~2012년간 5차례에 걸친 크라스키노(발해 염주성) 유적 발굴이 대표적인 예이다. 2017년에는 극동지역 역사고고학연구소 학자들이 인하대 고조선연구소가 주관한 학술회의에서 연해주 지역의 고려 및 조선시대 유적에 관한 논문을 발표하였다. 이러한 연구 결과는 고려와 조선의 북쪽 국경 문제와 관련하여 새로운 주장을 뒷받침할 수 있다는 점에서 적지 않은 의미를 갖는다.

우리가 중국과 일본의 역사 왜곡에 대처하는데 있어서 러시아 학자들이 우군이 될 수 있다. 그런데, 러시아의 한국학, 일본학 및 중국학에 대한 관련국들의 지원 규모를 비교하면 한국은 일본과 중국에 상대가 되지 않을 만큼 소규모이다. 더욱이 해외 한국사 연구를 지원하는 동북아역사재단과 한국학중앙연구원은 러시아 학자들에게 강단사학계의 기본틀을 강조하고 있다. 러시아 학자들에 대한 지원을 강화하되 그들이 선입견 없이 객관적인 연구를 할 수 있도록 해야 할 것이다.

(2019-08-19 《내일신문》)

'한국이 연해주를 넘보고 있다'

현재 국내에서는 러시아에 대한 관심 부족을 우려하는 목소리가 많다. 그런데 러시아 연해주에서 현지인들이 접하는 한국인들의 행태는 그런 우려와는 거리가 멀다. 러시아에 대한 한국인의 관심과 태도가 양극단을 보여주고 있다. 한러 협력에 있어 핵심의 하나인 극동 러시아 개발 협력과 관련하여 관심을 가져야 할 기업들은 소극적인 데 반해 각종 사회단체, 종교계 등 비경제분야 인사들은 이 지역에 대해 과도한 관심을 넘어 위험한 발상까지 하고 있는 것 같다.

연해주의 러시아 사람들은 구체적으로 한국인들의 행태를 어떻게 바라보고 있을까? 2004년 9월 어느 러시아 인터넷 신문에 'И Сеул мечтает о нашем Приморье' 제목의 기사가 실렸다. 제목을 직역하면 '서울이 우리의 연해주에 대해 꿈꾸고 있다.'인데 의역하면 '한국이 연해주를 넘보고 있다.'이다. 한마디로 한국인들이 갖고 있는 언젠가는 연해주를 차지하겠다는 태도에 대한 우려를 담고 있는 기사이다. 이 기사의 내용을 좀 더 살펴보면 다음과 같다. '한국은 아직은 공개적으로는 권리를 주장하고 있지 않으나 사실상 점차 러시아의 연해주를 짓밟으려고 계획하고 있다.' '한국의 독립기념관에는 녹둔도에 대한 영유권을 주장하는 전시물이 있으며, 한국 언론은 평양의 매국노들이 예로부터 한국 땅을 러시아에 넘겨주었다고 맹렬히 비난하였다.' '한국은 고구려와 발해의 역사를 근거로 연해주에 대한 권리를 주장한다.' '한국 정치인들이 방송에 출연해서 구체적인 계획을 밝혔는데 1단계로 중앙아시아 고려인들을 연해주에 정착시키고 2단계에는 고려인의 문화적 자치를 추진하고 3단계로 고려인 자치주를 추진한다는 것이며 나아가 궁극적으로 이 지역을 한국에 편입시킨다는 것이다.' '한국인들이 조선, 광업, 임업, 농업 등 연해주의 산업 중요부분들을 장악해 나가고 있다.' '한국의 지원을 받아 많은 민간단체가 활동하고 있으며, 일부 목사들은 고려인들에게 러시아인에 대한 민족적 우월성을 심어주려 하며 심지어 연해주를 두고 한국과 러시아가 전쟁이 벌인다면 어느 편을 들겠냐고 묻고 있다.' '한국은 한국 중심으로 전 코리아를 통일하고자 하며 연해주에서 러시아를 밀어내는 것이 한국지도층에게 현실적인 과제가 되어 가고 있는 것 같은데 러시아 중앙정부는 이러한 한국의 전략적 의도에 대해 놀랍게도 무관심하다.' '한국 신문에 게재된 소위 간도 지도에 러시아 땅인 연해주도 포함되어 있다.' 등이다.

이 기사를 보면 특히 연해주의 러시아인들이 일부 한국인들의 연해주에서의 언행을 예의주시하고 있음을 알 수 있다. 연해주를 찾는 정치인들, 민간사회단체 회원들, 종교인들의 일부이겠으나 현지에서 러시아인들의 자존심을 상하게 하는 언행을 하는 것은 우려하지 않을 수 없다. 어느 국회의원은 연해주 주지사를 면담하는 자리에서 뜬금없이 고려인 자치주 설치를 이야기하여 러시아 외교부가 주 러시아 대사관을 통해 항의해 온 적이 있다. 그 정치인의 무지와 무책임함에 놀라지 않을 수 없었다. 아마도 중국 같았으면 그러한 인사는 바로 입국금지 블랙리스트에 올랐을 것이다. 이 기사는 2004년 9월 이야기이니 아마도 지금은 러시아인들의 우려가 더 깊어졌을지도 모른다. 2014년 1월 비자면제협정이 발효된 이후 극동 러시아 특히 블라디보스토크 방문자 수가 급격히 늘고 있는데 일단 바람직한 현상이라고 볼 수 있으나 들리는 바에 따르면 러시아인들은 시내에 한국인들이 넘치는 걸 별로 반기지 않는다고 한다.

과거 우리 조상들의 역사가 자부심의 근거가 되는 것은 바람직하나 그것이 이웃나라와의 갈등과 대립의 요인이 된다면 상극의 악순환 고리는 끊임없이 이어질 것이다. 한편으론 백여 년 전 우리나라가 매우 약해서 외세에 시달리며 민족 구성원들이 설움을 많이 받았는데 이제는 주변 나라에 대해 어떻게 보면 황당하다고 할 수 있는 발상과 접근을 하는 것을 보면 격세지감이 드는 것도 사실이다. 과거 우리나라가 주변국들에게 시달렸다고 해서 항상 피해자 코스프레를 하는 것은 바람직하지 않다. 동시에 과거사에서 나온 열등감에 따른 보상 심리에서 터무니없는 욕심을 표출하고 그것을 합리화하는 것도 결코 바람직하지 않다. 실속도 없이 상대방에 경계심만 심어주고 그 결과 우리의 행동반경이 제약되는 것이 우려된다.

알다시피 중국이 역사왜곡을 위해 동북공정을 벌인 것도 다민족 국가로서 내부적으로 국가적 단합성을 유지하고 사전에 문제 발생 소지를 제거하려는 목적인데 1992년 한중 수교 이후 만주 지역을 찾은 한국인들이 현지에서 보인 행태가 중국 정부로 하여금 더욱 경계심을 갖게 하지 않았을까 하는 생각이 든다. 중국은 만주에 대한 한민족의 연고를 전혀 인정하지 않고 아예 배제하려고 한다. 중국과는 달리 러시아는 과거 역사에 대해 열린 자세를 취하고 있다. 연해주의 크라스키노 지역을 포함하여 여러 곳에서 양국 학자가 공동으로 발굴 작업을 하기도 하며, 발굴한 유물을 전시하고 공개 세미나도 연다. 물론 그렇다고 해서 한국인들이 연해주에 대한 역사적 연고를 근거로 현재 그 지역에 대한 권리를 주장하는 것은 결코 수용하지 않는다. 그리고 간도 문제는 엄격히 말하면 일차적으로는 중국과의 문제이다. 공연히 러시아까지 자극하여 긁어 부스럼을 만들고 잠재적으로 양국관계를 저해하는 이슈를 만들 필요가 있는가? 러시아인들이 볼 때 일부 한국인들이 연해주 현지에서 보이는 행태는 역사적인 배경 유무에 상관없이 '땅은 비좁은데 인구는 많은 나라'의 음흉한 팽창주의적 욕구의 표현으로 해석될 수 있다. 현재 러시아가 중국의 진출에 대해 겉으로 드러내지는 않지만 갖고 있는 우려와 딜레마를 우리가 어리석게도 한국에 대해서도 갖게 하는 것은 아닌가?

　2007년 이후 블라디미르 수린 박사의 '코코리아 선언'이 국내에 알려졌는데, 그의 주장을 곡해하는 경향이 심하다. 쉽게 말하면 일부 한국인들은 수린 박사가 마치 극동 러시아 땅을 한국에 갖다 바치자는 주장을 하고 있는 것으로 이해하고 그를 잘 활용하면 일이 수월하게 풀리겠구나 하고 생각하고 있는 것 같다. 필자는 10년 이상 그와 교분을 나누고 있는데 수린 박사는 철저한 슬라브 민족주의자로서 예견되는 '팍스 차이니즈'의 위협에 한국과 러시아가 공동으로 대응하자는 것이며 그 방안으로 극동 시베리아라는 거대한 공간에서 한국인과 러시아인이 함께 공생 공간을 만들어 보자는 것이다.

그리고 고려인을 활용하겠다는 발상이 진정으로 민족애의 발로인지 의심스럽다. 고려인의 중앙아시아 강제 이주 80주년인 2017년에 고려인 동포를 지원하기 위한 각종 법률안 및 개정안이 발의되었으나 그 중에 하나라도 제대로 처리된 것이 있는가? 국회의원들에게는 '내가 이런 법률안을 발의하였다.'는 그 기사가 목적이었던 것 같다. 연해주에 가서 고려인들을 부추기는 일부 민간단체들이 이러한 법률안들이 국회에서 제대로 심의되도록 목소리를 높인 적이 있었던가? 고려인들은 러시아 국민으로 살아가야 할 사람들이다. 고려인들이 '역사적 조국'에 기여하도록 하는 길은 그들에게 물고기를 주는 것이 아니라 물고기 잡는 법을 가르쳐 주는 것이다. 젊은 고려인들의 학업을 지속적으로 체계적으로 지원하여 그들이 러시아 주류사회의 일원이 되도록 하는 것이 고려인과 한국 모두에 유익한 방안이다.

그런데 위의 기사에서 '한국은 한국을 중심으로 전 코리아를 통일하고자 하며 연해주에서 러시아를 밀어내는 것이 한국지도층에게 현실적인 과제가 되어 가고 있는 것 같은데 러시아 중앙정부는 이러한 한국의 전략적 의도에 대해 놀랍게도 무관심하다.'는 부분에 대해 필자는 과연 그럴까하는 생각이다. 필자가 볼 때 유감스럽게도 우리의 지도층 내지 엘리트에게는 어느 나라에 대해서건 전략적 사고가 결여

되어 있다.

　세계 지도에서 보면 정말 작은 땅덩어리이지만 한국은 각고의 노력으로 이미 부강한 나라가 되지 않았던가? 이제 아쉬운 것은 나라가 남북으로 분단되어 서로 다투고 있는 불행한 현실을 아직 극복하지 못하였다는 것뿐이다. 우리가 추구하는 바는 무엇인가? 평화와 번영 아니던가? 고토 회복도 좋고 한민족 공동체의 통합도 좋다. 그런데 요즘 세상에서는 반드시 태극기를 휘날려야만 우리 땅은 아니다. 어디가 되었든 그곳에서 그 나라 시민으로 살더라도 열심히 사업을 일구어 삶의 뿌리를 내리고 번영을 누리고 오래도록 살면 그곳이 우리 땅이지 않은가? 상대방을 전혀 의식하지 않으면서 고토 회복을 부르짖는 것은 위험할 뿐만 아니라 상생이라는 시대의 조류에 비추어 볼 때 소탐대실이 될 것이다. 바람직한 것으로 말하자면 한국인들이 어디를 가든 환영받을 수 있어야 하고 어디에서든 한국인들의 활동이 현지인들에게도 유익한 것이어야만 평화와 번영의 대도가 열릴 것이다.

간도 회복 운동과 한러 관계

지난 4월 판문점 선언 이후 한반도 상황이 급변해 평화무드가 조성되었고 최근에는 종전선언까지 거론되고 있다. 이 과정에서 주변 4강의 셈법이 복잡해 보인다. 러시아는 어떤 입장일까? 러시아의 한국전문가들 견해에 따르면 남북 화해와 통일에 대해 이웃나라들 가운데 가장 호의적인 입장이다. 철도 연결과 가스관 건설 등으로 얻을 수 있는 경제적 이익이 분명하고 극동 러시아 지역 개발에도 호재이기 때문일 것이다. 물론 통일한국이 현재와 같이 친미 일변도 외교를 펴지 않는다는 조건이 붙는다.

현재 한러 관계 발전에 있어 장애물은 없으며 러시아는 극동 개발의 가장 편안한 파트너로 한국을 지목하고 있다. 그런데 그간 한중 간 이슈로 알려졌던 간도 회복 운동은 앞으로 한러 관계에도 갈등 요인으로 작용할 소지가 있다. 우리 사회 일부에서 주장하는 간도의 범위에 러시아 연해주도 포함되어 있기 때문이다. 이러한 움직임이 러시아에도 알려지면서 경계의 목소리가 확산되는 조짐이 보이고 있다.

예를 들어, 2004년 9월 러시아 보수 성향 인터넷 신문에 '서울이 연해주를 꿈꾸고 있다.'라는 제목의 분석 기사가 실렸다. 이른바 간도 땅 되찾기 운동과 관련해 한국인들이 어떤 주장을 펴고 있는지, 이런 주장의 타당성 여부 등을 서술하면서 경계해야 한다는 내용이다. 지난 4월 판문점 선언을 전후해서는 3개 인터넷 매체에 유사한 기사가 등장했다. 남북 정상회담에 대해 긍정적으로 평가하면서도 통일한국은 민족주의 성향을 띠게 될 것이고 연해주에 대한 권리를 주장할 것이라는 우려를 표명하고 이에 대비하여야 한다는 것이다.

러시아 언론 연해주 권리주장에 우려

남북관계의 급격한 진전이 일어나자 일부 러시아인들은 자신들 걱정이 현실화될 지도 모른다고 우려하고 있다. 기사는 러시아 내부 상황도 설명하고 있다. 중앙정부는 한국 내 움직임을 심각하게 받아들이지 않고 있고, 역사학자들도 한국인들이 연해주에 대해 영유권을 주장하는 것에 대해서 그 논거가 빈약하기 때문에 그런 일은 없을 것이라고 보고 있다. 그러나 한국문제 전문가들은 역사적 근거가 미약하더라도 통일한국의 예상되는 성향으로 미루어 보아 있을 수 있는 일이라고 생각한다.

간도 회복을 주장하는 사람들은 연해주 관련 부분에 대해 다분히 민족주의적 감정에 호소하려는 경향을 보이고 있다. 일반적으로 간도는 압록강 상류와 두만강 북쪽의 조선인 거주 지역을 일컫는 말로, 간도의 범위에 관하여는 여러 의견이 있다. 1909년 청일 간 간도협약이 무효이고 백두산정계비문을 우리 측 견해대로 해석해서 조선과 청나라 경계가 두만강이 아니라 송화강 지류인 토문강이라고 해도 토문강이 송화강 본류와 만나는 지점부터는 양측의 경계가 어떻게 되는 것인지는 불분명하다. 그럼에도 불구하고 막연히 토문강 동쪽은 연해주까지 모두 조선 땅이라고 주장하는 것은 공감을 얻기 어렵다.

한편 고려인 돕기 사업에 관여하고 있는 민간단체 대표를 맡았던 유명인사가 연해주에 고려인자치주 설립을 주장한 적이 있다. 수년 전에는 현직 국회의원이 연해주 지사를 만나서 고려인 자치주 설립을 거론했다. 러시아에는 이러한 한국 측 움직임을 영유권을 주장하기 위한 전단계로 해석하는 견해도 있다.

한반도 평화와 통일 위한 우군 확보 절실

또한 당사자인 고려인들이 아니라 한국에서 자치주 문제를 거론하는 것이 바람직한지 생각해 볼 일이다. 일부 한국인이 통일 이후에나 거론해 볼 수 있는 사안과 관련하여 공연히 러시아인들의 경계심만 유발시키는 언행을 하는 것이 과연 현명한 것인지 의문이다.

지난 백여 년간 억눌리고 짓밟힌 민족 자존심을 회복하기 위해 왜곡된 역사를 바로 잡는 일은 바람직하지만 역사 바로 세우기와 소위 고토 회복 주장은 전혀 별개이다. 평화, 통일 그리고 번영의 길이 순탄할 것이라고 낙관하기 어렵다. 앞으로 이 여정에서 신경 써야 할 일

은 우군을 확보하는 것이다. 일부 한국인들의 생각과는 달리 러시아
는 남북한 문제에 있어 결코 국외자가 아니며 통일 과정에 긍정적이
든 부정적이든 영향을 미칠 것임을 인식하고 한러 관계를 잘 관리해
나가야 한다.

(2018-10-05《내일신문》)

고려인의 방랑은 끝나지 않았다

고려인은 조선시대 말과 일제 강점기에 러시아로 이주한 조선인의 후손이다. 당시 러시아는 양반 지주와 관리의 착취와 가난에서 벗어나기 위해 또는 항일 투쟁을 하기 위해 연해주로 들어오는 조선인들을 받아들였고, 그들은 그곳에서 새로운 삶을 일궈 나갈 수 있었다. 올해로 러시아 이주 154주년인데 그들의 이주 과정은 어떠했으며 오늘날까지 그들에게 어떤 일들이 있었을까?

19세기 중엽부터 함경도 지방에 살던 조선인들이 굶주림과 두려움에서 벗어나기 위해 두만강을 건너서 새로운 삶을 찾아 떠났다. 연해주가 아직 청나라 땅이었던 시절 그들은 이주 과정에서도 조선과 청나라 관리들의 핍박에 시달려야 했다. 월경자들의 약점을 아는 청나라 병사들이 이를 이용하여 옷, 돈, 가축, 부녀자를 강탈하는 경우도 있었으며, 조선 병사들은 월경자 사냥에 나서 남자들은 대부분 죽이고 여자들만 살려 주었다고 한다. 그래서 두만강의 조선 쪽 강변에는 시신이 널려 있었다고 한다.

1860년 11월 베이징 조약 체결로 연해주가 러시아 땅이 되었는데, 당시 연해주에는 아직 러시아인의 본격적인 이주가 이루어지기 전이라 인력난 때문에 러시아 관리들은 조선인들을 관대히 받아들이는 입장이었지만, 수천 명씩 집단으로 이주해오는 조선인들을 감당할 수는 없었다. 그래서 러시아 관리들은 조선의 지방 관리들에게 월경해온 조선인들이 돌아갔을 때 처벌하지 않을 것이라는 확약을 요청하기까지 하였다고 한다. 이러한 약속을 근거로 조선인들에게 본국으로 돌아가도록 하였으나 조선인들은 돌아가서 조선 병사들에게 맞아 죽느니 차라리 여기서 죽겠다고 버티었다고 하니, 이는 당시 조선에서 백성들은 보살핌의 대상이 아니라 단지 착취와 통제의 대상일 뿐이었다는 것을 보여준다.

결국 러시아 당국은 조선인들을 대부분 잔류시키고 그들에게 러시아 국적까지 부여하는 정책을 취하였다. 러시아로서는 국경수비대 군인들을 위한 식량 및 물자 조달을 위해 조선인들이 활용가치가 있다고 본 것이다. 이리하여 조선인들은 그런대로 넉넉하지는 못해도 러시아 땅에서 삶의 터전을 일구어 나가게 되는데, 그들 가운데 일부 부유해진 조선인들은 기와집을 짓고 살았으며 슬라브족 여인을 며느리로 맞이하기도 하였다고 한다. 그 이후 1910년 일제의 조선 주권 침탈을 전후하여 국권 회복 운동을 위해 이주하는 대열이 추가되었다. 독립운동가 이시형 선생이 현재 서울 명동 은행회관 근처에 있던 조상 대대로 내려온 고택을 비롯하여 가산을 정리하고 형제들과 함께 연해주에 이주한 것도 이 무렵이었다. 안중근 의사가 의병 부대를 이끌고 국내 진공 작전을 펴고 1909년 10월 26일 만주 하얼빈 역에서 조선 침략의 원흉 이토 히로부미를 처단한 것도 바로 연해주에 정착한 조선인들의 지원이 있었기에 가능하였으며 그 가운데 중심인물은 페치카 최(Печка Цой)로 알려진 연해주 항일 무장투쟁의 대부 최재형이었다. 그리고 일제강점기에도 조선인들의 연해주 이주는 경제적 또는 정치적 이유로 계속되었다. 조선총독부는 일제 통치에 반감을 가진 조선인들을 내보냄으로써 치안 유지를 꾀하는 동시에 일본인의 조선 이주를 위한 공간을 확보하겠다는 야비한 생각을 갖고 있었다.

그 후 연해주 조선인들의 평온한 삶은 러시아에서 사회주의 혁명으로 인한 내전 발발과 일본의 침략 야욕 때문에 흔들리게 되었다. 1917년 10월 볼셰비키 혁명이 일어나서 1921년 소비에트 사회주의 공화국 연방(소련)이 성립되기까지 러시아 전역에서 혁명군(적군)과 반혁명군(백군) 사이에 치열한 내전이 계속되었다. 자본주의 제국주의 국가들은 사회주의 혁명이 러시아 국경 너머로 퍼져나가는 것을 막기 위해 러시아 땅에 자국 군대를 보내 반혁명군을 지원하였다. 특히 일본은 이런 명분으로 시베리아와 연해주를 침략하였다. 그런데 일본군은 이 기회를 이용하여 항일 무장투쟁의 배후기지 역할을 하였던 연해주 조선인 주요 거주지를 공격하여 끔찍한 대량학살을 자행하였는데, 이것이 1920년에 있었던 소위 연해주 4월 참변이다.

제정 러시아가 사회주의 국가인 소련으로 바뀌었으나 1930년대 초까지 연해주 조선인들은 일제 치하 조선에 비해 억압받지도 않고 경제적으로도 윤택한 삶을 누렸다. 조선말로 가르치는 학교 약 400개,

사범대학 1개, 조선어 신문 7개, 잡지 5개 그리고 조선인 극장도 있었다. 그런데 일본군이 1931년 9월 만주를 점령하자 소련 당국은 본격적으로 연해주 지역의 안보에 신경을 쓰게 되었다. 소련 당국은 볼셰비키 혁명 때 일본군의 시베리아 및 연해주 침략을 경험한 바 있어서 이미 1920년대부터 연해주 조선인들의 이주에 대해 몇 차례 검토를 하였지만, 조선인들이 전반적으로 반일 성향이고 혁명 시기 붉은 군대를 적극 지원하였던 사실에 근거하여 이주 결정을 내리지 않았다. 그러나 1930년대 초 조선인들이 연루된 일본 스파이 사건이 연달아 일어나면서 분위기가 급격히 바뀌었다. 기본적으로 일본과의 국경지대에 일본인과 외모가 잘 구분되지 않는 조선인들이 다수 거주하도록 내버려두는 것은 국가 안보상 위험하다는 판단이 힘을 얻은 것이었다. 또한 조선의 독립에 큰 관심이 없었던 소련은 연해주 조선인들의 끈질긴 항일 무장투쟁이 일본을 자극함으로써 분쟁이 발생하는 것도 원치 않았다.

1937년 7월 일본군의 중국 본토 공격으로 중일 전쟁이 발발하자 결국 소련 당국은 8월 21일 연해주 거주 조선인들을 '잠재적 반역자 집단'으로 규정하고 강제로 이주시키기로 결정하였다. 이에 따라 17만여 명의 조선인들이 9월 초 연해주를 떠나 중앙아시아의 카자흐스탄과 우즈베키스탄으로 추방되었다. 당시 극동 러시아에서 중앙아시아로 이주는 우리가 지금 생각하는 그런 '이사'의 개념이 아니었고 가재도구를 챙길 여유도 없이 짐짝처럼 화물열차에 실려 떠나야 했다. 험난한 이주과정에서 적지 않은 사람들 특히 노인들과 아이들이 병들거나 굶어 죽었고 시신은 달리는 열차 밖으로 버려졌다. 중앙아시아의 황량한 초원지대에 도착하였을 때 그들에게는 생존 자체를 위해 주어진 환경에 적응하는 길밖에는 없었고 서서히 문화적으로 동화되어 갔다. 이런 가운데 그들은 더 이상 조선 사람이 아니라 소위 고려인으로서 새로운 정체성을 형성해 나가기 시작하였다.

러시아에서 10년 그리고 우즈베키스탄에서 3년 근무하면서 많은 고려인들과 대화할 수 있었다. 그들은 대한민국과 조선민주주의인민공화국 모두 단순히 '역사적 조국'이라고 부르며 어느 한 쪽을 일방적으로 지지하기 보다는 남북한에 대하여 균형적인 시각을 가지고 있다. 우즈베키스탄의 수도 타슈켄트에서 만났던 플라톤 쥬가이(Платон Жюгай)는 고려인 2세이며 우즈베키스탄 유력지《나로드나에 슬로바》의 정치부장이다. 그는 남한, 고려인 그리고 북한과의 관계에 대해 '남한 사람들이 고려인 동포들과의 관계 설정을 어떻게 하느냐는 매우 중요하다. 왜냐하면 남북통일에 대비하여 고려인들과의 관계는 북한 사람들과의 관계 설정에 앞서 일종의 예행연습으로 볼 수 있고 고려인들은 사고방식에 있어서 남한 사람보다는 북한 사람에 가깝기 때문이다.'라고 뼈있는 발언을 한 적이 있다.

고려인들의 성(姓)을 보면 '쥬가이', '유가이', '마가이', '허가이' 등과 같이 한국 성(姓)에 '가이'가 덧붙여져 있는 경우가 있는데, 속설에 따르면 이주 조선인 1세대들이 러시아 관공서에 등록하러 가서 러시아 관리들이 성이 무엇이냐 물어보았을 때 보통 조선에서 하듯이 '주가요.', '유가요.', '마가요.', '허가요.'라고 대답하였는데 러시아 관리들이 그 대답을 듣고 임의로 쥬가이, 유가이, 마가이, 허가이로 기록하였던 데서 비롯되었다고 한다. 알렉세이 허가이라는 고려인이 있는데 연해주에서 태어난 고려인 2세이며 1945년 소련군의 북한 진주 때 소련 공산당 요원으로 북한에 와서 북한 정권 수립에 기여하였다.

러시아에서 사는 고려인들은 자신들을 러시아 사람이라고 당당하게 말한다. 러시아 땅으로 이주한 1세대와는 달리 2세대 이후 고려인에게 처음부터 본국인 조선은 이미 사라지고 없었고 2차 세계대전 이후에는 냉전 때문에 교류의 기회가 없었으며, 타향에서 살아남기 위해서 스스로 러시아 문화에 동화되어야 했고, 현재 그들에게 한국적인 전통은 음식문화의 일부가 남아 있을 뿐이다. 과거 소련 시절 고려인들은 타고난 근면함과 높은 교육열 덕택에 전문직으로 출세한 사람이 많았다. 소련의 140여 개 소수 민족 가운데 고려인은 고등교육을 받은 사람의 비중이 유대인 다음으로 두 번째로 높았다고 한다.

우즈베키스탄에 사는 동포들은 역사적 조국, 현실의 조국에 추가하여 마음의 조국이 존재한다. 현실의 조국은 우즈베키스탄이요, 마음의 조국은 러시아이다. 그들의 가슴 속에서는 세 개의 조국이 공존하여 때로는 정체성의 혼란이 오기도 한다. 한번은 축구 경기를 예로 들어 물어본 적이 있었다. '한국과 우즈베키스탄이 경기를 하면 어느 쪽을 응원하겠는가?'라고 물었는데 이에 대해서 다수가 한국이라고 대답하였다. 그러면 한국과 러시아 경기에 대해서는 어떠냐고 물었는데 러시아라는 답이 많이 나왔다. 두 번째 질문에 대한 대답으로 몇 가지 사실을 유추해 볼 수 있다. 조선인 1세대들이 강제 이주 초기에 많은 어려움이 있었으나 소련 정부가 이념상 민족평등정책을 추진하였던 덕택에 2세대부터 러시아에 태어나 자란 사람들은 실력만 있으면 스스로의 힘으로 사회적 지위를 획득할 수 있었다. 소련 시절에는 교수,

과학자, 의사, 공산당 간부 등 상당한 사회적 지위를 누리는 사람들이 많았다고 한다. 그래서인지 중장년층 고려인 가운데는 지금도 소련 시절을 그리워하는 사람들이 적지 않다.

우즈베키스탄에서 근무할 때 타슈켄트에 있는 한국교육원에서 1주일에 1시간씩 자원봉사자로 한국어를 현지인들에게 가르친 적이 있다. 내가 가르쳤던 반은 학생 수가 50여 명이었는데 고려인과 우즈벡 사람들이 섞여 있었다. 그런데 학습진도가 우즈벡 학생들이 고려인보다 훨씬 빨랐다. 우즈벡 말은 언어 계열로 보면 한국어와 마찬가지로 알타이어족으로 두 언어가 어순이 같아서 쉽게 배우는 것으로 생각된다. 반면에 고려인들은 러시아어가 모국어이기 때문에 학습에 어려움이 있지만 학습 의욕은 상당히 높았다. 특히 교사 양성반에는 고려인들이 대부분이었으며 한국어 교사가 된다는 데 자부심이 대단하였다.

우즈베키스탄의 수도 타슈켄트에서 차로 1시간 남짓 거리에 있었던 고려인들의 집단농장 '북극성'이 있던 곳에 가본 적이 있다. 그곳에는 노동 영웅 김병화를 기리는 박물관이 있고 김영삼 대통령도 방문한 적이 있다. 김병화는 그야말로 멸사봉공의 자세를 갖춘 이상적인 지도자로서 고려인 농장을 성공적으로 운영하였고 그 업적에 대해 소련에서 당시 민간인으로서는 최고 영예인 사회주의 노동 영웅 칭호를 두 번이나 받았는데, 당시 이런 일은 매우 드물었다고 한다. 김병화 박물관 안에는 그의 대형 초상화가 있고 그 옆에는 '이 땅에서 나는 새로운 조국을 찾았다.'라는 그의 말이 담긴 커다란 족자가 있다. 그리고 당시 농장의 모습을 보여주는 사진들이 있는데, 규모가 매우 크고 기계화되어 있었고, 더욱 놀라운 것은 집단농장에 학교, 도서관, 병원은 물론 단순히 매점이 아니라 백화점 같은 큰 상점이 있었는데 사진으로 봐도 상당한 수준이었다. 당시 이 집단농장이 얼마나 잘 운영되고 있었고 고려인들의 생활수준이 상당히 높았음을 알 수 있었다.

2009년에 우크라이나의 수도인 키예프에 갔을 때의 일이다. 그곳 고려인들과 모임이 있었는데, 그 자리에는 외모가 전혀 우리 동포 같지 않은 푸른 눈의 청년이 있어서 그가 누구인가 물었는데 자기 어머니가 고려인이라고 하면서 자신도 고려인이라고 하였다. 민족을 따질 때 부계를 중심으로 하는 경우가 대부분이나 그의 어머니는 유태인 여성과 같이 민족정체성에 대해 강한 자부심을 갖고 있을 거라는 생각이 들었다. 반면에 이런 일도 있었다. 2010년 우즈베키스탄의 수도 타슈켄트에서 그리 멀지 않은 '양기율'이라는 고려인들이 많이 사는 작은 도시를 방문하여 고려인이 운영하는 식당에서 동포들과 면담을 한 적이 있었다. 면담 도중에 담배를 피우러 잠깐 나와 보니 식당 간판에 러시아 문자로 '사꾸라'라고 되어 있었다. 식당 주인을 보자고 하여 '사꾸라'가 일본의 국화인 줄 아느냐 그리고 한식당 이름으로 어울리지 않는 것 아니냐?" 라고 했더니, 그 식당 주인은 '나는 러시아 사람이고 한일 관계에 대해 아무런 관심이 없다.'라고 대답하였다.

고려인들 가운데 예술가나 스포츠맨으로 출세한 사람이 상당수 있는데 유명한 가수도 여러 명이다. 우선 국내에도 잘 알려진 루드밀라 남(Лудмила Нам)이 있는데 한국인 제자들이 있을 정도이다. 그녀는 1948년 카자흐스탄에서 고려인 아버지와 러시아인 어머니 사이에 태어난 고려인 2세이다. 1976년 국제 차이코프스키 경연대회에 입상한 뒤 성악가로서 승승장구하여 세계적 명성을 자랑하는 볼쇼이 오페

라단에서 주역으로 10년 이상 활약하였으며, 특히 오페라 「카르멘」의 프리마돈나에 50여회 캐스팅되었고, 매년 미국과 유럽으로 해외 공연을 나갈 정도로 러시아를 대표하는 메조소프라노로서 예술인에게 주는 최고 영예인 인민배우(народная артистка) 칭호를 받았다. 1988년 조선일보사 초청으로 내한하여 서울 올림픽 문화축전에도 참여하였다.

그리고 모스크바에 있는 러시아 외교부 건물 뒤쪽으로 아르바트(Арбат)라고 하는 유명한 거리가 있는데 한국으로 말하면 인사동 거리 같은 곳으로 러시아의 천재 시인 푸쉬킨(Пушкин)이 신혼시절 살았던 집이 있다. 그 거리 중간쯤 눈에 띄는 벽이 있는데 그 벽에는 누군가의 사진이 있고 그 앞에는 꽃이 놓여 있고 촛불이 켜져 있으며 추모하는 낙서들이 매우 많다. 그가 세상을 떠난 지 20여 년이 지났지만 아직도 추모의 발길이 끊이지 않는다. 그 사진의 주인공은 고려인 3세 빅토르 최(Виктор Цой)이며 러시아 록 음악의 전설적인 영웅이다. 그는 1962년 고려인 2세인 아버지와 러시아인 어머니 사이에 출생하였다. 아름다운 선율과 저항적이며 자유지향적 음악으로 소련 전역에서 젊은이들에게 큰 지지를 얻었고 영화에도 출연하여 스타가 되었다. 1990년 그가 젊은 나이에 교통사고로 요절하였을 때 소련 전역에서 5명의 여성이 자살하였으며, 그의 이름을 딴 거리가 카잔, 키예프, 알마아타, 타슈켄트 등지에 생겨났다.

그밖에 스포츠맨으로서 대한제국 시절 의병장의 후손이며 카자흐스탄 스포츠 영웅인 데니스 텐(Денис Тен)이 있다. 그는 2014년 러시아 소치 동계올림픽 피겨스케이팅 남자 싱글 부문에서 동메달을 땄으며, 2015년 서울에서 개최된 국제빙상연맹 4대륙 피겨스케이팅 선수권대회에서 남자 싱글 부문 1위를 차지하기도 하였다. 2010년 그는 한국을 찾아 자신의 외고조 할아버지인 민긍호 선생의 산소를 방문하고서 '고조할아버지는 진짜 영웅이며 그의 피가 내게 이어지고 있다는 것은 큰 책임이다.'라고 말했다. 그런데 그는 안타깝게도 금년 7월 카자흐스탄 알마아타에서 자신의 승용차 백미러를 훔치던 청년들과 다투다가 흉기에 찔려 숨졌다. 그의 장례식은 알마아타 발라샥 스포츠센터에서 5,000명이 넘는 인파가 참석한 가운데 시민장으로 거행되었다.

그런데 러시아나 중앙아시아를 방문하여 고려인들을 접촉한 한국인들이 그들이 왜 한국어를 할 줄 모르냐고 투덜대는 경우가 종종 있는데 고려인의 역사를 전혀 모르고 있다는 생각이 들었다. 해방 이후 미국으로 이주한 한인들의 2~3세 가운데도 한국과 교류가 충분히 가능하였음에도 불구하고 한국말을 못하는 사람들이 상당수 있는데, 어떻게 고려인에게 그런 말을 할 수 있는가? 그들이 이국 땅에서 정착하기까지 이루 말 못할 고초를 겪을 때 과연 조국이 무엇을 하였다고 큰 소리인가! 우즈베키스탄에서 겪은 일을 말하고 싶다. 여름철이 되면 한국에서 대학생들 또는 사회단체 회원들이 고려인들에게 봉사활동을 한다고 방문하곤 한다. 자기들 나름대로는 피서도 포기하고 자비를 들여서 먼 곳까지 봉사하러 왔는데 왜 고려인들이 자기들을 '소 닭 쳐다보는 식'으로 무덤덤하게 대하느냐고 투덜대곤 한다. 그럴 때마다 그런 한국인 방문자들에게 '조국은 그들을 버렸고, 그들은 조국을 잊었다.'라고 말해주곤 하였다.

또한 그런 일부 한국인들에게 이러한 비유를 들기도 하였다. "옛날에 한 여인이 있었습니다. 그 여인에게는 과년한 딸이 있었습니다. 그런데, 그 여인은 찢어지게 가난하여 자기 한몸 건사하기도 버거운 처지여서 입 하나 덜기 위해 어디인지도 모르는 곳으로 누군지도 모르는 사람에게 딸을 시집보내야 했습니다. 세월이 많이 흘러 그 여인이 살림살이가 펴지면서 오래전에 가본 적도 없는 곳으로 떠나보냈던 딸이 비로소 생각났고 그리움에 자기 딸을 찾아 나섰습니다. 마침내 자기 딸을 만나게 되었습니다. 그 때 과연 그 딸이 '엄마!'라고 외치며 그 여인의 품에 안겨 흐느껴 울었을까요? 그 딸은 '당신은 나를 멀고 먼 낯선 곳으로 시집 보내고 나서 오랜 세월이 지나도록 내가 시집살이에 시달리지는 않는지, 혹시 남편에게 매를 맞고 지내지는 않은지 소식 한번 물어온 적이 있었던가요? 이제 떠나온 고향에 대한 기억도 가물가물한 데 이제와 '내가 네 엄마야! 라고 하는 당신은 누구십니까?'라고 생각하였습니다."

현지에서 근무하면서 느낀 것인데 한국인과 고려인 사이에 소통이 원활하지 못하여 상호 간에 심각하지는 않지만 갈등이나 불신이 있다. 소련 붕괴 이후 한국인들이 러시아나 중앙아시아로 진출하면서 고려인의 도움을 많이 받았다. 민간 기업, 자영업자나 선교단체가 현지 법령상 제약 때문에 부동산 소유주나 법인 대표 명의를 고려인 이름으로 하였다가 나중에 분규가 종종 나기도 하였고 개인 사이의 거래에서 사기를 당하는 일도 발생하였다. 그런 일들은 고의에 의한 것도 있고 언어 소통이 원활하지 못해 일어난 경우도 있다. 일부 경박하고 거만한 한국인들이 고려인을 동포라고 생각하지 않고 무시하였던 것에 대한 반감에서 그런 일들이 생기기도 하였다. 그리고 모스크바에 진출한 한국 기업의 현지법인이나 지사의 경우 한국어를 하는 고려인을 채용하는 데 인색하다. 왜 그러냐고 하였더니 한국인들끼리 하는 말을 알아듣는 것이 부담스럽다는 엉뚱한 답변을 들었다. 참 기가 막힌 얘기이다. 그럼, 미국계나 영국계 회사들은 어떻게 할까? 세계화, 글로벌화, 세계경영을 외치는 한국 기업들의 행태가 그러하다니 한심하다. 아직도 상당수 한국인들이 같은 민족으로서 고려인의 역사에 대해 관심이나 지식이 거의 없고 그들을 단지 한국말을 하는 현지인 또는 우리보다 일인당 국민소득이 낮은 나라의 국민 정도로 인식하는 천박함을 보이고 있다. 게다가 특히 개방 초기에 한국 정치인들이나 사회단체 대표들이 동포들에게 즉흥적으로 무책임한 약속을 남발하고 제대로 지키지 않은 경우도 많았다.

그리고 러시아 내 고려인은 크게 두 집단으로 나뉜다. 위에서 이미 언급한 '원조' 고려인이라고 할 수 있는 첫 번째 집단은 조선시대 말과 일제 때 연해주로 자발적으로 이주하였던 조선인들의 후손이고, 두 번째 집단은 2차 세계대전 말기 1940년대 일제에 의해 사할린으로 강제 동원되었던 주로 조선 중남부 지방 출신과 그들의 후손이며 현재 45,000여 명으로 추산된다. 후자의 경우 이주 역사가 짧아서 고국에 대한 연대감이 상당히 남아 있고 대개 한국어를 쓰거나 읽지는 못해도 말은 어느 정도 알아듣는다. 그런데, 이 두 집단 사이에는 이주역사 자체가 다르기도 하지만 알게 모르게 다소 알력이 있다고 하는데, 들어보니 사연이 기구하다. 일본은 러일 전쟁에서 승리하여 전리품으로 사할린 남부지역을 차지하였고 2차 세계대전 때 조선인들을 그리로 강제로 끌고 가서 주로 석탄을 캐기 위한 노역을 시켰다. 전쟁이 끝나고 러시아가 그 지역을 탈환하였고 일본은 철수할 때 일본인들만 데려가고 조선 사람들은 신경 쓰지 않았다. 조선인들은 귀국하지 못한 채 사할린에 남게 되었다. 소련 당국은 남은 조선인들을 관리하기 위해 러시아 본토 출신 고려인을 데려와서 감독을 하게 하였다. 본토 고려인은 이미 문화적으로 러시아에 많이 동화된 사람들로서 자신들도 조선인 후손이면서 사할린 조선인들을 가혹하게 다루었다고 한다. 이에 대한 반감이 아직도 사할린 고려인의 뇌리에 남아있다고 한다.

그런데 이 과정에서 일본 제국주의의 비정함을 지적하지 않을 수 없다. 전쟁이 끝나기 전에 일본은 조선에 대해 내선일체(內鮮一體) 또는 민족의 뿌리가 같다는 의식을 고취시키면서 강력한 동화정책을 펴다가 막상 전쟁이 끝나자 사할린에서 일본인들만 데려가고 자기들이 강제로 끌고 온 조선인들은 제외하였다. 마땅히 일본은 소련의 협조를 얻어 그들이 한국으로 돌아갈 수 있도록 배려를 하였어야 했다. 그런데, 당시 대한민국은 정부 수립 이전이었고 그 뒤에는 소련과 외교관계가 없었기 때문에 신경을 쓸 수 없었다 하나 정말로 방도가 전혀 없었을까? 당시 일본을 통치하고 있던 맥아더 장군의 극동 사령부를 통해서 손을 써볼 수 있지 않았을까? 정치인들이 해방된 조국에서 권력다툼에 몰두하다 보니 사할린에 내팽개쳐진 조선 사람들에 대한 생각조차 없었던 것은 아닐까? 한국정부는 1990년 외교관계 수립 이후 비로소 소련과 교섭을 하였고 일본 적십자사가 비용을 대도록 하여 1세대 사할린 한인들이 귀국할 수 있도록 돕고 있다. 현재 안산에 그렇게 영주귀국한 사할린 동포 1세들이 상당수 살고 있고 한국정부가 정착비용을 대고 있다.

한편 1991년 소련의 붕괴는 고려인에게 두 가지 측면에서 큰 의미가 있다. 첫째, 고려인에게 해원(解寃)의 기회가 주어졌다. 1993년 4월 1일 러시아 연방 최고회의는 강제 이주 결정을 포함하여 1937년 소련 당국이 고려인에게 취했던 모든 조치들을 불법으로 규정하고 명예회복, 복권 및 배상 조치를 의결하였다. 물론 이러한 조치는 쉽게 얻어진 것은 아니었다. 고려인 지도자들의 끈질긴 청원 노력이 있었으며, 당시 주 러시아 한국대사관도 일조를 하였다. 그런데 이와 관련하여 국내에서 고려인의 역사에 대해 좀 안다고 하는 일부 정치인과 사회단체 대표들이 한국정부가 러시아 정부에게 사과를 요구하여야 한다고 주장하기도 한다. 하지만 소련 당국이 1937년에 취한 조치는 불법적인 것이었지만 일제가 조선인들에게 저질렀던 강제동원과는 성격이 다르다. 당초 조선인들의 러시아 이주는 자발적인 것이었고 현지 국민으로 대우를 받았다. 고려인의 강제 이주는 단순히 1930년대 독재자 스탈린의 무자비한 폭압정치의 연장선에서 있었던 일이라기보다는 일본 제국주의의 만주 점령과 중일 전쟁이라는 국제정세 때문에 소련이 안보 위협에 대처하는 과정에서 일어난 불행한 일이다. 더구나 소련 붕괴 이후 고려인들 스스로 이 문제를 해결하였다. 따라서 일부 국내 인사들은 진정으로 고려인의 아픔을 이해한다면 그런 주장을 하기 보다는 현재 한국정부가 제대로 그들을 챙기고 있는지에 대해 관심을 갖고 문제 해결이 되도록 여론을 조성하는 것이 바람직할 것이다.

둘째, 소련이 무너지고 러시아와 14개 독립공화국으로 나뉘어졌는데, 현재의 러시아 땅에 살고 있었던 고려인은 고려인이기 때문에 특별히 겪은 충격이 없었으나, 나머지 지역에 살고 있던 고려인에게는 다른 상황이 전개되었다. 신생 공화국들은 나라마다 정도의 차이는 있지만 민족주의적 경향을 강하게 보이고 있고 주류 민족 우선주의를 취함에 따라 고려인의 사회경제적 지위가 하락하는 등 오히려 소련 시절에는 없었던 차별을 겪고 있다. 우즈베키스탄 예를 들어 공용어가 러시아어에서 우즈벡어로 바뀌었고 공무원이 되고자 하는 사람은 우즈벡어를 반드시 일정 수준 구사할 수 있어야 하며, 러시아어로 가르치는 학교 수가 줄어들고 있고 러시아어는 외국어로 가르칠 뿐이다. 또한 이제까지 고려인이 각고의 노력으로 일구어놓은 경제적 기반인 집단농장들이 해체되었다. 이런 상황에서 러시아어를 모국어로 사용해온 고려인은 여러 가지 불이익을 받을 수밖에 없고 고려인은 소련시절 자신들이 우즈벡 민족보다 사회적 지위가 높았었기 때문에 우즈벡 민족에 대해 우월감이 있어서 대부분 우즈벡어를 배우려고 하지 않는다. 이러한 상황은 중앙아시아의 고려인들이 새로운 이주를 고려하게 만들었다. 일차적인 대상 지역은 원 거주지였던 러시아 연해주이었고 이미 상당수가 이주하였다. 최근에는 농사 여건이 좋은 러시아 남부지방이나 우크라이나로 떠나거나 러시아의 대도시 모스크바와 상트 페테르부르크로 일자리를 찾아 떠나고 있다. 앞서 언급한 민족주의 경향 말고도 타지키스탄에서는 내전이 일어나 러시아로 이주하기도 하였다. 우크라이나와 러시아 남부 지방에는 이주 과정에서 서류 분실 등 다양한 이유로 어느 나라의 국적도 없는 무국적 고려인이 생겨서 현지 현지 정착에 어려움을 겪고 있다. 문제는 현지 정부가 적극적으로 이들의 정착을 챙겨주지 않기 때문에 난민 신세가 되고 있다는 사실이다. 한편 일부 경제적으로 여유가 있는 사람들은 미국이나 캐나다 등지로 이민을 떠났으며, 일부는 뿌리를 찾아서 역사적 조국인 한국으로 들어오고 있다. 한마디로 말해 고려인들의 방랑은 아직도 끝나지 않은 현재 진행형이다.

현재 한국정부는 고려인을 위해 한국어 교육 실시, 한국 유학 기회 제공, 고려인협회 활동 지원, 장기체류 취업비자 발급, 중앙아시아에서 러시아와 우크라이나로 이주하였으나 체류국의 국적이 없는 이들을 위한 국적 취득 지원 등을 하고 있다. 소련이 해체된 뒤 독일과 이스라엘은 자국 동포들에 대한 적극적 포용정책을 실시하여 조국으로 귀환을 도왔다. 실제로 양국은 자국 동포들을 제한 없이 받아들여 단순히 장기 체류를 허용한 정도가 아니라 국적을 부여하였다. 이에 비해 한국정부의 조치는 독일이나 이스라엘과 비교해 한국의 형편이 다르다고 하더라도 너무 약소하다. 문재인 정부가 '나라다운 나라'를 주창한다면 동시에 '조국다운 조국'도 실천하여야 할 것이다.

현재 한국정부는 고려인에게 장기 체류 비자를 발급하고 있지만 3세까지만 해당된다. 4세는 장기 비자를 갖고 있는 부모와 동반하여 체류할 수 있으나 성인이 되면 일단 출국하여 단기 방문 비자를 받아 본국과 한국을 오고 가야 한다. 지난해 고려인 강제 이주 80주년을 맞이하여 고려인 4세가 겪는 어려움에 대한 동정 여론이 일어나자 법무부는 한시적 구제 조치를 취했다. 고려인 3세인 김씨는 '문재인 대통령께 드리는 호소문'을 통해 '2016년 한국에 들어온 후 여섯 번이나

러시아로 출국했다 돌아온 딸의 이상한 여행을 멈춰 달라.'고 호소했
다. 이 편지를 받은 청와대 측이 4세들에게 부모와 헤어지는 고통을
덜어준 것이다. 구체적으로 성년이 되는 고려인 4세들에게 2017년 9
월 13일부터 2019년 6월말까지 한시적으로 방문동거 자격을 부여하
는 구제 조치를 취했다. 하지만 이번 조치 역시 사각지대가 많다는 지
적이다.

　고려인의 이민사를 고려할 때 과거 조국이 그들을 보살펴주지 못했
던 것에 대한 보상 차원에서라도 뿌리를 찾아 한국에 오는 고려인에
대해 전향적인 조치를 강구하여야 하지 않을까? 다른 민족에 비해 유
난히 핏줄을 따지는 경향이 있는 한국이 이스라엘과 독일에 비해 자
신의 피붙이를 제대로 챙기지 않는 것은 이해가 되지 않는다. 해방 이
후 많은 영유아들이 해외로 보내졌으나 한국 사회는 그런 입양아들에
게 눈길 한번 제대로 주지 않았지만 그들 가운데 현지에서 출세한 사
람이라도 나오면 한국 기자가 달려가서 '당신은 한국 혈통이다. 본국
과 한국의 관계 발전을 위해 어떤 기여를 할 것인가?'라고 다그치듯
이 묻곤 하지 않았던가? 핏줄에 대한 한국 사회의 이런 이중적인 경
향을 어떻게 보아야 할까?

　한국에서는 2000년대로 들어서면서 취업 목적으로 입국하는 외국
인 및 결혼이민자가 늘어나면서 사회문화적 문제가 발생하였고 이를
해결하기 위해 소위 '다문화사회'를 지향한다고 상당한 국가 예산을
지출하고 있고, 심각한 저출산 경향 때문에 인구 감소를 우려하여 출
산을 장려하기 위해서 적지 않은 나랏돈을 쓰고 있다. 이런 국내 상황
을 고려한다면 앞으로 외국인 유입 증가에 따라 예상되는 사회경제적

비용을 줄인다는 차원에서도 한국에 오기를 희망하는 고려인 젊은 세대들에게 문호를 활짝 개방하는 것이 바람직하지 않을까? 러시아 이주가 올해로 154주년이어서 이미 동포 4~5세가 고려인 사회의 주축이 되어 가고 있고 앞으로 세월이 좀 더 흐르면 관련법령에서 규정하는 재외동포는 더 이상 존재하지 않게 될 것이다. 그리고 국내에 체류 중인 고려인의 경우 중국 조선족과 달리 한국어 구사능력이 떨어지고 문화적 차이가 커서 열악한 처우를 받고 있으므로 좀 더 배려가 필요하다고 본다.

한편 법무부는 국회에 상정되어 있는 「고려인의 합법적인 체류자격 취득 및 정착 지원을 위한 특별법 일부 개정 법률안」이 통과되면 기꺼이 고려인의 출입국문제를 해결할 준비가 되어 있다고 한다. 현재 국회에는 동일 법률의 개정안 7개가 외교통일위원회에 회부된 지 1년이 되도록 제대로 심의되지 못하고 있다. 특정 사안에 대해 관심이 커지면 유행처럼 법안을 발의하고는 무책임하게 방치하는 이른바 '한철 입법'의 예로 보인다. 당면한 핵심적인 이슈는 재외동포 범위를 4세까지 확대하는 것이다. 이를 해결하기 위한 손쉬운 방법은 법무부가 소관인 「재외동포의 출입국과 법적 지위에 관한 법률 시행령」을 개정하면 된다. 그런데 굳이 국회의 관련법 개정안 심의를 지켜보겠다는 것은 무슨 뜻일까? 고려인의 체류 및 정착 지원을 위한 실질적인 조치는 법무부 등 관계부처의 소관이지만 어쨌든 재외동포정책을 총괄하는 부서로서 외교부는 왜 팔짱을 끼고 있는 걸까?

끝으로 고려인은 그들이 의도하였든 하지 않았든 북방의 개척자이자 선구자이다. 그들은 러시아와 중앙아시아 국가들을 포함하여 CIS

전 지역에 분포되어 있으며, 정확한 통계는 없지만 현재 러시아와 구소련 권에 살고 있는 고려인의 수는 50여만 명으로 추산된다. 주요 거주지인 러시아에 16만 명, 우즈베키스탄에 18만 명, 카자흐스탄에 10만 명, 키르기즈스탄에 1만 9,000명, 우크라이나에 1만 3,000명, 타지키스탄에 6,000명, 그리고 투르크메니스탄에 3,000명이다. 2017년 10월 현재 약 7만 명이 한국에 체류하고 있고 경기도 안산과 전남 광주에 집단거주지가 있다. 그들은 비록 숫자는 많지 않지만 근면함과 높은 교육열 덕분에 현지에서 영향력 있는 집단을 형성하고 있다. 아마도 지금 대한민국이 유라시아 대륙에 이러한 한민족 네트워크를 구축하려면 엄청난 노력과 시간을 들여야 할 것이다. 그런데 지난 150여 년 세월 동안 고려인의 각고의 노력으로 이미 형성되어 있지 않은가? 아마도 하늘에 계신 우리 조상님들께서 후손들을 채찍질하여 위대한 역사의 기초를 닦기 위해 한인들을 유라시아 대륙 각지에 흩어 놓으신 것은 아닐까? 한국정부가 그들에게 문호를 전면적으로 개방하면 그들이 대거 물밀듯이 몰려올까 걱정하는지 모르겠으나 실제로 벌어지지 않을 일에 대한 기우일 뿐이다. 어떤 의미에서도 고려인은 대한민국이 21세기에 유라시아 대륙으로 힘차게 뻗어나가는 데 있어서 소중한 자산이다.

(2018-08-10《내일신문》)

PART **03**

러시아에 대한
조언

번영이 가장 큰 유혹이다

소련 붕괴 이후 10여 년 러시아는 사전 준비 없이 이루어진 급격한 개혁 개방으로 야기된 엄청난 경제적 사회적 혼란을 수습하느라 주변 나라들에 대해 제대로 신경 쓸 겨를이 없었다. 포스트소비에트 공간에서 힘의 공백을 최대한 이용하여 미국, 유럽연합, 중국, 터키 등은 여러 측면에서 자신들의 영향력을 증대시켜 왔다. 2000년 푸틴 대통령의 집권 이후 구소련 공화국들에 대해 영향력을 회복하려고 노력한 결과 현재 어느 정도 성과를 거둔 것은 사실이다. 하지만 발틱 3국은 일찌감치 서방 진영에 완전히 편입되었고 우크라이나와 그루지야는 노골적으로 반러시아적 노선을 취하고 있으며, 아제르바이잔과 우즈베키스탄은 러시아와의 관계에 있어 간헐적으로 긴장이 있었다. 과연 러시아가 주변국들과의 관계를 현명하게 관리하여 왔느냐에 대해서 여러 가지 평가가 있을 수 있다.

거시적으로 볼 때 러시아와 주변 독립국들 사이에는 원심력과 동시에 구심력도 작용하고 있으며 상당 기간 상반되는 작용을 거쳐 균형을 이룰 것으로 보인다. 이 공화국들은 자신의 의사에 반해 제정 러시아 또는 소련의 지배를 받았던 나라들인 만큼 러시아에 대해 반감이 없을 수 없다. 새롭게 독립한 나라들이 국가이익을 추구하기 위해 서방에 접근하거나 정체성을 확립하고자 하는 노력을 기울이는 것은 자연스러운 것이고 이는 러시아로부터 원심력으로 작용할 수밖에 없다. 반면에 나라에 따라 다소 차이가 있으나 오랫동안 러시아(소련)의 지배를 받으면서 형성된 지배엘리트 사이의 정서적인 공감대(일부 국가들을 제외하고는 소련 붕괴 후 체제 전환과정에서 지배층의 교체가 거의 없었음), 러시아어라는 공통된 소통수단 그리고 우크라이나, 벨라루스, 몰도바, 그리고 그루지야를 제외한 나라들의 경우 서방과의 교류에 있어 지리적인 장애의 존재, 특히 중앙아시아 국가들의 경우 에너지 수출에 있어 러시아의 파이프라인에 의존해야 하는 상황 등은 원심력의 한계인 동시에 러시아로의 구심력으로 작용한다. 중앙아시아 국가들의 경우 서방으로부터 기대하는 것은 경제적 지원과 투자이지 정치적 군사적 유대에는 큰 관심이 없으며 중국에 대해서는 상당한 경계심을 갖고 있다. 따라서 이미 서방의 일원이 된 발틱 3국, 그리고 우크라이나와 그루지야를 제외한 나머지 나라들의 경우 가까운 장래에 러시아의 영향권에서 이탈할 가능성은 매우 낮아 보인다.

그간 러시아는 자신의 영향력 회복 내지는 확대 차원에서 유라시아 통합이라는 목표를 세우고 개별 국가들을 상대로 경제적 지원을 통해 협력관계를 강화하는 한편 지역적 차원에서는 카자흐스탄 및 벨라루스와의 관세동맹(2010년) 그리고 이의 연장선상에서 키르기스스탄과 아르메니아를 포함한 유라시아경제연합(2015년)을 결성하여 경제적 통합을 추진하여 왔다. 군사적 측면에서는 일부 국가들과 더불어 집단안전보장기구를 결성하였다. 이런 과정에서 회원국들의 자발적인 참여보다는 러시아의 경제적 지원이나 압력 때문에 참여한 측면이 상당하다는 것을 지적하지 않을 수 없다. 그리고 회원국들 사이의 역내 교역이 역외교역보다 훨씬 많아야 한다는 것이 관세동맹이나 경제연합의 기본 전제조건인데 현실은 그렇지 못하다. 러시아는 경제적 이익을 추구하기 보다는 회원국들을 자신의 영향력 아래 묶어두려는 정치적 목적을 위해 상당한 비용을 지불하고 있는 것으로 보인다.

앞으로도 주변국들이 서방 또는 제3의 세력보다 러시아를 선호하기 위해서는 러시아가 그들이 원하는 것을 지속적으로 제공할 수 있어야 할 것이다. 이것은 러시아 경제의 지속적인 성장 여부에 달려있다고 본다. 그런데 크림반도 합병 이후 서방의 경제제재로 인한 투자 부족으로 러시아 경제 자체는 저조한 성장세를 보이는 상황에서 주변국들에게 지속적으로 당근을 주는 것 외에 크림반도 주민의 생활수준 향상과 우크라이나 동부 출신 난민들의 보호를 위한 부담이 더해지고 있다. 그밖에 시리아 내전에 깊숙이 개입해왔고 최근에는 베네수엘라 사태에도 간여하고 있는데 이러한 움직임 모두가 자원을 소모하는 것이다. 제한된 자원 모두를 자신의 경제성장에 투입해도 모자라는 판인데 대외적으로 허비한다면 장기적으로 러시아는 유라시아에서마저 외부세력에 밀릴지도 모른다. 또한 아직도 저개발 상태에 있는 극동 러시아 지역의 장래는 어떻게 될 것인가?

한편 대부분의 주변국들은 경제개발 프로젝트 추진을 위한 재원을 주로 유럽부흥개발은행, 세계은행, 아시아개발은행 등에 의존하고 있고, 중국이 일대일로 정책에 따라 차관 제공을 내세우며 이들 국가들에게 접근하고 있다. IMF의 2018년 GDP 통계에 따르면 미국이 20조 달러, EU가 18.8조 달러, 중국이 13.4조 달러인데 반해 러시아는 1.6조 달러에 불과하다. 경제성장률도 2000년대 고유가시기를 제외하고는 평균 3~4% 정도였다가 2014년 우크라이나 내전 이래 마이너스 성장을 기록하였으며, 최근 다소 회복세를 보이고 있으나 여전히 서방의 제재가 러시아 경제의 발목을 잡고 있다. 이런 추세가 반전되지 않는다면 러시아는 경제력에 있어 미국, EU 및 중국과의 격차가 더 벌어질 것이다.

종합적인 국력으로 볼 때 현재의 러시아는 강대국임에는 틀림없으나 소련과 같은 글로벌 파워는 아니다. 내실을 다지기 보다는 대외적으로 자신의 힘을 투사함으로써 국제적 위상에 대한 심리적 보상은 얻을 수 있으나 힘의 낭비로 보인다. 물론 러시아는 식량과 에너지를 100% 자급자족할 수 있는 나라이기 때문에 아무리 서방이 경제제재를 하더라도 무릎을 꿇는 일은 없을 것이나 이것이 러시아의 목표일 수는 없을 것이다. 러시아가 슈퍼 파워로 재도약하고자 한다면 당장은 국가적인 자존심을 다소 희생하더라도 우크라이나 내전과 관련하여 서방과 타협함으로써 제재국면에서 벗어나야 할 것이며 일본과의 남쿠릴 영토분쟁도 1956년 소일 공동선언의 테두리에서 매듭지음으로써 일본의 투자를 유치하는 등 경제발전을 위한 대외적인 여건을 개선하여야 할 것이다. 또한 유라시아 경제통합을 무리하게 추진하기 위해 더 이상 비용을 지불하지 말고 모든 가용자원을 자국의 경제발전에 투입하여야 할 것이다. 개인이나 국가나 돈 없고 힘 없으면 모두가 떠나가는 법이다. 과거 소련의 일부였던 주변국들에게 있어 가장 큰 유혹은 현재의 작은 당근이 아니라 러시아의 지속적인 번영일 것이다.

(2019-06-02 《Russia-Eurasia Focus》)

극동 러시아, 중국 그리고 한국

최근 10년간 러시아 대외정책의 중점 방향은 국가 차원에서 홍보해 왔듯이 중국과의 경제적, 문화적 교류를 강화하고 확대하는 것이었다. 러시아 공무원들은 대중국 관계의 전략적 성격에 대해 자주 이야기한다. 예를 들어 알렉산드르 쥬코프 부총리는 '러중 관계는 오늘날 진정한 전략적 파트너의 성격을 띤다. 러중 양국의 공통된 이해관계는 양자 협력에서 국제사회에서의 공조에 이르기까지 매우 폭 넓다. 정치 분야에서의 고위 인사 교류는 경제 협력에 잘 반영되고 있다."고 하였으며, 러중 무역경제포럼에 참석하여 올해 러중 무역은 600억 달러에 달할 것이라고 하였다.

메드베데프 대통령은 10월 26일~28일 사이에 중국을 공식 방문하였으며 그 계기에 러중 간에 '전략적 동반자 협력관계의 전면적 심화에 대한 공동성명'이 서명되었다. 러중 간 유대가 현재 그 어느 때보다 견고하며 나날이 강화되고 있다. 과거에 그랬듯이 중요한 협정들이 두 나라 모두에게 가장 익숙한 분야인 석유, 가스 분야에서 체결되었다. 중국은 인구가 많은 나라인 만큼 장차 석유와 가스를 가장 많이 필요로 할 것이다. 객관적으로 특히 이 점에서 러시아가 중국의 이해관계에 있어 중요한 대상이 될 것이 명백하다. 하지만 러중 간 에너지 협력에 있어서 무언가 돌파구가 마련되었다는 것에 대해 지금 강조할 필요는 없다. 석유뿐만 아니라 가스 관련 합의는 많은 질문을 던지고 있고 그에 대한 답변은 그리 명확하지 않다. 깊이 생각해보면 현재 전개되고 있는 상황은 누구에게 득이 되는 것일까?

러시아는 중국에 대해 총 1,000억 달러 상당의 석유를 20년간 배럴당 평균 45 달러 가격에 공급해야 하는 의무를 지게 된다는 점에 주목하지 않을 수 없다. 그런데 현재 러시아 우랄산 석유의 배럴당 가격은 77~78 달러이다. 1년여 전 양측은 20년간 러시아가 중국에 시장가격의 거의 1/2 가격으로 석유를 공급하기로 합의하였음이 드러났다.

서방언론에 따르면 매일 러시아에서 중국으로 열차 편으로 40만 배럴의 석유가 공급되고 있다고 한다. 수요 증가가 예상되는 점과 재생이 되지 않는 석유자원의 특성을 고려할 때 앞으로 20년간 석유가격은 상승할 수밖에 없다는 것은 의심할 여지가 없다. 러중 관계 역사상 최대 합의는 러시아가 수십억 달러를 덜 받게 된다는 결론에 도달하게 된다. 언론 보도에 따르면 중국이 그리스에 국제통화기금에 대한 채무의 일부를 인수하겠다고 제의했는데 이러한 제의는 유럽에게는 부끄러운 일이다. 과연 러시아도 비슷한 처지에 있는 것일까?

러시아는 중국이 러시아와 더불어 미국의 패권에 맞섬으로써 전 세계에 대한 미국의 영향력을 억제할 것이라는 희망을 갖고 중국을 의도적으로 돕고 있다는 인상을 받는다. 2008년 미국은 중국을 G2의 하나라고 부르기 시작하였다. 이는 국제정치에서의 역할이 바뀌었고 러시아는 이제 중국의 주니어 파트너 역할에 만족해야 함을 의미하는 것일까? 러시아 입장에서 중국에 대한 큰 손해를 감수하는 경제적 양보를 달리 어떻게 설명할 수 있을까?

어째서 러시아는 미국의 주도권에 대항하기 위하여 러시아와 중국이 함께 하는 것이라고 가정하는 행동에 대해 왜 그렇게 비싼 대가를 중국에 지불해야 할까? 알다시피 최근 중국은 러시아의 요청이 없어도 스스로 미국에 대해 상당히 공격적으로 대항하고 있다. 러시아는 지불할 필요가 없는 것에 대해 지불하고 있는 것이 분명하다. 좋은 예가 있는데 2008년 8월 8일 미국의 지원을 기대하면서 그루지야가 남오세티아 자치공화국에 평화유지군으로 주둔하고 있던 러시아 군을 공격함으로써 일어난 전쟁에 대해 중국이 어떤 입장을 취했는가? 중국은 러시아와 연대하였나? 남오세티아와 압하지아 자치공화국의 독립을 인정하였는가? 중국은 러시아를 위해 언제가 되었든 아무것도 한 적이 없다. 반대로 중국은 구 소련 소속 공화국들 특히 중앙아시아에서 러시아의 영향력을 약화시키면서 자신들의 존재감을 확대하고 강화하고 있다. 중국은 단지 가끔 러시아의 기분을 맞출 뿐이다. 현재 러시아와 중국의 관계를 비유적으로 말하면 '동상이몽(同床異夢)'이라고 할 수 있다.

한편 2007년 1월 푸틴 대통령은 인도 방문을 마치고 돌아오면서 예상과는 달리 모스크바가 아니라 블라디보스토크로 날아갔다. 이는 극동 시베리아 지역의 경제사회발전계획을 논의하기 위한 비상 내각회의를 개최할 필요성 때문이었다. 이와 관련하여 푸틴 대통령은 2012년 APEC정상회의를 블라디보스토크에서 개최하겠다고 공표하였다.

자바이칼 지역의 경제사회 상황에 대한 연방정부의 특별한 주의와 우려는 이어졌다. 2009년 5월 메드베데프 대통령은 중국과 몽골을 참여시키는, 극동 러시아 지역의 발전 문제에 관한 회의를 열었다. 이 자리에서 결정된 것은 정유시설 건설, 석유화학, 석탄 채굴, 자바이칼과 극동지역의 발전시설 조성을 위해 중국의 재원과 인력을 최대한 활용하자는 것이었다. '중국은 우리 경제에 투자할 수 있는 상당한 재원이 있다.'고 대통령이 말했다. 이 말은 사실상 중국에 러시아의 이 지역에 대한 이권을 넘기는 것을 이야기한 것이다.

이보다 앞서 8개월 전 이미 메드베데프 대통령은 발전을 위한 조속한 조치를 취하지 않으면 러시아는 극동지역을 잃어버릴 수 있다고 했다. 그 이후 러시아 정부는 2025년까지 기간의 조속한 개발 전략을 마련하였다. 전체적으로 보아 이 문서의 주요 내용은 연방예산에는 극동지역을 위한 돈이 없는데 반해 중국에는 돈이 있으며 중국은 지역경제 부문은 물론 사회 부문에서도 오랫동안 실행되지 못했던 투자 프로젝트에 자금을 지원할 준비가 되어 있다는 것이다.

유감스럽게도 이 지역 주민들의 생활수준을 향상시키기 위해 채택되었던 프로그램 가운데 이행된 것이 거의 없다. 매년 상당수 자바이칼 지역의 젊은이들이 자신들의 미래에 대해 낙담하여 유럽 러시아 지역으로 떠나고 있다. 남아 있는 주민들은 대부분은 연방정부의 조치 없음에 실망하고 아무르 강 저편 이웃을 부러움으로 바라보며 그들과 자신을 비교한다. 모스크바에서 6,000km 떨어져 있는 국경도시 블라고베쉔스크의 거리는 매우 어두운데 반해 아무르 강 건너편 중국 도시 헤이허는 밤새 환하다. 동시에 이쪽으로 특히 국경지역으로 많은 중국인들이 넘어오고 있고 이 지역 경제에서 차지하는 그들의 비중은 지속적으로 커지고 있다. 중국인 이주자들이 임차하는 러시아의 농지 면적은 빠른 속도로 늘어나고 있다. 이 지역은 경제적으로는 유럽 러시아 지역으로부터 점차 떨어져 나가고 있다.

의심할 여지없이 이 지역은 이미 중국 동북지방에 경제적으로 크게 의존하고 있으며 현재의 경향이 지속적으로 진전된다면 아마도 장차 중국에 편입될지 모른다. 현재 전개되고 있는 상황으로부터 자연스럽게 제기되는 질문을 던지지 않을 수 없다. 중국의 팽창은 러시아의 주권을 위협할 것인가?

물론 중국 정부가 의도적으로 이 지역을 차지하려 하는지에 대해 한마디로 확인하거나 반박하는 것은 어렵다. 하지만 러시아는 세계 경제에서 경쟁력 있는 지위를 강화하고 싶다면 이 지역에서 일어나고 있는 상황에 대해 관심을 기울여야 한다.

위에서 언급한 우려들의 이유는 중국 쪽이 아니라 러시아 쪽에 있다. 이제까지 러시아 엘리트는 극동 시베리아를 어떻게 바라보아왔는가? 러시아 엘리트는 이 지역을 단지 자원을 뽑아내는 식민지나 다름없다고 생각해온 것 같다. 이 먼 지역에 살고 있는 러시아 국민들의 생활수준 향상과 경제 발전을 위해 필요한 노력도 적절한 관심도 전혀 기울이지 않았다. 러시아에는 이 머나먼 거대한 땅을 중국에 팔아 버리는 게 낫다고 생각하는 사람들이 꽤 있다는 사실이 놀랍지 않다.

중국 위협의 존재 여부에 대해 말하자면 현재 러시아 내에는 긍정하는 사람들뿐만 아니라 부정하는 사람들도 있다. 거의 모든 중국학을 하는 사람들은 부정론자에 속하는데 그러한 위협은 존재하지 않으며 중국은 선량한 이웃이며 미국에 대항하는데 있어 러시아에게는 가장 든든하고 변하지 않는 파트너라고 생각한다. 이 학자들은 거의 한목소리로 러시아에 대한 중국 위협의 신화는 서구와 미국이 만들어낸 것이라고 단언한다. 왜냐하면 러시아와 중국이 미국에 대항하는 견고한 연합을 형성하는 것이 그들에게 이롭지 않기 때문이다. 현재 러시아 대외정책의 가장 중요한 방향은 무엇이어야 하는가? 메드베데프 대통령은 지난해 11월 연방 상원 연설에서 '러시아는 허세를 멈추어야 할 때이며, 현대화 돌파구를 마련하기 위한 자금이 없다는 점을 고려할 때 친구들을 구하고 유익한 경제적 교류를 시작해야 하며 첫 번째 상대는 서방이다.'라고 하였는데 필자는 그의 생각이 적절하다고 본다.

현재 중국의 위협이 현실적으로 필연적인 것이냐에 대해 한 마디로 확인하는 것은 아마도 쉽지 않다. 무엇보다도 중요한 것은 경제적 안보 없이 러시아의 영토적 통일성을 유지하기 어려울 것이며 영토는 무기가 아니라 그곳에 사는 사람들이 지키는 것이라는 점이다. 또한 더욱 중요한 것은 역사를 보면 국경선은 역동적으로 움직여 왔다는 사실이다. 러시아가 극동 시베리아 지역의 경제 안보를 유지하려면 그 지역에 가능하면 많은 자원을 투입하여야 하는 것은 너무나도 당연하다.

유감스럽게도 러시아는 극동 시베리아 지역의 경제발전을 지원하기 위한 충분한 자원을 동원하는데 어려움을 겪고 있다. 러시아는 참으로 광대한 나라인데 낙후된 지역들의 경제발전 수준 향상을 위해 합리적으로 배분될 수도 있는 자원의 많은 부분을 허비하고 있다. 필자가 보기에는 러시아는 구소련 공화국들에 대해 지나치게 걱정하고 있다. 역사적으로 독립국가연합은 영연방이나 프랑스공동체와 같은 운명을 살고 있는 것이 분명하다. 식민지나 종속 공화국들은 일단 독립을 얻게 되면 독립국들의 원심력은 점점 커져가는 게 당연하다. 러시아는 자신이 원하는 정도만큼 이 나라들을 강하게 붙잡아두려 할 것이다. 동시에 많은 독립국가연합 국가들이 러시아로부터 떨어져 나가는 데는 어느 정도 한계가 있을 것이다. 왜냐하면 이 나라들은 경제적으로 러시아에 의존하고 있기 때문이다. 이와 관련하여 러시아는 자신의 제한된 자원을 낭비할 하등의 이유가 없다. 그들로 하여금 러시아를 존중하도록 하는 것은 그들에 대한 지원이 아니라 러시아 자신의 번영과 국력이다.

한편 서방은 러시아의 우랄산맥 동쪽 지역에 대한 투자에는 그다지 관심이 없어 보인다. 근시안적인 사고방식 때문에 한국인들은 이 지역에서 사업하는 데 따르는 위험부담을 감수하는 것을 주저하고 있다. 최근 더 첨예해진 쿠릴열도를 둘러싼 영토분쟁 때문에 일본 기업들은 이 지역에서 사업을 벌이는 것을 망설이고 있다. 아직은 중국이 극동 시베리아 지역에 대한 주요 투자자로 남아 있다. 현재 이 지역의 중국 동북지방에 대한 의존, 특히 소비재 공급의 의존이 점점 커져가고 있다.

　필자는 한국 국민으로서 러시아와 한국 양국은 극동 시베리아에의 외국 자본 유입 양상에 대해 생각해 보아야 할 시점이 되었다고 생각한다. 왜냐하면 이러한 추세는 동북아시아에서 세력균형의 변화로 이어질 수 있고 나아가 유일한 유라시아 국가인 러시아의 국가적 위신뿐만 아니라 한민족 전체의 운명에 해로울 수도 있기 때문이다.

　11월에 메드베데프 대통령이 한러 수교 20주년을 맞아 국빈 방문 및 G20 정상회의 참석을 위해 서울에 온다. 이명박 대통령이 2008년 가을 러시아를 방문하였을 때 한국과 러시아 사이에 전략적 동반자 관계 설정이 논의되었다. 전략적 동반자 관계라는 아직 비어있는 그릇에 뭔가 중요한 것을 담아야 할 때가 되었다.

※ 이 글은 2010년 11월 메드베데프 대통령의 방한을 앞두고 러시아어로 작성하여 러시아 지인들에게 배포했던 글을 한국어로 옮긴 것임.

Российский Дальний Восток, Китай и Южная Корея

* эта статья была написана в октябре 2010 года

В последнее десятилетие одним из приоритетных направлений российской внешней политики было расширение и укрепление экономических и культурных связей с Китаем, широко пропагандируемое на государственном уровне. Российские чиновники очень любят порассуждать о стратегическом характере отношений с Китаем. Вот, например, что говорит вице-премьер российского правительства Александр Жуков: «Отношения между Россией и Китаем носят сегодня по-настоящему стратегический, партнерский характер. Общность интересов России и Китая охватывает самый широкий спектр – от вопросов двустороннего сотрудничества до взаимодействия по международным проблемам. Высокий уровень политических связей между нами конвертируется в экономическое взаимодействие». Выступая на открытии Форума торгово-экономического сотрудничества КНР (Гуандун) – РФ – 2010, заместитель Владимира Путина поведал, что товарооборот между Россией и Китаем в этом году может достичь аж \$60 млрд.

Президент РФ Дмитрий Медведев 26-28 октября с. г. посетил КНР с трёхдневным официальным визитом, в ходе которого было подписано совместное заявление о всестороннем углублении отношений стратегического партнёрства и взаимодействия между Россией и Китаем. На первый взгляд кажется, что дружеские узы между Россией и Китаем на данный момент крепче, чем когда бы то ни было, и крепнут они день ото дня. Основные соглашения, как обычно, были достигнуты в более привычной для двух стран сфере - нефтегазовой. Китай – огромная страна, которая будет требовать всё большего количества первичных ресурсов. Поэтому совершенно объективно, что Россия в этом смысле становится объектом интересов Китая. Однако сегодня не приходится говорить о том, что в российско-китайских энергетических отношениях был совершён

какой-либо прорыв. Договоренности, достигнутые как по газу, так и по нефти, вызывают множество вопросов, ответы на которые не так уж и очевидны. А если задуматься, то кому на пользу подобное развитие событий?

Не может не настораживать тот факт, что Россия берёт на себя обязательство в течение 20 лет поставлять Китаю нефть на общую сумму в $100 млрд. по средней цене порядка $45 за баррель. И это притом, что уже сегодня средняя цена барреля российской нефти Urals составляет порядка $77-$78. Получается, что заключённые более года назад договорённости предполагают, что на протяжении 20 лет Россия будет поставлять в Китай нефть по цене почти в два раза ниже рыночной.

По данным западной прессы, из России в КНР ежедневно по железной дороге переправляется 400 тыс. баррелей нефти. Учитывая прогнозируемый растущий спрос и, что самое главное, не возобновляемый характер нефтяных ресурсов, не остаётся сомнений в том, что в ближайшие 20 лет цены на нефть будут только расти. Из этого следует вывод о том, что «самый масштабный», по словам Дмитрия Медведева, из когда-либо заключенных между РФ и КНР договоров не сулит России ничего, кроме миллиардов долларов недополученных доходов. По сообщениям СМИ недавно стало известно, что Китай предложил Греции выкупить часть её долга перед Международным валютным фондом, что является, на мой взгляд, постыдным для ЕС. Неужели и Россия находится в аналогичном положении?

Создаётся впечатление, что Россия специально помогает Китаю в надежде на то, что он в союзе с РФ составит противовес гегемонии США и тем самым ограничит мировое американское влияние. В 2008 году США стали называть Китай одним из «Gr-2». Не означает ли это, что роли на политической арене поменялись и что России теперь придётся удовольствоваться скромной ролью «младшего брата» Китая? Чем иным можно объяснить столь огромные и невыгодные для России экономические уступки?

Зачем России надо платить Китаю столь высокую цену за совместные гипотетические действия против лидерства в мире США? Как известно, в последнее время Китай и сам довольно агрессивно противодействует США. Очевидно, что Россия платит за то, за что ей не нужно платить. Достаточно, к примеру, вспомнить позицию, которую занял Китай в оценке развязанной господином Саакашвили войны 8 августа 2008 года. Что, Китай был солидарен с Россией в этом вопросе и признал независимость Южной Осетии и Абхазии? Увы, Китай никогда ничего не делает в пользу России. Наоборот, КНР постоянно расширяет и укрепляет своё присутствие в бывших советских республиках, особенно, в Средней Азии, ослабляя влияние России на них. Китай иногда лишь по настроению «ухаживает» за Россией. Нынешние отношения между Москвой и Пекином можно, образно говоря, охарактеризовать следующим образом: «Спать под одним одеялом – это не значит одинаково мыслить».

Уместно вспомнить, что в январе 2007 года тогдашний президент РФ Владимир Путин, возвращаясь после визита в Индию, неожиданно полетел не в Москву, а во Владивосток. Это было продиктовано необходимостью проведения чрезвычайного заседания Кабинета министров с целью обсуждения федеральной программы социально-экономического развития Дальнего Востока и Сибири. Тогда же в этой связи он объявил о проведении Саммита АТЭС в 2012 году во Владивостоке.

Это было не первым выражением особого внимания и озабоченности федерального правительства по поводу экономического и социального положения Забайкальского региона. В мае 2009 года президент Дмитрий Медведев провёл совещание по вопросу развития дальневосточного региона России с участием Китая и Монголии. Решено максимально использовать финансовые и людские ресурсы КНР для строительства объектов нефтепереработки, в нефтехимии, угледобыче, создании генерирующих мощностей на территории Забайкалья и Дальнего Востока и т.д. «Китай обладает значительными финансовыми ресурсами, которые могут быть инвестированы в нашу экономику», - заявил президент. По сути дела речь идёт о том, чтобы отдать этот российский регион Китаю «в концессию».

А ещё за восемь месяцев до этого Дмитрий Медведев заявлял, что Россия может потерять Дальний Восток, если не примет срочных мер по его развитию. После чего правительство принялось за разработку стратегии ускоренного освоения региона на период до 2025 года. Судя по всему, главная идея этого документа заключается в том, что денег в федеральном бюджете для Дальнего Востока нет. Зато они есть у Китая, который готов профинансировать давно буксующие инвестиционные проекты практически во всех отраслях региональной экономики и даже в социальной сфере.

К сожалению, почти все принимаемые программы вряд ли осуществимы и смогут реально повысить уровень жизни жителей этого регионов. Каждый год значительное число молодых людей Забайкалья, испытывающих отчаяние и безысходность в своём будущем, продолжают выезжать в европейскую часть России. А большинство остальных жителей региона, разочарованных бездействием Федерального правительства, смотрят с завистью на соседей за рекой Амур и сравнивают себя с ними. На улицах пограничного города Благовещенск, расположенного в 6000 км от Москвы, очень темно, а в китайском городе Хэйхо за рекой Амур светло целую ночь. Одновременно сюда, особенно в пограничные районы, переезжает много китайцев, что постепенно увеличивает их долю в экономике этих регионов. Быстрыми темпами растут площади арендованных приезжими китайцами российских пахотных земель. Эти регионы постепенно становятся экономически отчуждёнными от европейской части России.

Без всякого сомнения, эти регионы уже сильно экономически зависят от «вливаний» северо-восточного района Китая и, что могут быть в будущем присоединены к Китаю, если продолжится развитие нынешней тенденции. Не может не тревожить естественно вытекающий из складывающейся ситуации вопрос: чревата ли китайская экспансия созданием угрозы российскому суверенитету?

Конечно, сложно однозначно подтвердить или опровергнуть намерения китайского правительства осознанно захватить эти регионы. Однако на происходящие там процессы России следует обратить внимание, если она хочет укрепить свои конкурентные позиции в мировой экономике.

Причина обозначенной выше проблемы коренится не в китайской, а в российской стороне. Как российская элита до сих пор относилась и относится к Дальнему Востоку и Сибири? Со стороны, кажется, что она просто считает эти регионы почти колонией, в которой Россия лишь эксплуатирует ресурсы, совершенно не уделяя адекватного внимания и не прилагая необходимых усилий для экономического развития и повышения уровня жизни российских граждан, живущих на данной территории. Не удивительно, что в России существует немало людей, которые считают, что России лучше продать Китаю эти далёкие необъятные просторы.

Если говорить о проблеме наличия китайской угрозы, то в настоящее время внутри России существуют как её сторонники, так и противники. Обычно противники, в число которых входят почти все российские китаеведы, считают, что такой угрозы не существует и что Китай является не только добрым соседом, но и наиболее надёжным и незаменимым партнёром России в противодействии США. Эти учёные почти в один голос утверждают, что мифы о китайской угрозе России сфабрикованы Западом и США, которым не выгодно, что Россия и Китай сформируют надёжный союз против США. В настоящее время, Что же должно быть самым основным направлением внешней политики России? Думаю, тут уместно привести слова, сказанные президентом Медведевым в послании к Федеральному собранию в ноябре прошлого года о том, что России пора «перестать надувать щёки». Россия вынуждена искать друзей и заводить полезные экономические связи, и в первую очередь с Западом, учитывая, что денег на технологический и модернизационный прорыв в России, увы, нет.

Интересно, чем можно объяснить факт наличия в историческом музее пограничного с Россией китайского города Хейхо, расположенного на реке Амур, прямо напротив города Благовещенск, такого лозунга, как «Восстановим нашу потерянную территорию!»? И почему российским туристам вход в этот музей не разрешён?

На данный момент, может быть, сложно однозначно констатировать, является китайская угроза реальной неизбежностью или нет. Что является наиболее значимым, так это то, что будет сложно поддерживать территориальную целостность России без экономической безопасности и то, что территория защищается не самим оружием, а населением, живущим там. И что более важно, исторически территориальные границы являются динамичными. Крайне необходимо, чтобы Россия выделяла как можно большее средств регионам Дальнего Востока и Сибири для поддержания своей экономической безопасности.

К сожалению, Россия сталкивается с трудностями в мобилизации достаточного количества ресурсов для поддержания экономического развития Дальнего Востока и Сибири. Размеры её территории весьма огромны, и сейчас она расходует большие ресурсы, которые могли бы иным, более рациональным способом распределяться для повышения уровня экономического развития своих отстающих районов. Это существенно усилило бы влияние России на бывшие советские республики, о чём она, на мой взгляд, излишне обеспокоена. Исторически это очевидно, что СНГ ждёт такая же судьба, как и Британское Содружество, и Французский Союз. Раз бывшие колонии или бывшие зависимые республики получили независимость, это естественно, что центробежная сила независимых государств растёт больше и больше. Таким образом, Россия будет тщетно пытаться крепко ухватить данные страны в той степени, на которую она надеется. В тоже время, будет некий предел, в котором многие страны СНГ могут отстраниться от России, так как они предопределены быть зависимыми от России экономически. В этой связи, для России нет никаких причин, чтобы растрачивать ее ограниченные ресурсы для них. То, что заставит их уважать Россию будет не сама поддержка, а процветание и сила России.

Между тем, Запад не настолько заинтересован в инвестировании в регионы России за Уралом. Недальновидный разум южных корейцев мешает им взять на себя риск делать бизнес в тех регионах. Территориальные разногласия по поводу Курил, которые с недавнего времени стали еще жарче, обескураживают японские компаниям создавать какие-либо деловые предприятия в тех краях. Пока настоящая тенденция не прекратится, Китай останется главным источником зарубежного капитала, положенного в регион Сибири и Дальнего Востока. В настоящее время, экономическая зависимость регионов, в частности снабжение потребительских товаров, от северо-восточных провинций Китая становится все больше и больше. Китайские инвестиции обычно сопровождаются массивной миграцией, которая происходит сейчас там. И что всего важнее, Китай уже арендовал и все еще арендует огромные земли не только в Казахстане, но и на Дальнем Востоке России под предлогом обеспечения продовольственной безопасности. Почему данный феномен имеет столь сильное последствие? Это может объясняться другим способом. Почему китайское правительство заявило жёсткий протест, когда правительство Республики Корея попыталось внедрить закон, обуславливающий специальное отношение к этническим корейцам, проживающим в Маньчжурии (северо-восточной провинции Китая)? Почему Китайское правительство намеренно перекидывает множество ханьцев (основной народности Китая) во Внутреннюю Монголию и Синьцзян-Уйгурский автономный округ?

В заключении, я, как корейский гражданин, думаю, что настало время для России и Кореи подумать над настоящей моделью притока иностранного капитала на Дальний Восток и Сибирь, так как эта тенденция может привести к изменению силового баланса в Северо-восточной Азии, что может быть пагубным не только для национального престижа России, являющейся единственном евроазиатском государстве в мире, но также для судьбы корейской нации в целом.

В ноября Президент Российской Федерации прибудет в Сеул с

государственным визитом на празднование 20-ой годовщины установления дипломатических связей между Москвой и Сеулом, и для участия на саммите «большой двадцатки». Осенью 2008 года, когда Президент Ли Мён Бак посещал Россию, было затронуто создание стратегического партнерства между Российской Федерацией и Республикой Корея. Настало время заполнить чем-то важным "сосуд" стратегического партнерства, который все ещё остаётся пустой.

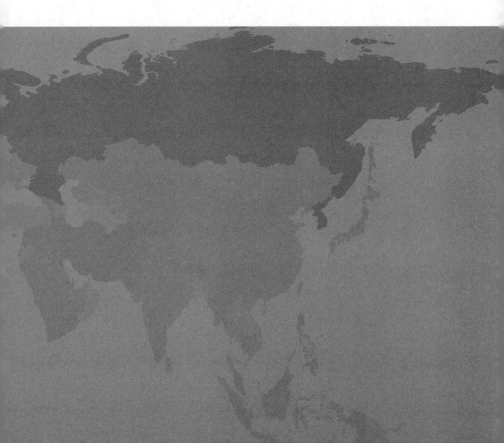

PART **04**

한국의 대러시아 정책,
문제 없나?

한국 외교에는
왜 러시아가 없을까?

문재인 정부, 러시아를 주목하라

문재인 대통령은 지난 10일, 대통령 취임식 연설에서 '한반도의 평화를 위해 동분서주 하겠다.'면서 '워싱턴, 베이징, 도쿄, 평양을 가겠으며 사드문제의 해결을 위해 미국 및 중국과 진지하게 협상하겠다.'고 말했다. 언론들은 문 대통령의 주요국 방문에 대해 미중일 순서가 될 것이라고 예측하고 있다. 그런데 이러한 보도들을 보면 무엇인가 빠진 것이 눈에 띈다. 러시아가 빠져 있는 것이다. 말로는 4강 외교라고 하면서 말이다. 이러한 분위기는 보수정권이나 진보정권이나 마찬가지인 것 같다. 두만강을 사이에 두고 한반도와 국경을 맞대고 있는 러시아는 과연 한국의 외교에서 빠져도 되는 나라일까?

지난해 유엔 안전보장이사회에서 강력한 대북 제재 결의안 통과를 위한 지지를 확보하는 과정에서 우리 정부나 언론은 미국과 중국만 수없이 거론하였고 러시아에 대한 언급은 거의 없었다. 한국정부나 한국인들은 중국과 러시아의 관계가 마치 미국과 일본과의 관계와 비슷한 것으로 착각하고 있는 것은 아닌지 모르겠다. 또한 러시아는 글로벌 파워가 아니라 유럽 국가의 하나 정도로 생각하거나 아니면 한반도를 둘러싼 동북아시아와는 무관한 나라라고 생각하고 있는 것은 아닐까?

러시아는 유엔 안보리 5개 상임이사국의 하나이며 한반도 정세뿐만 아니라 남북통일에 긍정적이든 부정적이든 상당한 영향력을 행사할 수 있는 유라시아 대륙의 강대국이다. 러시아를 바라보는 한국인들의 시각을 보면 마치 한국이 미국인 것으로 착각하고 있다는 생각이 든다. 소련이 붕괴하면서 소속 공화국들의 독립으로 국세가 다소 약화된 것은 사실이며 미국이 그런 러시아에 대해 예전같이 대하지 않는다는 것은 이해가 되지만, 그렇다고 해서 한국이 미국을 따라한다면 국가안보나 국가이익의 관점에서 위험천만한 일이다. 러시아는 한국이 가볍게 여겨도 되는 나라가 아니다. 동시에 러시아는 남북통일 과정에서 우군으로 활용할 수도 있는 유용한 존재이다. 특히 북한 정권이 갑작스럽게 붕괴하는 경우 예상되는 중국의 북한에 대한 군사적 개입 가능성을 억제할 수 있는 세력으로서 러시아의 가치는 매우 높다.

1990년 수교 이래 초반 몇 년을 빼고는 한국 외교는 러시아를 경시하여 왔다. 김영삼 정부 당시 북핵 문제를 해결을 위한 당사국 회담(남북한, 미국, 중국)에서 러시아를 배제하였던 것이 대표적인 예이다. 그 뒤로도 한국정부의 이러한 외교행태는 이어져왔다. 그 뒤 러시아가 포함된 북핵 문제 해결을 위한 6자회담 과정에서도 마찬가지였다.

남북한을 가로지르는 휴전선은 냉전시대 양대 세력의 경계선이기도 하였다. 소련의 붕괴로 냉전이 끝났다고 하지만 한반도에서는 계속되고 있다. 그리고 남북한 통일은 주변 4강의 협조 내지는 묵인이 없으면 이루어지기 어려운 것이 현실이다. 중국만이 아니라 러시아의 협조를 확보하지 못하면 평화는 물론 통일은 생각하기 어렵다. 1989년 11월 베를린 장벽이 무너지고 1990년 10월 동서독이 통일되는 과정에서 당시 소련 고르바초프 대통령의 동의가 결정적이었다.

한편 한국이 남북관계를 주도하지 못하고 미국의 대북 정책에 끌려다닌다면 평화는 확보할 수 있을지 몰라도 통일은 기대할 수 없다. 미국이 한반도의 통일을 반대하거나 방해하지는 않겠지만 전략적인 관점에서 적극적으로 한반도의 통일을 지원할 이유는 없다. 1970년대 초 닉슨과 저우언라이 회담에서도 '우리 양국이 한반도에서 한민족 때문에 서로 다툴 필요가 없다.'라고 하였다지 않은가? 여기에서 미국이나 중국을 비난하려고 하는 것이 아니라 모든 나라는 자기 이익에 봉사하려고 하지 남의 나라를 위해 자신을 희생하려고 하지 않는다는 자명한 얘기를 하고자 하는 것이다. 동서고금을 막론하고 선량한 외세는 존재하지 않는다는 사실을 한국인들은 자주 망각하고 있는 것 같다.

특히 북한에 대한 이해관계에 있어서 한국과 미국이 완전히 동일한 입장은 아니며 단지 많은 부분이 겹칠 뿐이다. 한국은 약자의 입장에서 한반도를 둘러싼 게임에서 가능하면 모든 패를 활용하는 것이 현명한데, 최근 그 누가 강요하지 않았는데도 미국과 중국 사이에서 양자택일을 스스로에게 강요하는 듯한 분위기이다. 전에 외교부의 어느 고위당국자가 '양쪽에서 러브콜을 받고 있으니 좋지 않으냐?'라는 식의 발언을 한 적도 있는데, 한심한 얘기가 아닐 수 없다.

이제 러시아에 대해 우리가 간과하고 있는 점들에 대해 살펴보기로 한다. 우선 당장 사드 배치 문제를 둘러싼 논란을 보자. 대국답지 못하게 한국에 대해 여러 가지 미시적인 제재 조치로 적대 감정을 여과 없이 표출하고 있는 중국과는 달리 러시아는 문제의 본질에 상응하게 외교적으로 대응하고 있다. 그러면 이러한 러시아의 처신은 당연한 것일까? 아우성치는 중국을 더 챙기는 것이 정상인가? 문재인 대통령의 지시로 중국에 사드 대표단을 보냈다고 한다. 원론적으로 중국과 대화를 하는 것은 좋다. 하지만 한국에 새로운 정부가 들어서자마자 중국에 그런 대표단을 보내는 것은 역설적으로 사드 배치에 대한 중국의 항의와 제재 조치를 정당화시켜주는 측면도 있지 않을까? 그리고, 사드 배치에 대해 중국이나 러시아나 마찬가지로 반대하는 것은 같지만 온도 차이가 있지 않은가? 물론 중국은 자신의 핵심부가 한반도에 인접해있는 데 반해 러시아의 경우는 핵심부가 한국으로부터 멀리 떨어져 있기 때문일 수도 있다. 어쨌든 이러한 온도차는 사드 배치와 관련하여 활용하기에 따라서는 한국의 외교에는 의미 있는 틈새가 될 수도 있을 것이다.

두 번째, 이미 오래전에 예견된 일이지만 최근에야 중국의 경제보복 조치를 보고서 대안시장을 거론하면서 중국 시장에 대한 의존에서 벗어나야 한다는 목소리들이 나오고 있다. 이와 관련 러시아가 한국의 주요한 대안시장의 하나가 될 수 있고, 되어야 한다고 본다. 일각에서는 러시아는 땅은 매우 넓지만 인구가 상대적으로 적어서 시장이 크지 않으므로 큰 의미가 없다고 본다. 전적으로 부인하기는 어려운 얘기이다. 하지만 흔히 자산운용과 관련 포트폴리오 구성에도 소위 위험분산이 중요하듯이 바로 옆에 있는 향후 잠재력이 상당한 러시아 시장에 대한 적극적인 진출을 도모하는 것이 바람직하다고 본다.

더욱이 박근혜 정부에서 제창하였던 유라시아 이니셔티브가 있지 않은가? 유라시아 대륙의 북방이야말로 인류에 남아있는 거대한 잠재력을 가진 마지막 미개척지인데 21세기 한국 아니 우리 민족의 번영과 활로 개척을 위해 그곳 말고 어디를 기웃거리겠다는 것인가? 한국 기업들이 근시안적으로 단기적인 이익만을 추구하는 관행을 극복하지 못한다면 한국은 유라시아 진출에 있어 중국과의 경쟁에서 틀림없이 패배하고 말 것이다. 이미 중국은 소위 '일대일로'로 대변되는 육상과 해상 실크로드의 부활을 통한 중화 중흥을 위해 투자를 과감하게 진행하면서 이미 저 멀리 한국을 앞서가고 있다.

러시아는 중국에 대신하는 대안시장의 하나일 뿐만 아니라 유라시아 진출에 있어서 핵심적인 파트너라는 점을 인식하여야 한다. 2015~2016년에 걸쳐 러시아가 주도하는 유라시아경제연합과 한국은 자유무역협정 체결 타당성에 대한 공동연구를 마치고 정부간 협상을 개시하기로 작년 가을 원칙적인 합의를 보았다. 하지만 아직까지 협상이 개시되지 못하고 교착상태에 빠져있다. 유라시아경제연합과의 자유무역협정은 소위 한국의 '경제영토'를 획기적으로 확대시킬 뿐만 아니라 장기적으로 한민족의 생활공간을 넓히는 데도 기여할 것이다.

그간 러시아는 한국에 대해 여러 가지 남북러 삼각협력을 제의한 바 있다. 한반도종단철도와 시베리아횡단철도의 연결, 북한 경유 가스관 건설을 통한 러시아산 천연가스 공급, 남북한과 러시아 간 전력망 연계 등이다. 그러나 한국 측은 이러한 제안들에 대해 국내 정치적 목적을 위한 활용에는 적극적이었으나 실제 사업 추진에는 매우 소극적이었다. 남북러 경제협력에는 애초부터 북한 변수가 있었다. 그런데 한국은 처음에는 적극적인 태도를 보이다가 결국에는 북한 변수를 이유로 논의 자체를 중단하는 경우가 많았다. 하지만 이러한 메가프로젝트들의 근본 취지는 경제협력을 뛰어넘어 남북 화해와 협력에 미치는 긍정적이고 불가역적인 효과를 염두에 둔 것이었다. 즉 경제적 이익과 함께 남북관계 개선이라는 외교적 실익이 분명함에도 불구하고 한국은 적극적으로 상황을 타개하려 하기보다는 북한의 어떤 도발이 있으면 기다렸다는 듯이 논의 자체를 중단하였다. 이러한 양상은 진보정권 시절에도 마찬가지였다.

박근혜 정부가 제창한 유라시아 이니셔티브와 관련하여 그간 의미 있는 움직임은 나진-하산 복합물류 프로젝트뿐이었다. 그러나 이마저 한국은 수년간 협상을 끌어오다가 2016년 러시아에 참여 포기를 통보하고 말았다. 북한의 장거리 미사일 시험 발사와 관련한 유엔 안보리의 대북 제재대상이 아니었음에도 불구하고 한국이 대북 제재를 '솔선수범'한다는 어리석음을 범하고 말았다.

러시아가 전략적으로 중요시하는 극동 러시아 개발 협력도 비슷한 양상이었다. 이명박 정부 당시에는 한국 기업들의 진출을 지원하기 위한 정부 내 조직까지 마련된 적이 있었으나 흐지부지되었다. 물론 일부 경제계 인사들이 지적하듯이 극동 러시아 지역은 지금 당장 매력적인 시장이 아닐지도 모른다. 하지만 중국 기업들과 상인들은 공격적으로 투자를 하고 있으며 미래에 대비하고 있다. 아마도 극동 러시아 시장은 2~3년내 수확을 거둘 수 있기보다는 '키워서 잡아먹는' 시장일 것이다. 2015년말 한국정부 주도로 '극동 러시아 지역 항만 시설 확충과 우리 기업의 진출 방안'에 대한 용역보고서가 나온 바 있다. 그러나, 아직까지 한국 측에서 이렇다 할 구체적인 움직임은 없다. 극동 러시아 지역의 개발과 관련하여 필수적이고 중요한 이슈가 물류의 개선이고 물류를 장악하는 쪽이 교역에서도 우위에 설 것이라고 하는데, 한국정부는 전략적 사고를 하고 있는지 궁금하다.

또한 극동 러시아에서 남북한과 러시아가 공동의 사업을 통해 3자가 모두 윈윈 할 수 있는 방도가 있다. 개성공단 모델을 극동 러시아에 적용하는 것이다. 즉 극동 러시아판 개성공단을 도처에 만들어 운영하면 한국 기업은 특히 러시아 시장에서 소비재 생산과 판매에 있어서 경쟁력을 얻게 되고 러시아로서는 자국 내에서 일반 소비재의 다량생산이 가능해짐으로써 향후 중국에 대한 의존도를 낮추고 제조업 기반을 확충해 나갈 수 있다. 또한 러시아 땅에서 남과 북의 근로자들이 함께 일함으로써 화해와 협력의 분위기를 조성하여 통일의 기반을 다져나갈 수 있을 것이다.

셋째, 러시아는 남북한 통일과정에서 유용한 우군이 될 수 있다. 중국은 대북 제재에 소극적이다. 소위 '미 제국주의에 대한 완충지대'로서 북한의 존속을 바라기 때문이다. 중국 측이 동북공정에 의거하여 '한반도의 한강 이북은 과거 중국의 식민지였다.'고 주장하는 것은 북한의 급변사태시 중국군이 북한을 장악하고 이를 합리화하는 명분으로 삼겠다는 속셈이 아니겠는가? 또한 2015년 1월 당시 중국 외교부 부부장이었으며 현재 6자회담의 중국측 수석대표인 우다웨이가 '한국이 만주 간도의 소유권을 주장하지 않으면 중국도 고구려가 중국의 것이라고 주장하지 않겠다.'라고 말하지 않았던가? 이게 무엇을 말하는 것인가? 중국은 남북한 통일을 바라지 않으며 앞으로도 북한을 존속시키고 북한에 대한 영향력을 계속 행사하겠다는 뜻이 아닐까? 중국의 의도에 대해 최소한으로 말해도 중국과 한국은 한반도에서의 전쟁 재발 방지를 제외하고는 한반도 정세와 남북통일에 관해서 공통분모가 없다는 점을 부인하기 어려울 것이다.

한편 러시아는 입장이 전혀 다르다. 러시아 정부의 정책 우선순위의 하나가 극동 러시아 지역의 개발이다. 그러나 중국이나 일본과의 협력에 대해서는 속마음이 편하지 않다. 중러, 일러 간에는 영토를 둘러싼 구원이 도사리고 있기 때문이다. 따라서 러시아는 한국과의 경제협력을 선호하는 편이다.

현재 러시아는 중국과 매우 긴밀한 관계인 것처럼 보인다. 특히 냉전 이후 미국의 일방주의에 대항해 중국과 힘을 합하여 대처하고 있다. 그러나 러시아와 중국의 원만하고 가까운 관계는 그리 오래된 일이 아니며, 냉전시절 소련과 중국은 같은 사회주의 국가이면서도 갈등관계에 있었으며 심지어는 만주 지역 북쪽 아무르 강 유역 국경지대에서 무력 충돌도 있었다. 1970년대 미국은 소련에 대해 군사적 위협을 느끼는 중국을 포용함으로써 소련을 견제하기까지 하였었다. 그러한 갈등의 기저에는 19세기 후반 청나라 영토였던 아무르 강 이북

지역과 연해주를 러시아에 빼앗겼던 역사적 사실이 도사리고 있다. 중국은 그 지역을 회복하여야 할 자신들의 영토라고 학교에서 가르치고 있다고 한다. 중국은 외견상 미국의 일방주의에 대항한다는 차원에서 러시아와 우호적인 관계를 유지하고 있으나 내심으로는 '실지수복(失地收復)'의 의지를 다지고 있는 것이다. 한마디로 러시아와 중국의 관계는 동상이몽(同床異夢)이라고 표현하는 것이 사실에 가깝다.

냉전 시절 극동 러시아 지역은 군사적인 목적을 위해 폐쇄된 지역이었다. 현재는 개방되었으나 사회간접자본 투자가 아직 충분하지 않아서 경제적으로 낙후되어 있으며 대규모 투자를 필요로 한다. 러시아 전체 영토의 30%에 이르는 땅에 인구는 700만에도 미치지 못한다. 그런데 바로 이웃한 중국의 만주 지역은 인구가 이미 1억이 넘었으며 활발한 경제활동이 이루어지고 있다. 극동 러시아 지역의 주민들은 소비재의 상당부분을 주로 중국에 의존하고 있으며 앞으로도 획기적인 조치가 없다면 이러한 추세는 심화될 것이다. 나아가 이 지역이 러시아 핵심부인 우랄산맥의 서쪽지역과 경제적으로 분리될 가능성도 있다고 한다. 중국인들의 합법 및 비합법 이주도 계속되고 있다고 한다. 즉 러시아는 중국의 '평화적 잠식' 위협에 놓여 있다고 볼 수 있다. 역설적으로 군사적 위협보다도 '평화적 잠식'이 더 우려되는 것이다.

러시아는 일본과도 그리 편한 관계가 아니다. 러시아가 극동 러시아에 대한 일본의 투자를 요청하고 있으나, 일본은 소위 '북방영토' 또는 남쿠릴 열도의 영유권 문제가 해결되기 전에는 본격적인 투자는 할 수 없다는 게 기본 입장이다. 물론 최근 러시아와 중국 간 밀월에 대해 긴장한 일본이 다소 융통성 있는 자세를 보이고 있지만 기본적으로 러시아에 대해 '북방영토'의 반환을 집요하게 요구하고 있다. 객관적으로 일본의 주장이 타당한지는 따져보아야겠으나 2차 대전 이전에 일본이 그 섬들을 소유하고 있었다고 하나 그 섬들의 영유권에는 변동이 여러 번 있었고 2차대전 이후 1952년 샌프란시스코 평화조약에서 규정하고 있는 일본의 영토 범위를 어떻게 보아야 하는지도 논란의 여지가 있다.

따라서 극동지역 개발을 위해 러시아로서는 한국이 유용하고도 가장 편안한 협력 파트너이다. 양국 사이에는 정치적 장애물이 없지 않은가? 특히 러시아는 한국의 경제적 활력(economic dynamism)이 극동 러시아 지역의 개발에 큰 도움이 될 것이라고 보고 있다. 그런데 인간의 심리상 뭍으로 연결되어 있지 않으면 그러한 활력이 넘쳐흐르는 데 장애가 된다. 한국은 지리적으로는 그렇지 않지만 2차 대전 이후 분단 이래 '섬' 아닌 '섬'의 신세를 면하지 못하고 있다. 즉 통일 한국은 극동 러시아 개발을 위해 한국과 러시아의 협력을 가속화할 수 있는 호재인 것이다. 동시에 러시아가 거대한 영토(한반도의 78배)를 갖고 있고 강대국이긴 하나 적어도 동북아시아에서는 중국에 대해 상대적으로 열세인 것도 사실이다.

그래서 러시아 입장에서 변방인 극동 러시아 지역의 경제적 군사적 안보를 위해서 강력한 통일한국(strong united Korea)의 출현에 대해 거부감을 가질 이유가 없다. 거시적으로 러시아 입장에서 보면 부상하는 중국을 견제할 수 있는 호의적인 세력균형이 형성되는 것이기 때문이다. 물론 전제조건이 있다. 즉 통일한국이 지금처럼 과도하게 미국에

치우치는 외교를 펴지 않는다는 조건을 들고 있다. 이러한 분위기에서 2005년 러시아 정치학자 블라디미르 수린(Владимир Сурин) 박사가 「코리아 선언(Корейский манифест, Korean manifesto)」을 발표한 바 있다. 한마디로 말해서 그는 앞으로 예상되는 중국의 시대(Pax Sinica)에 대비하여 한국과 러시아는 서로에 대해 구원투수가 될 수 있다고 보고 전례가 없는 국가연합 구상을 제시하였다. 위에서 언급한 세부적인 것에 대해서는 사람에 따라 달리 볼 수도 있을 것이나 분명히 객관적인 사실은 남북통일을 바라보는 시각에 있어서 중국과 러시아가 다르다는 점이다. 즉, 이러한 시각차를 한국이 지나쳐서는 안 된다.

또한 역대 대통령들의 취임 후 4강 방문과 관련하여 지적할 점이 있다. 어떤 순서로 할 것이냐에 대해서는 논란의 여지가 있기 때문에 굳이 언급하지는 않겠으나 취임 이후 최초 방문까지 기간에 대해서 지적하고 한다. 역대 대통령들 대부분의 러시아 방문 시기가 취임 첫해를 넘기기가 일쑤였다는 점이다. 정상 외교에 있어서 취임 후 첫 공식방문의 시기는 상대방 국가에 주는 상징적 의미가 크므로 언제이냐는 결코 소홀히 할 수 없는 문제이다.

요약하자면 러시아는 사드 배치에 대해서만 아니라 남북통일에 대한 시각에 있어서 중국과 차이를 보이고 있다. 또한 러시아는 한국이 경제적으로 중국 의존에서 벗어나기 위한 대안시장으로도 유용하며, 특히 유라시아 대륙 진출을 위한 핵심 파트너이기도 하다. 한국은 이러한 점을 고려하여 한러 관계에 대한 전략적 사고를 해야 할 것이다.

한국이 진정 북핵 문제를 해결하고 남북화해와 협력 나아가 남북통일에 있어서 주도적 역할을 하려면 현재와 같이 스스로를 미국과 중국 사이에 '샌드위치' 신세에 몰아넣기보다는 러시아라는 유용한 외교적 카드를 활용하여야 할 것이다. 두 개의 강대국만 상대하다 보면 그들은 언제든지 쉽게 한국의 이익을 희생하면서 자기들의 이익을 취하기 위해 담합할 가능성이 크나, 2개 이상의 강대국들이 서로 충돌하도록 하면 담합에 대한 우려가 줄어들 것이며 한국 외교의 입지가 지금보다는 커질 것이다.

이런 맥락에서 문재인 정부에서는 부디 한러 관계를 재구축함으로써 보다 현명한 4강 외교가 펼쳐지길 기대해 본다.

(2017-05-14《프레시안》)

어느 러시아 학자의 '코리아 선언'

현재 러시아와 중국은 밀월관계에 있는 것으로 보인다. 지난 4월 하순 푸틴 러시아 대통령은 일대일로 참여국 회의에 참석키 위해 베이징을 방문했고 지난주에는 시진핑 중국 국가주석이 상트 페테르부르크 국제경제포럼에 참석했다.

하지만 러시아에서는 소련 해체 이전부터 중국위협론이 면면히 이어져 왔다. 그간 중국 경제력이 지속적으로 신장되어 러시아 경제력을 앞섰고, 그 격차가 커지고 있다. 러시아는 경제성장이 부진한 가운데 심각한 저출산으로 인구 감소 또는 정체 상태가 계속됨에 따라 중국에 대한 경계심이 더욱 커졌다고 할 수 있다.

2005년 11월 블라디미르 수린 박사가 러시아 학술지《폴리티치스키 클라스》에 「코리아 선언」이라는 제목으로 기고했다. 그는 러시아 민족이 공산주의 억압 통치에 이어 소련 해체 이후 서구 자유방임주의 폐해로 인해 점진적 소멸 위기에 처해 있으며, 특히 사실상 무인지 경인 극동 시베리아 지역으로 중국세력이 팽창함으로써 영토 보전이 위협받고 있다 판단하고 이와 관련해 오로지 한민족만을 받아들여 닥 쳐올 위기를 막아야 한다고 주장했다.

그는 '왜 오로지 한국과 한국인인가?'의 이유로 첫째, 한국 경제는 세계 10위권이며 고효율성과 높은 기술력을 갖고 있고 미국 등 서방 의 서비스 경제와는 달리 물품을 생산하는 실물경제라는 것이다. 둘 째, 한민족은 부지런하고 교육 수준이 높고, 종교에 대한 편견이 없다 는 것이다. 셋째, 한민족은 다른 민족에 흡수되는 것을 거부하면서 다 른 민족을 흡수하려 하지도 않으며, 한국 인구는 중국과는 달리 수적 인 측면에서 러시아 민족을 흡수할 수준은 못 된다는 것이다. 한마디 로 극동 시베리아지역을 개발하는데 힘을 빌리면서도 영토 보전과 관 련해 우려할 필요가 없는 파트너는 한국과 한민족이라는 주장이다.

한러 국가연합론을 담은 코리아 선언

그는 한민족 대규모 이주에서 더 나아가 러한 공생국가를 주창하고 있다. 즉 한국과 러시아는 각각 주권을 유지하면서 상대방 국민에 대 해 내국민대우를 부여하는 등 국가연합을 이루자는 것이다.

러시아의 문제는 한국의 170배나 되는 광대한 영토에 비해 인구가 약 1억 5,000만 명으로 적은데다 그나마 우랄산맥 서쪽에 몰려있다 는 것이다. 특히 바이칼 호수 동쪽지역은 면적이 러시아 전체 40%를 차지하지만 인구는 800만에 불과하다. 아무르 강과 우수리 강 건너편 중국 만주 지역은 인구가 이미 1억 명이 넘는다. 양 지역 사이에는 소련 붕괴 이후 국경이 개방되며 인구 삼투압 또는 평화적 잠식 현상이 나타나고 경제적으로는 역전 현상이 일어났다.

그간 러시아 정부는 이 지역의 경제발전을 위해 상당한 재원을 투입해왔고, 2015년부터는 동방경제포럼을 개최해 중국 이외 국가들로부터 투자 유치에도 힘을 쏟고 있으나 아직 만족스러운 성과를 내지 못하고 있다.

한반도는 현재 7,600만 명이나 되는 남북한 인구를 부양하기에는 비좁다. 극동 시베리아로의 한민족 진출은 우리에게는 생활공간의 평화적인 확장이라는 측면에서 적극적으로 고려할 만하다. 러시아는 극동 시베리아 개발을 위해 동북아 3국 가운데 한국을 가장 유용하고 부담 없는 파트너로 생각하고 있다. 그런데 우리의 북방정책은 국가적인 차원에서 장기적인 전략과 비전을 갖지 못하고 단순히 경제협력의 확대 수준에 머물고 있다.

극동 시베리아 개발 구상 논의 되어야

중국의 잠재적인 위협에 대비하기 위해 한국과 러시아가 함께 극동 시베리아를 개발하는 구상에 대한 거대담론이 한국에서도 논의되어야 할 것이다. 현재와 같은 동북아시아 상황이 지속된다면 결국 북한은 사실상 중국의 동북 제4성이 될 수 있으며, 한국은 경제적으로는 번영하나 국제사회에서 기를 펴지 못하는 대만과 같은 처지로 전락하게 될 수도 있기 때문이다. 현재 미국과 중국의 무역전쟁이 전면적 충돌로 이어질 것이며 그 결과 중국의 약화를 예상하는 사람들이 많다. 그러나 우리로서는 중국이 더욱 강해질 가능성도 염두에 두고 대비하는 것이 현명한 일이 될 것이다.

그런 점에서 2014년 1월 비자면제협정의 발효로 한러 양국의 상호 방문자 수가 급격하게 늘어나는 추세이고, 최근 한국 사회에 본격적으로 러시아 내지 유라시아 진출에 관한 의견을 나누는 각종 포럼이 생겨나고 있는 것은 고무적인 현상이다.

(2019-06-14《내일신문》)

대러시아 정책 어떻게 할 것인가?

1. 들어가는 말

노태우 정부의 북방정책의 결과로 1990년 9월 한국과 러시아(당시 소련)가 수교한 지 올해로 29년이 되었다. 그런데 현재 많은 한국인들에게 러시아는 이렇다 할 존재감이 없는 나라로 인식되고 있고, 한러 양국관계가 소위 전략적 동반자 관계라고 하지만 현 상태가 그런 거창한 이름에 들어맞는지 의구심이 든다. 러시아의 위상에 대해 객관적으로 짚어보고 수교 이래 양국 관계가 어떻게 전개되어왔는지 간략히 회고한 뒤 앞으로 양국 관계를 어떻게 발전시켜 나가야 할 것인가에 대해 의견을 개진하고자 한다.

2. 러시아의 국제적 위상은 어떠한가

우선 한국 언론은 한국은 미국과 중국, 즉 G2 사이에서 양자택일을 해야 하는 상황에 있다고 기술한다. 그런데 G2란 말은 주로 한국에서 쓰는 표현이고 국제무대에서는 그렇지 않다. 여러 객관적 지표상 중국은 아직 미국의 상대가 되지 않기 때문이다. 그리고 중국과 러시아 관계를 마치 미국과 일본 관계와 비슷한 것처럼 착각하고 있다. 냉전 종식 이후 미국이 국제정치를 좌지우지하려는 데 대해 러시아가 제동을 거는 가운데 중국을 파트너로 끌어들이고 있을 뿐이다. 소련 시절 소련의 일부였던 공화국들이 독립함으로써 러시아가 상대적으로 국세가 약화된 것은 사실이나 여전히 미국은 러시아에 대한 경계를 늦추지 않고 있다. 시리아 내전에서 미국은 친미 반군을 도와 정부군을 붕괴시키려 하였으나 러시아의 개입으로 미국의 계획은 좌절되었으며, 베네수엘라의 반미 정권을 무너뜨리려고 내정간섭을 서슴지 않았으나 러시아의 관여로 역시 성공하지 못하였다. 또한 우크라이나 내전에서도 미국은 우크라이나의 영토를 지켜주지 못하였다. 이런 결과에 대해 한국 언론은 미국의 개입은 선한 것이고 러시아의 관여는 악한 것이라는 흑백논리로 바라보기 때문에 국제무대에서 러시아의 위상에 대해 제대로 평가하지 못하고 있다. 러시아의 국력을 알고 있는 미국의 트럼프 대통령은 올해 프랑스에서 열린 G7에서 내년 미국에서 개최되는 G7에 러시아를 초청하겠다고 하였다. 더욱이 러시아는 국제사회를 구속할 수 있는 유엔 안보리 결의에 대해 거부권을 갖는 상임이사국이다.

둘째, 러시아는 현재 군사력에서 핵전력을 포함하여 미국에 버금가는 나라이고 높은 방산 기술 수준으로 세계 무기 시장에서 미국과 경쟁하고 있다. 러시아는 과학기술강국이다. 원자력, 우주항공, IT, 의료, 에너지 효율 분야에서 우위를 갖고 있다. 러시아는 기초과학의 수준이 매우 높아 이를 바탕으로 원천기술의 축적과 개발에 있어서 단연 세계적인 수준이며 4차 산업혁명의 핵심인 인공지능 분야에서 상당한 수준이다. 그리고 우주항공분야에서 미국과 더불어 선두그룹에 속한다.

셋째, 한국에서는 러시아 경제가 석유, 가스 등 에너지 자원의 수출에 의존하는 취약한 구조이고, 현재 GDP가 한국과 비슷하다고 러시아를 대수롭지 않게 여기는 경향이 있다. 하지만 한 나라의 국력을 평가하는 데 있어서 경제적 측면은 많은 요소 가운데 하나일 뿐이다.《유에스 뉴스 & 월드 리포트》가 선정한 '세계에서 가장 강한 국가 순위' 2020년판에서 러시아는 미국에 이어 2위이다. '세계에서 가장 강한 국가 순위'는 전 세계 21,000여 명을 대상으로 실시한 설문 조사 결과와 정치력, 경제력, 군사력, 영향력 등을 종합해 결정된다. 한국인들이 인식하고 있는 '러시아'와 국제사회에서 평가하는 '러시아'와 사이에 큰 괴리가 있다.

3. 그간 한국과 러시아 양국 사이에 어떤 일들이 있었나

수교 이후 양국 사이에 있었던 일 가운데 정치외교, 경제, 영사 분야 등으로 나누어 의미가 큰 것들을 중심으로 살펴보고자 한다.

1) 정치외교 분야

가. 한국외교에서 러시아 소외 현상

냉전 종식이 임박하였을 때 노태우 정부는 호기 있게 소련과의 수교를 추진하였다. '모스크바를 통해 평양으로 간다.'는 구상이었다. 북한의 최대 동맹국인 소련과 외교관계를 맺음으로써 북한을 압박하여 대화와 타협의 장으로 끌어내고자 하였다. 실제로 한소 수교는 북한에게 엄청난 충격이었다. 또한 소련 해체 이후 등장한 러시아의 초대 대통령 옐친은 북한과의 관계를 사실상 단절하고 한국 일변도의 대한반도 정책을 추구하였다.

그러나, 1990년 수교 이래 초반 몇 년을 빼고는 한국 외교는 러시아를 경시하여 왔다. 이명박 대통령을 제외한 역대 대통령은 미국, 중국, 일본과는 달리 러시아는 취임 다음해에 방문하였다. 김영삼 정부가 북핵 문제 해결을 위한 당사국 회담(남북한, 미국, 중국)에서 러시아를 배제하였던 것이 대표적인 예이다. 그 뒤로도 한국정부의 이러한 외교행태는 이어졌다. 러시아가 포함된 6자회담 과정에서도 그러한 경향을 보였다. 한국은 당초의 북방외교라는 전략적 사고는 희미해지고 오로지 러시아는 북한 정보를 최대한 입수하는 채널이라는 생각뿐인 것 같았다. 1990년대 말 한국 대사관의 안기부 직원과 가까운 사이였던 러시아 외교부의 한국 담당국장이 간첩혐의로 조사를 받고 문제의 직원은 추방되는 일이 벌어지기도 하였다. 이 사건은 양국 외교부 사이 불신과 마찰의 요인이 되었고 급기야 김대중 정부의 박정수 외교부 장관이 경질되었다. 역대 주 러시아 대사 3명이 외교부 장관으로 영전하였으나 러시아에 대한 경시는 여전하였다.

이러한 배경속에 1990년대 옐친 정부 시절 한국 우선이었던 러시아의 한반도정책은 남북한에 대한 등거리 외교로 바뀌었다. 푸틴 대통령 등장 이후 이러한 경향이 뚜렷해졌으며 아직도 러시아의 이러한 대한반도 외교 기조는 유지되고 있다.

나. ABM 파동

김대중 대통령 당시 한러 정상회담 공동성명에 ABM(탄도탄 요격미사일 조약) 관련 조항이 포함된 것과 관련하여 보수언론이 한미동맹을 해칠 수 있다면서 문제 삼았는데 이에 대해 미국은 마치 전혀 몰랐던 사실을 뒤늦게 알게 되었다는 식의 반응을 보였다. 이로 인해 한국은 러측에 국가적 체면을 손상하면서까지 공동성명에서 관련 조항을 빼자고 하였다. 그런데 아는 사람은 다 아는 일이지만 문제의 조항 내용은 ABM 폐기에 대한 원론적 언급이었다. 그리고 한국정부는 러시아 또는 중국과 무언가를 할 때, 특히 정상회담 관련 사항은 사전이든 사후든 어떤 레벨에서든 미국과 교감하는 것을 고려하면 러시아로서는 한국정부의 처리가 불쾌하였을 것으로 생각된다. 이 일로 해서 당시 이정빈 외교부 장관이 경질되었다.

다. 천안함 사건

2010년 3월 천안함 사건이 일어난 지 9년이 지났으나 진상에 대한 논란이 완전히 가라앉은 것은 아니다. 당시 5월 서방조사단 방한, 6월 러시아 독자조사단 방한, 7월 초 유엔 안보리 의장성명 발표, 9월 초 이명박 대통령 방러로 이어지는 과정에서 석연치 않은 점들이 적지 않았다. 특히 러시아 조사단의 결과 보고서에 우리 측에 불리한 내용이 들어있다는 말이 흘러나오면서 당시 이명박 정부가 다소 당황하였던 것으로 보인다. 이런 맥락에서 이명박 대통령이 2010년 가을 뜬금없이 별 볼일 없어 보이는 러시아 정치 행사(야로슬라블 정치 포럼)에 당시 메드베데프 대통령의 초청으로 2번째로 러시아를 황급히 방문하였다. 그 이전 역대 대통령 중에 재임 중 러시아를 두 번 방문한 것은 노무현 대통령이 처음이었다. 노 대통령은 러시아가 가장 큰 의미를 부여하는 전승기념일 행사에 참석한 것이라 모양도 좋았다. 하지만 이명박 대통령은 사실상 러시아 국내 행사로 국제적으로 잘 알려지지도 않았고 야로슬라블이라는 지방도시에서 개최되었으며 외국 정상이라야 이탈리아 수상만 참석한 그런 행사에 다녀온 것이다. 러 측의 다른 행사 참석 초청에 대해서는 무반응이었는데 그 행사에는 두말하지 않고 참석한 것은 어느 모로 보나 석연치 않은 구석이 있어 보인다. 어쨌든 그 직후 메드베데프 대통령은 천안함 사건에 관한 러시아 조사단의 보고서를 공개하지 않기로 하였다고 발표하였다.

라. 사드배치 결정

2016년 7월 사드 배치 결정과 관련하여 발표 직전까지도 한국 측은 러시아 정부의 의구심에 대해 '제의 받은 바 없다. 검토하고 있지 않다. 결정된 바 없다.' 라고 대응하였다. 한국대사관측으로부터 아무런 사전통지도 받지 못한 상태에서 한국정부의 전격적인 발표를 듣게 되자 러시아 외교부 차관은 주러 한국대사를 초치하여 격앙된 반응을 보였다. 러 측은 이번에도 한국은 주체적인 결정을 하지 못하고 미국

의 압력에 따라 결정하였다고 해석하였다. 하지만 러시아는 중국과는
달리 어떤 실질적인 보복조치도 취하지 않았다.

2) 경제 분야

가. 경협차관

수교 직후 한국은 러시아에 경제협력의 종자돈으로 경협차관을 제
공하였는데 그 중 상당부분이 한국산 제품을 구입하는 소비재 차관이
었고 그 덕택에 러시아 시장에서 삼성, LG 등 한국 기업의 제품에 대
한 인지도가 높아져 한국 기업들은 차관액의 수십 배가 넘는 수출실
적을 올렸고, 한국 기업과 제품은 여타 CIS국가들에도 널리 소개되어
한국 전자제품이 글로벌 브랜드로 도약하는 계기가 되었다. 그런데
러시아가 1998년 금융위기를 겪으면서 경협차관의 상환이 수년간
정상적으로 이루어지지 않은 적이 있었는데 한국 언론은 러시아를 단
순히 빚을 갚지 않는 나라로 매도하였다. 2003년 상환 스케줄이 재조
정된 이후 현재까지 상환이 정상적으로 이루어지고 있다. 그런데 이
채권은 소련과의 외교관계 후속조치로 당초 현금차관 10억 달러 , 소
비재 차관 15억 달러, 자본재 연불수출 5억 달러 등 총 30억 달러의
경제협력차관을 공여하기로 약속하고 14억 7,000만 달러까지 집행
되다가 1991년 12월 소련이 해체됨으로써 중단되었다. 소련의 대외
채무를 승계한 러시아는 당초 약속대로 30억 달러의 차관제공을 요
청했다. 그 대가로 첨단기술도 우리가 원하는 대로 제공하겠다고 했
으나 상환이 불투명하다는 이유로 차관제공은 중지됐고, 강대국인 러
시아의 자존심을 상하게 만들었다.

나. 남북러 삼각협력(철도, 가스, 전력망)

한국의 역대 정부는 출범 초기에 러시아가 한국과의 협력에서 가장 큰 관심을 갖고 있는 3대 메가프로젝트를 제시하였는데, 소위 삼각협력사업으로서 한반도종단철도와 시베리아횡단철도의 연결, 북한 경유 가스관 건설 및 남북러 전력망 연결이 그것이다. 이 프로젝트들에 대해 한러 양국이 논의를 시작한 지 3년도 아니고 30년이 되어가지만 진전은 별무하다. 기대와 실망이 반복되어 왔다고 하겠다. 어떤 경우 러 측은 노골적으로 불쾌감을 나타내기도 하였다. 역대 정부가 전략적 사고와 진정성을 갖고 추진했었다면 지금쯤이면 어느 정도 진전이 있었을 것이다. 북한 요인을 들먹이지만 그것은 애초부터 있었던 것이었고 북핵 사태가 현재와 같이 엄중하지 않았고 심각한 대북 제재라는 걸림돌이 없었던 시절에도 실제로는 한 것이 없었다.

김대중 정부 때는 대통령부터 시작해서 정치인, 고위관료 등은 계기만 되면 '철의 실크로드(Iron Silk Road)'라는 화려한 용어를 구사하였지만 정작 실제로 추진한 것은 거의 없다. 주러 대사관에서 철도 연결 프로젝트에 관한 여러 가지 보고를 해도 서울에서 아무런 피드백이 없었다. 그러면서도 철의 실크로드라는 말은 계속해서 정치적인 수사로 쓰였다. 진정으로 사업 추진 의지가 있었는지 의구심이 든다.

노무현 정부 시절 철도 연결에 관한 남북러 3자 실무접촉이 있었고 이슈는 남북한 철도 연결 지점 지정과 북한 철도(원산-두만강)현대화이었다. 두 이슈는 서로 관련이 있지만 분리해서 접근할 수 있는 것이었다. 전자는 군사적인 이유로 쉽게 합의가 이루어지기 어려운 것인데 반해 후자는 자금조달이 쉬운 것은 아니나 그 자체는 논란이 될 게 없었다. 그런데 상대적으로 추진하기 쉬운 북한 철도 현대화부터 다루자는 러 측의 제의에 대해 한국 측은 소극적이었으며 결국 삼자협의는 흐지부지 되었다.

이명박 정부는 북한 경유 가스관 건설 프로젝트에 대한 협의를 러 측에 적극적으로 제의하였다. 대통령 자신이 양자협의의 대표인 한국가스공사 사장과 직접 소통할 정도로 적극적이었다. 2008년 9월 한러 정상회담 계기에 한국가스공사는 러시아 가즈프롬과 연간 750만 톤씩 2015년부터 30년간 러시아산 가스를 도입한다는 양해각서에 서명하기도 하였다. 그 이후 예상과는 달리 협상이 지지부진한 가운데 한국정부는 2013년 3월 북한 변수를 이유로 협상 중단을 선언하였다.

박근혜 정부도 이전 정권과 마찬가지로 메가프로젝트를 거론하며 유라시아 이니시어티브라는 거창한 이름의 북방정책을 표방하였다. 2014년 우크라이나 내전으로 야기된 서방의 대러 경제제재를 핑계로 말만 무성하였고 실제로 진행된 것이 없었다. 다만 그간 러 측이 독자적으로 나진-하산 구간 철도를 개보수하였고 이를 이용하여 한국-나진-하산-시베리아 철도로 이어지는 복합물류사업을 추진하고자 하였다. 이 사업에 한국 측에서 포항제철 등 3개 기업이 참여할 의사를 표명함에 따라 수년간 협상이 진행되다가 2016년 러시아에 참여 포기를 통보하고 말았다. 당시 북한의 장거리 미사일 시험 발사와 관련한 유엔 안보리의 대북 제재대상이 아니었음에도 한국은 대북 제재에 '솔선수범'한다면서 다시 한번 러시아를 실망시켰다.

다. 극동 시베리아 개발 협력

그간 양국 간 사업에서 3대 남북러 삼각협력 프로젝트외 또 하나 단골메뉴는 러시아가 역점사업으로 추진하고 있는 극동지역 개발 협력이다. 러시아 입장에서 볼 때 현재와 같은 경제적인 낙후상태가 지속된다면 이 지역은 러시아 핵심부인 우랄산맥의 서쪽지역과 경제적으로 분리될 가능성이 있을 뿐만 아니라 잠재적인 안보 위험도 제기되고 있다. 이런 맥락에서 러시아 정부는 국토균형발전 차원에서 극동 시베리아 경제발전전략을 추진하고 있다. 2012년 극동개발부를 신설하였고 올해는 극동연방관구 대통령 대표의 주재지를 아무르 강변 하바로프스크에서 블라디보스토크로 옮기고 연해주를 극동 개발의 핵심지역으로 삼았다. 또한 2015년부터 이 지역의 경제 발전을 도모하기 위해 매년 9월 블라디보스토크에서 푸틴 대통령이 참석하는 동방경제포럼을 개최하여 한국, 일본, 중국 등 아태지역 국가들과의 협력을 촉진하고자 노력하고 있다.

연해주를 비롯한 러시아 극동지방은 저성장의 늪에 빠져있는 한국 경제에 돌파구가 될 수 있을 뿐만 아니라 통일과정과 그 이후를 생각할 때 현재는 큰 이익이 보이지 않는다 하더라도 미래를 위해 투자를 해두어야 하는 곳이다. 하지만 한국 기업들이 근시안적으로 단기 이익에 급급해 하는 자세를 극복하지 못하여 진출이 부진했으며 최근 중소기업들이 관심을 보이기 시작했을 뿐이다. 그간 러시아는 이 지역 개발을 위해 중국과 일본의 투자를 유치하고자 하면서도 역사적인 이유로 마음이 편치 않으나 한국에 대해서는 그러한 거부감을 갖고 있지 않다. 그러한 유리한 점을 갖고도 한국은 소극적인 입장을 취해 왔다.

러시아와 극동지역 개발을 논의한 지 30년이 다되어 가는데 최근 정부 발표에 따르면 이 지역 활성화에 대비한 '선점 효과'를 제고하기 위해 2개 항만 개발 타당성 조사사업을 하겠다고 한다. 선점 효과를 노려야 한다면서 30년 동안 타당성 조사를 벗어나지 못하고 있다. 한러 극동 시베리아 분과위라는 정부와 민간이 함께 참여하는 채널이 있으나 수석대표의 직급(한국 측: 외교부 유럽국장)이 그리 높지 않아서 관련부처나 민간참여도가 만족스럽지 못하였다고 판단되어 외교부 차관으로 격상하였으나 큰 변화는 없었다.

한편 일부 정치인들이 연해주를 방문하여 그곳에 고려인들이 상당수 살고 있다고 해서 자치주 설치를 주장하는 일이 있었는데 매우 적절치 못한 처신이다. 모 국회의원이 연해주지사에게 이 문제를 거론하고 나서 러시아 외교부는 주러 대사관에 대해 불만을 표시한 적도 있다. 고려인 자치주 문제는 연해주 개발에 한국의 참여가 어느 정도 성숙되고 나서 거론해도 될 일을 마치 어떤 권리를 갖고 있는 것처럼 주장한다면 위험한 일이다. 이러한 일 또한 러시아의 자존심을 건드리는 일이다.

라. FTA

2004년에 양국은 FTA와 유사한 BEPA(Bilateral Economic Partnership Agreement)를 추진하기 위한 협상을 개시하기로 하였으나 러 측이 WTO 가입협상이 진행중이어서 한국과의 FTA 추진이 WTO 회원국과의 개별협상에 부담이 될 수 있다는 이유로 중지되었다. 2012년 8월 러시아가 WTO에 가입한 뒤에도 협상이 재개되지 못하였는데, 양국 간 무역구조로 볼 때 FTA 체결이 한국에게만 득이 있고 러시아는 얻을 것이 별로 없다는 것이 판단에 따라 러 측은 소극적인 자세를 견지하였다. 그런 가운데 2015년 유라시아경제연합(EAEU)이 출범하면서 한국 측의 적극적인 요청에 따라 협의가 시작되었다. 그런데 EAEU 회원국들이 한국에 대해 과도한 투자확약을 요청하는 바람에 진전이 없었다. 이러한 상황을 타개하기 위해 현재 한러 양국이 별도로 서비스 및 투자 FTA를 논의하고 있다. 이번 10월 한러 경제공동위원회 연례 회의에서 내년도 타결 목표를 제시하였다. 양측 간 교역 및 투자를 증진하기 위한 제도적 인프라라는 측면에서 매우 의미가 크다.

마. 대러 투자

1990년대에는 한국의 러시아에 대한 직접투자는 거의 이루어지지 않았고 2000년대 중반 이후 본격화 되었는데 2018년 말 현재 누적 기준 30억 달러에 불과하며, 이는 러시아에 유입된 외국인투자 총액의 1%에도 미치지 못하는 수치이다. 현재 러시아에 진출한 한국 기업은 100여 개에 불과한데 반해 독일 및 프랑스의 경우 수천 개 기업이 진출해있다. 이는 한국 기업들의 러시아 시장에 대한 적응력이 서구 기업들에 비해 떨어짐을 보여준다. 결과적으로 한국의 경협에 대한 러시아의 과도한 기대는 무너지고 서로를 탓하는 현상도 나타났다. 이렇게 된 데에는 한국 기업들이 초기에 러시아 시장에 일확천금을 기대하고 철저한 준비 없이 덤볐다가 여의치 않자 바로 소극적인 태도로 돌아섰고 러시아는 러시아대로 전격적으로 사회주의 계획경제에서 자유시장경제로 전환하면서 제도와 법령을 제대로 갖추지 못하였던 점이 지적되어야 할 것이다.

바. 나로호 발사 사업

2013년 1월 30일 한국은 세 번째 시도에서 러시아의 도움으로 고흥반도 발사기지에서 나로호 발사에 성공함으로써 11번째로 우주클럽 멤버가 되었다. 1차 발사 직전까지만 해도 한국 언론에서는 마치 이 프로젝트를 100% 한국의 자력으로 추진하는 것처럼 보도하였다. 하지만 두 차례 발사가 실패하자 갑자기 한국 언론은 왜 하필 러시아를 협력파트너로 선정하였냐며 러시아 때리기를 하였는데 이는 과거 우주 선진국들의 로켓 발사 역사에 대한 무지에서 비롯된 것이다. 1차 및 2차 발사 실패의 책임을 둘러싸고 한국과 러시아가 갈등을 보이기도 하였는데 언론의 무책임한 비난이 부추긴 측면도 있었다. 심지어 모 일간지에는 「우리는 미국의 바지가랑이를 잡고서라도 우주에 가야 한다」라는 시론이 실리기도 하였다. 나로호 사업과 관련하여 미국이 한국을 상대도 하여 주지 않고 얼마나 홀대하였는지 모르고 하는 이야기이다. 우주항공 선진국인 러시아의 자존심을 건드린 일이었다.

3) 영사 분야

가. 비자면제협정

수년간 끌어온 협상 끝에 2013년 11월 푸틴 대통령의 방한 계기에 비자면제협정이 서명되었고 2014년 1월부터 발효되었다. 이에 따라 양국 국민은 상대국을 60일까지 비자 없이 여행할 수 있게 되었으며 그 덕분에 상호방문자 수가 급격히 늘고 있다. 2014년 대비 불과 4년 만인 2018년에 약 70만명으로 2배 증가하였다. 이 협정은 관광, 비즈니스의 확대는 물론 양국 국민들의 상호 이해를 제고하는 데 기여할 것이다.

4. 신북방정책도 거창한 수사에 불과하였나?

1) 문 대통령의 사그러드는 관심

2019년 9월초 블라디보스토크에서 제5차 동방경제포럼이 열렸다. 그 기간에 문재인 대통령은 동남아 3개국을 순방하는 관계로 우리 정부에서는 홍남기 부총리가 참석하였다. 한국은 러시아 극동지역 개발의 핵심 파트너 국가임에도 불구하고 이번 포럼에서 그 존재감은 미미했다. 홍 부총리는 푸틴 대통령과 별도 면담을 갖지 못한 것은 물론 정상급 참석자들 토론에 참여할 수 없었고 한러 세션에 러 측에서는 차관급이 참석해 양자 협력 중요성에 대한 진부한 원론적인 이야기만 오고갔으며 남북러 세션은 개최되지도 못했다. 이에 반해 일본에서는 아베 총리가 이번에도 어김없이 참석했고 남쿠릴열도를 둘러싼 영토 분쟁에도 불구하고 구체적인 8개항의 협력 어젠다를 제시하며 러시아 극동지역에서 협력 강화를 도모했다. 이번에는 인도 모디 총리와 말레이시아 마하티르 총리도 참석해 구체적인 협력 의사를 보였다.

왜 문 대통령은 태국 미얀마 및 라오스 3개국을 굳이 동방경제포럼 개최 기간에 방문해야 했을까? 11월 부산에서 한-아세안 특별정상회의가 개최되는데 그때 얼마든지 3개국 정상들과 개별적인 회담이 가능하였다. 이번 순방 결과에 대한 청와대 발표를 보면 주목할 만한 것이 별로 없고 겨우 '대통령 임기 내 아세안 10개국을 방문하겠다.'는 공약을 조기에 달성했다고 했는데 이 공약에 관심 갖는 사람이 몇이나 될까?

돌이켜 보면 최초로 북방정책을 표방했던 노태우 정부 시절에는 한국 외교 지평과 한국인의 대외경제활동 무대를 획기적으로 확대하는 성과가 있었다. 하지만 그 이후 특히 러시아와의 협력 측면에서 볼 때 역대 정부는 말의 성찬을 펼치기만 하고 노태우 정부 정책을 충실히 계승하지 못했다. 지금과 같이 북핵 위협이 엄중하지도 않았고 심각한 대북 제재라는 걸림돌이 없었음에도 불구하고 진정성을 갖고 추진한 것이 거의 없었다.

이번 정부도 신북방정책이라고 하며 철도 연결, 가스관 건설, 전력망 연결 등 해묵은 메가프로젝트 이야기를 반복하고 동아시아 철도공동체를 거론해 국민들에게 근거 없는 기대감을 불어넣기만 하고 있다. 인터넷에서 가상 유라시아 철도승차권이 인기를 끌었던 일도 있었다. 10월 모스크바에서 개최된 연례 한러 경제공동위원회만 보더라도 서비스 및 투자 분야 FTA 협상을 연내 타결하자는 목표를 제시한 것 외에 주목할 만한 성과가 없어 보인다. 문 대통령이 제시한 소위 '9개 다리' 협력도 아직까지는 이렇다 할 성과가 없다.

2) 북방경제협력위원회, 역할을 제대로 하고 있는가?

문재인 정부 이전에는 대러 경제협력을 총괄하는 컨트롤 타워가 없었다는 점에서 이 위원회의 설치는 매우 큰 의미가 있다. 대상 지역은 설립 취지에 비추어 볼 때 핵심은 러시아인데 정작 러시아와의 협력 사업, 9개 다리(가스, 철도, 항만, 전력, 북극항로, 조선, 농업, 수산, 일자리)에서 이렇다 할 성과가 없다.

이 위원회가 제대로 작동하려면 파견 공무원들의 지위 보장과 인센티브가 중요한데, 말은 그렇게 하지만 각 부처가 본부 인사 차원에서 위원회 자리를 다음 보직으로 보내기 전에 일시적으로 거쳐 가는 자리로 활용하다 보니 잦은 직원 교체가 문제가 된다고 본다. 파견 직원의 자질이 문제가 되기도 한다. 유능한 직원들은 파견 대상에서 제외되기 일쑤이다.

이 위원회가 제대로 작동하려면 특별한 사정이 없는 한 사람이 현 정부에서 이 위원회의 임무가 종료할 때까지 그 직을 맡는 것이 바람직하나 초대 위원장인 송영길 의원은 1년 정도하고 스스로 사직하고 말았다. 그 후임으로 홍콩에 상주하는 골드만삭스 아시아담당 선임이코노미스트인 권구훈 씨가 전에 국제통화기금 모스크바 사무소 상주대표를 역임한 바 있다는 이유로 전문성을 인정받아 임명되었다고 하는데 과연 그가 전문성이 있는지 의심스럽고 서울에 상주하지도 않으면서 무슨 컨트롤타워로서 역할을 할 수 있다고 하는 것인지 의구심이 든다.

전문성, 추진력, 사명감을 가진 인물과 위원회 업무에 매진하겠다는 자세를 갖춘 공무원들이 없다면 이 위원회는 북방협력을 주도하여 이끌고 나가기보다는 단지 돌아가는 상황을 파악하고 취합하여 대통령에게 보고하는 역할에 그칠 가능성이 있다.

5. 앞으로 어떻게 할 것인가

여타 나라와의 관계에서처럼 막연히 경제협력을 확대하고 선린관계를 발전시킨다는 것이 아니라 한국에 대해 러시아가 갖고 있는 지정학적, 전략적 의미를 고려한 접근이 요구된다. 중국의 부상에 따른 동북아시아 세력균형의 예상되는 변화에 적극적으로 대처하여야 한다. 여전히 미국이 유일 초강대국이지만 최근 미국 국내정치의 경향을 보면 중장기적으로 이 지역에 대한 개입을 줄여나갈 것으로 예상된다. 앞으로 한국이 경제적 번영을 누리면서도 국가적 자존을 유지하려면 미국과 일본이외에 중국에 대한 지렛대를 확보해야 한다. 최근 특히 미중 무역전쟁을 계기로 조만간 중국의 몰락을 주장하는 견해들이 난무하는데 중국의 장래를 낙관적으로 보고 장래 대책을 마련하는 것이 안전할 것이다. 또한 통일에 대해 호의적인 입장을 취하는 세력은 이웃나라 가운데 러시아가 유일한 나라이다. 미국과 일본은 소극적 내지 무관심하고 중국은 부정적이나 러시아는 전략적 관점에서 통일한국이 유익하다고 보고 있다. 동북아시아에서 러시아의 건재는 한국에게 바람직한 것이다. 이런 관점에서 2008년 한러 정상회담에서 언급된 전략적 동반자관계를 명실상부한 것으로 만들어야 한다.

첫째, 러시아의 자존심을 상하게 하지 말고 줏대 없는 처신을 지양해야 한다. 한국은 그간 러시아에 대해 자존심을 상하게 하거나 스스로 줏대 없게 처신한 적이 있는데 앞으로는 대러 관계를 긴 안목으로 보아 그런 일이 되풀이되지 않도록 신중하여야 한다. 경협차관, ABM 파동, 사드 배치 결정, 나로호 발사 등의 경우가 대표적이다. 특히 사드 배치 결정을 둘러싼 한국의 대응을 외교적이라고 생각하면 큰 오산이다. 러시아도 한국이 처한 상황을 이미 잘 알고 있는데도 뻔한 거짓말을 하는 것은 신뢰를 무너뜨리는 비외교적인 처신이다. 북핵 문제와 관련해서 북미간 직접협상이 핵심이긴 하나 러시아의 관여를 투박하게 배제하려는 것도 현명한 처신으로 보이지 않는다. 미국이 러시아에 대해 괜히 끼어들지 말라고 하는 것은 그것대로 이해가 가나 현재와 같이 미국이 한국의 역할을 거의 존중하지 않는 마당에 미국을 따라할 필요가 있을지 의문이다.

그리고 남북러 삼각협력사업은 북핵 문제의 진전이 없이는 추진이 어려우므로 더 이상 말이 앞서는 일이 없도록 해야 한다. 다만 언제든지 여건이 되면 실행할 수 있도록 차분하면서도 지속적으로 준비는 하여야 할 것이다. 또한, 역대 주러시아 대사들 가운데 직업외교관으로서 러시아어를 구사할 수 있는 사람은 올해 임명된 이석배 대사가 처음이다. 모스크바에 상주하는 주요국 대사들의 경우 중국 대사는 물론이고 일본 및 미국 대사도 러시아어를 구사한다. 외교란 말로 하는 것인데 주재국과 소통이 원활하지 못하면 문제가 있을 수 있다.

둘째, 극동 러시아 지역, 특히 연해주 개발에 문자 그대로 전략적 협력을 추진하는 것이 효과적일 것이다. 러시아에서 경제적인 낙후상태가 지속되어 잠재적 안보 우려까지 있는 극동지역 개발에 대해 한국 정부는 남의 나라 일이라고 관망하고 단기적인 이익에만 집착하는 민간기업에 맡겨 놓을 것이 아니라 이니셔티브를 발휘하여 마중물 역할을 하여야 할 것이다.

극동 러시아 지역은 물론 연해주 자체도 남북한을 합친 것보다 넓은 면적이다. 극동지역 협력은 선택과 집중에 따라 우선 연해주에 집중할 필요가 있다. 이미 수년전에 우리측은 기획재정부의 KSP (Knowledge Sharing Program)사업의 일환으로 연해주 경제개발 계획 수립을 자문한 바 있다. 또한 2015년말 국토해양부가 극동 러시아 지역 항만 확충에 관한 용역보고서를 낸 바 있다. 이런 결과를 사장시킬 것이 아니라 러 측과 협의를 통해 구체적인 실행계획으로 발전시킬 필요가 있다. 극동 러시아 지역의 개발과 관련하여 필수적이고 중요한 이슈가 도로, 항만 등 물류의 개선이고 물류를 장악하는 쪽이 교역에서도 우위에 설 것이기 때문이다. 자금조달은 민관합작프로젝트 방식이 바람직할 것이다. 연해주에서 한러 양측이 확고한 협력관계를 다지는 것은 향후 삼각협력사업의 진전을 촉진하는 역할도 할 것이다.

셋째, 양국 간 경제협력을 증진하기 위한 중요한 인프라로 현재 진행 중인 한러 서비스 및 투자 FTA협상을 조속히 매듭짓고 이를 토대로 상품교역 자유화를 포함한 유라시아경제연합과의 FTA 협상으로 나아가야 할 것이다. 4차 산업혁명 시대에 기술 협력에 있어 최상의 파트너인 러시아와 민간 기업 간 협력을 촉진하기 위한 제도적 지원을 강화해야 할 것이다.

넷째, 최근 지방정부들이 주도하고 있는 한러 지방협력포럼이 극동 러시아 지역 지방정부와의 경협사업을 추진하는 명실상부한 플랫폼 역할을 할 수 있도록 적극 지원하여야 한다.

(2019-11-01 '크라스키노 포럼 제2 차 정책포럼' 발제문)

한민족의 극동 시베리아
개발 참여와 동북아 세력균형
- 수린 박사의 「코리아 선언」을 중심으로 -

I. 서 론

　21세기에 접어들면서 동북아시아의 정세는 지정학적 관점에서 볼 때 역동적으로 변화하고 있다. 현 상황을 한마디로 요약한다면 중국의 부상, 러시아의 약세, 일본의 정체, 한반도의 분단 지속 그리고 미국 패권의 점진적인 약화라고 표현할 수 있다. 러시아는 동북아에서 중국의 국력 신장에 대해 긴장하고 있으며, 이런 맥락에서 앞으로 동북아에서 통일되고 국력이 강화된 한민족 국가(greater unified Korea)의 출현이 러시아가 중국을 견제하는 데 있어서 유익하다고 보고 있다. 동시에 러시아내 일부에서 동북아에서 러시아의 상대적 열세를 만회하기 위해서는 오로지 한국과의 전략적인 협력이 시급하다는 주장이

나오고 있다. 그중에 대표적인 것이 블라디미르 수린 박사가 2005년 11월 발표한 「코리아 선언」이며 그는 러시아의 우랄산맥 동쪽 극동 시베리아 지역이 '중국 식민주의자들'의 '평화적 침략'으로 위기에 처했음을 지적하고 인구 감소 대처, 영토 보존 그리고 경제발전을 위해 코리안(남북한인)의 자발적인 대규모 이주가 필요하다고 주장하고 있다.

우리 입장에서 볼 때 동북아에서 러시아의 열세로 인해 중국이 극동 시베리아 지역을 장악하게 된다면 중국이 우리에 대한 압력을 가중시킬 뿐만 아니라 우리에게 굴종을 강요할 수도 있을 것이라는 점에서 바람직하지 않을 뿐만 아니라 막아야 되는 것이다. 국제정치에 있어서 동서고금을 막론하고 '힘은 견제되어야' 한다는 너무나도 당연한 명제에 입각하여 한국은 동북아시아에서의 세력균형의 변화가능성에 대비하여야 한다. 그런 의미에서 확고한 한미 동맹에 추가하여, 중국의 압력을 상쇄해 줄 수 있는 러시아가 유용하다. 또한 극동 시베리아로의 우리 민족의 진출은 생활공간 내지는 경제적 영토의 평화적인 확장이라는 측면에서 적극적으로 고려할 사안이다. 기본적으로 한반도는 현재 7,000만이 넘는 남북한 인구를 부양하기에는 너무나 비좁다. 우리가 준비가 되어 있고 러시아가 받아들일 용의가 있다면 통일과정에서 상당수 북한주민을 극동 시베리아로 이주시킬 수도 있을 것이다. 극동 시베리아에서 한러 연합이 성립되는 것은 그 지역의 무궁무진한 자원에 대한 우리 접근이 보장되는 것을 의미한다. 만일 현재와 같은 중국인들에 의한 '평화적인 잠식'이 지속되어 수십 년 뒤 언젠가 그 지역을 중국이 장악하게 된다면 중국은 그들 자신의 수요만 해도 엄청나기 때문에 우리의 접근을 허용하지 않을 것이다. 또한, 동북아에서 중국이 우월적 지위를 확보하게 되면 우리 민족의 통일은 어려워질 수 있으며, 중국의 방해 책동을 극복하고 통일을 이룬다하더라도 통일한국이 기를 펴지 못하게 될 수 있다. 그런 의미에서 한반도 주변 4강 중 유일하게 남북통일을 공개적으로 지지하는 세력으로서 러시아를 앞으로 우리의 우군으로 확보할 필요가 있다. 한마디로 말해서 극동 시베리아에서 한국과 러시아 간 단순히 기존 협력관계의 양적 발전이 아니라 문자 그대로 양국 관계의 질적인 도약, 즉 전략적인 협력을 추진할 때이다.

우리 사회 일각에 한러 간 그러한 협력의 필요성에 대해 절감하는 의견이 있는 것은 사실이나 유감스럽게도 한국과 러시아 어느 쪽도 그러한 준비가 되어 있지 않을 뿐만 아니라 현재 양국 관계는 그리 돈독하다고 보기 어렵다. 2010년에 수교 20주년을 맞이하였으나 오히려 사소한 일로 껄끄러웠고 축제분위기는 어디에서도 찾아 볼 수 없었는데, 특히 천안함 침몰 사건이 발생하였을 때 양국 관계의 실상이 드러났다. 물론 이명박 대통령이 2010년 가을 전격적으로 메드베데프 대통령의 초청을 수용하여 야로스라블 국제정치포럼에 참석하였고 그 뒤 메드베데프 대통령이 수교 20주년 기념 및 G20 참석차 한국을 방문함으로써 어느 정도 양국관계의 개선에 기여한 것은 사실이다. 또한 박근혜 대통령의 취임 첫 해에 한러 정상회담이 두 차례나 열린 것도 고무적이다.

한편 러중 관계는 한러 관계와는 정치적 경제적 측면에서 비교가 되지 않을 정도로 심화되고 있다. 러시아는 소위 9.11 사태 이후 미국의 일방주의에 대항하기 위해 중국과의 협력을 강화하고 있다. 그런데, 중국도 미국의 패권에 도전하는 입장이므로 굳이 러시아가 중국에게 대가를 지불하지 않아도 자연스럽게 대미 공조 요청에 호응할 텐데 러시아는 자신의 열세에 대해 초조한 나머지 정치적 경제적 측면에서 중국에 대해 여러 가지 배려를 하고 있다. 러시아가 진정으로 전략적 판단을 하고 있다면 오히려 잠재적 적국인 중국과는 거리를 유지하고 한국 그리고 나아가 미국 및 일본과 협력을 강화하여야 함에도 불구하고 현재 러시아의 외교정책은 한마디로 지나치게 중국에 경도되어 있다. 이런 맥락에서 러시아 지도부가 과연 현명한 선택을 하고 있는지 의문을 제기하지 않을 수 없다.

러시아가 현재 처한 상황을 간단히 요약한다면 다음과 같이 말할 수 있을 것이다. 현재 러시아는 냉전시대와 마찬가지로 서방의 길들이기에 시달리고 있고, 중국과는 대미 공조를 강화하다 보니 중국의 '평화적인 잠식'에 대해 속수무책인 상태이고, 일본과는 미미한 영토(쿠릴열도/북방영토) 때문에 전쟁이 끝난 지 60여년이 지났는데도 불구하고 평화조약의 체결은 물론 실질적인 협력 확대를 모색하지 못하고 있고, 전략적으로 한국을 지원하여야 함에도 불구하고 단기적인 시각에서 자신의 발언권을 높인다는 차원에서 남북한에 대해 등거리외교정책을 유지함으로써 사실상 중국의 한반도 분단 고착화정책에 보조를 맞추고 있다.

한러 관계의 걸림돌은 무엇인가? 그리고 앞으로 무엇을 어떻게 할 것인가를 생각해 본다.

향후 동북아에서의 지정학적 정세의 변화 추세를 볼 때 한러 양국은 그야말로 전략적 관점에서 궁합이 맞는 관계인데, 현실은 그와는 거리가 멀다. 왜 그런 것인가? 러시아 엘리트들은 오로지 유럽 지향적이고 아시아에 대한 우월감을 갖고 있고 러시아의 위대함은 유라시아적 성격에서 비롯됨에도 불구하고 한국에 대한 관심이 별로 없고, 한국에서는 소련의 붕괴 직후 10여년간 사회경제적인 혼란에 대한 부정적인 인상이 지나치게 각인되어 러시아를 우습게 보는 경향이 있다. 실제로 한국의 여론주도층의 뇌리에 러시아의 존재감은 거의 없거나 희미할 뿐이다. 특히 국내 언론은 러시아에 관해서 선정적이고 부정적인 보도만 하는 경향이 있다. 《Korea Times》가 2010년 초 모스크바에서 지하철 테러사건이 발생하였을 때 러시아의 정치지도자를 조롱하는 삽화를 게재하였던 일에서 그러한 예를 볼 수 있다. 과연 한국과 러시아가 서로를 잘 이해하지 못할 때, 어느 쪽에 손해가 더 클 것인가? 누가 이러한 상황을 이용할 것인가? 현재 양국은 전략적 협력을 논의할 정도로 가슴으로 하는 대화를 할 수 있는 준비가 전혀 되어 있지 않다. 2008년 9월 이명박 대통령의 방러시 양국 정상은 양국 관계를 전략적 동반자 수준으로 격상시키는 것에 관한 문서에 서명하였다. 그러나 이 문서는 아직은 빈 접시나 마찬가지이다. 우리가 지금 한국과 러시아 간 극동 시베리아에서의 명실상부한 전략적 협력을 하기 위해서는 특단의 조치들을 취해야 한다. 우선, 국내 언론이 그러한 비전에 우호적인 여론을 불러일으키는 데 선도적 역할을 해야 한다. 구체적인 협력 프로그램으로서 극동 시베리아 내 부족한 인프라를 확충하는 데 우리 정부와 기업의 적극적 참여가 있어야 하며, 우리의 지방정부와 러시아 극동 시베리아 지방정부 간 교류를 획기적으로 발전시키고, 양국 국민 간 교류를 폭발적으로 증대시키기 위한 비자면제협정과 자유무역협정의 체결, 항공 및 해운 노선의 확장, 시베리아횡단철도를 따라 주요 도시마다 총영사관과 KOTRA 사무소의 개설, 남북러 삼각협력의 예로 극동 시베리아판 '개성공단'과 농장을 도처에 설립하여 운영함으로써 한민족의 대이동의 모멘텀을 조성하여야 하고, 한반도종단철도와 시베리아횡단철도를 연결하는 철의 실크로드(Iron silk road) 프로젝트를 조속히 추진함으로써 대륙으로 가는 육로를 뚫어야한다.

왜 이러한 노력들이 시급한가? 현재의 동북아 대륙 북방의 상황이 지속된다면 동북아시아에서의 세력균형은 변할 수밖에 없고 그러한 변화는 우리에게 치명적일 수 있기 때문이다. 러시아의 블라디보스토크에 중국 해군 기지가 들어서고 항공모함을 앞세운 중국 군함들이 대외 무역의존도가 세계에서 제일 높은 우리나라의 생명줄인 한반도 주변 교역 항로에서 우리 상선에 대해 집적거리는 상황을 상상하여 보라!

II. 코리아 선언(Корейский манифест)

필자가 처음으로 블라디미르 수린(Владимир Сурин) 박사의 「코리아 선언」을 인지한 것은 모스크바에서 발행되는 교민신문 《겨레일보》 2006년 1월 9일자 기사를 보았을 때였다. 그리고 러시아 잡지 《폴리티치스키 클라스(Политический Класс)》 2005년 11월호에 게재된 원문을 입수하여 읽어보았을 때 매우 흥분하였다. 이 선언의 요지는 다음과 같다. 현재 러시아 민족은 지나간 공산주의 지배와 그 이후 도입한 서구 자유방임주의의 폐해로 인해서 점진적인 소멸의 위기에 처해 있

으며, 특히 사실상 무인지경인 러시아의 극동 시베리아 지역으로 중
국세력이 팽창함으로써 영토 보전이 위협받는 상황이 초래되고 있다.
이와 관련 러시아가 오로지 남북한과 협력하여 한민족의 대규모 이민
을 받아들여서 이 지역에 '한러 공생국가'를 수립함으로써 이 위기를
타개하여야 한다는 것이다. 이 선언이 현실화되는 과정에서 2차 세계
대전 이후 분단된 채로 60여 년 동안 서로 반목해온 한민족의 안타까
운 현실을 극복하고 평화적인 방법으로 21세기에 우리 민족이 도약
할 수 있는 계기가 마련될 수 있다고 판단하였다.

극동 시베리아의 상황에 대해서 아래의 글만큼 명확하고 간결하
게 표현한 글은 없는 것 같다. 러시아 과두재벌의 한 사람이며 현
재 시베리아 교도소에서 복역 중인 미하일 호도르콥스키 (Михаил
Ходорковский)가 쓴 「시베리아로부터의 편지(letter from Siberia)」중 일부
분을 옮겨본다.[*]

"It(Russia) is feeling remarkably strong pressure from China,
which is interested in the sparsely populated vastness of Siberia, so
rich in natural resources. A rapid Sinification of the Asian part of
Russia is already taking place, and represents the strategic threat to
the country's security."

이러한 상황 인식에 근거하여 주러시아 대한민국 대사관에서는

---

[*] the world in 2007, the Economist, 2007, p.90

2007년 2월초 「극동 시베리아에서의 한러 간 전략적 협력 추진방안」을 본부에 보고하였다. 위의 보고내용을 요약한 글이 국정홍보 사이트에 실리면서 국내 일반인들에게 '코리아 선언'이 알려지기 시작하였다.

극동 러시아에 대한 러시아의 위기의식은 수린 박사뿐만 아니라 상당수 러시아 지도층 인사들도 갖고 있는 것은 분명하나, 이 위기를 어떻게 극복할 것인가에 대해 러시아 엘리트들은 뾰족한 방안을 찾지 못하고 있는 것으로 보인다. 중국의 잠식이 단기적으로 일시에 일어나는 것이 아니라 조용히 그리고 서서히 진행되고 있고 그리고 현재 러시아는 미국의 패권주의에 대처하기 위해 중국과의 공조를 중시하고 있기 때문에 러시아 당국이 공식적으로 구체적인 조치를 취하기 어렵고, 더욱이 극동 시베리아를 개발하기 위한 충분한 재원을 확보하기도 어렵기 때문에 러시아 당국은 고민하고 있다고 본다. 수린 박사는 이와 같은 위기는 정치적 또는 경제적 접근방법이 아닌 오로지 지정학적인 접근방법에 의해서만 해결될 수 있으며, 이러한 방안의 최적의 파트너로서 한민족을 지목하고 있다. 그럼, 왜 한국과 한국인인가? 그가 지적한 한국 내지 한민족의 장점은 다음과 같다. 첫째, 한국인들은 근면하고 교육수준이 높으며 신앙에 대한 편견이 없으며, 둘째, 한인들은 다른 민족에 흡수되는 것을 거부하는 동시에 자신들도 다른 민족을 흡수하려고 하지 않는다는 점에서 중국인들에 대한 것과 같은 우려가 없고, 셋째, 남북한을 합할 때 극동 시베리아의 개발에 필요한 숙련된 노동력을 공급할 있고 마지막으로 남한은 효율적이고 하이테크 경제이다. 또한 그는 우랄이동 극동 시베리아지역을 오로지 한민족에게만 문호를 개방하고 한민족과 러시아인의 공생국가를 창설할 것을 제안하고 있다. 이러한 공생국가의 기초로 양국 정부가 서로 상대방 국민에게 내국민 대우를 부여해야 한다고 까지 주장하고 있다.

그러나, 러시아 엘리트들의 민족적 자부심이 실제로 '코리아 선언'을 전폭적으로 수용할 수 있을 지는 미지수이다. 또한, 현재 한러 양국 간 신뢰수준을 고려할 때 공식적인 차원에서 러시아가 조만간 한국, 아니 한민족에 대해 도움의 손길을 내밀 것이라고 기대하는 것은 무리라고 본다. '코리아 선언'과 관련하여 한국에서는 아쉬운 쪽은 러시아이며 한국이 열쇠를 쥐고 있다고 생각하는 견해가 있는지 모르겠으나, 러시아 엘리트들의 뿌리 깊은 민족적 자부심과 한국인들의 러시아에 대한 피상적인 인식이 극복되지 않고는 '코리아 선언'은 공론에 그치고 말지도 모른다.

'코리아 선언'의 의미를 한국의 러시아에 대한 일방적인 지원으로 해석한다면 이러한 견해는 작금의 동북아의 전략적 정세를 지나치게 안이하게 바라보는 것이다. 우리 민족의 입장에서 볼 때 코리아 선언은 앞으로 주변국들, 특히 중국의 방해 책동을 극복하여 남북통일을 이루고 대륙으로 웅비할 수 있고 그리고 극동 시베리아의 무궁무진한 자원에 접근할 수 권리를 확보할 수 있다는 점에서 주목해야 하는 것이다. 러시아가 선량한 외세이어서가 아니라 자국의 이익을 위해, 즉 동북아에서 중국에 대해 심화되는 열세를 만회하기 위해서 통일되고 강력한 한민족 국가의 출현이 유익하다는 입장을 취하고 있지 않은가? 다시 말해서, 양국이 현재와 같이 서로 바라만 보는 관계가 지속된다면 양측은 윈윈(win-win)할 수 있는 큰 기회를 상실할 수도 있다. 유감스럽게도 향후 동북아의 전략적 정세를 전망할 때 아마도 시간은 한민족이나 러시아 편이 아니라 중국 편으로 보인다. 그러면, 러시아가 처한 위기는 어떠하며 그리고 우리가 어떻게 대응하여야 '코리아 선언'을 현실로 만들 수 있을 것인가?

Ⅲ. 러시아의 인구 문제와 극동 정세

러시아에는 현재 점진적인 인구 감소 추세가 지속되고 있어 인구 문제가 심각하게 거론되고 있다. 러시아의 인구 문제는 두 가지 차원에서 볼 수 있는데, 첫째 제2차 대전 당시 엄청난 인명 피해와 출산율 저하에 따라 전반적인 인구 감소 추세가 지속되고 있다는 점이고 둘째 지역적으로 공동화현상이 일어나고 있는 점이다.

주러시아 대사관에서 근무하는 동안 비로소 알게 된 사실인데, 노르망디 상륙작전의 성공이 제2차 세계대전의 전세를 결정적으로 바꾼 것이 아니라 실제로는 소련군이 독일군의 기세를 완전히 꺾고 난 다음에 전세가 역전된 것이다. 아마도 소련이 2,000만 명이 넘는 희생자를 내면서까지 막강한 독일군을 물리치지 않았더라면 연합군의 승리는 역사에 기록된 것보다 훨씬 늦어졌을 것이라고 생각한다. 어쨌든 제2차 대전 때 엄청난 인명이 희생되었던 것은 현재 러시아의 인구 감소추세에 영향을 미쳤다고 보아야 한다.

그리고 최근 러시아의 출산율 저하는 자본주의로의 급격한 경제개혁이후 탈법과 불법이 난무하는 가운데 자본가 계층이 형성되었고 그 과정에서 계층 간 빈부 격차가 커지면서 빈곤층이 양산되었으며, 사회주의 시절의 사회안전망은 현재는 제도로만 남아있을 뿐이고 대다

수 저소득층에 실질적인 도움을 주지 못하고 있는 실정이며, 열악한 의료서비스로 인해 높은 사망률이 지속되고 있다. 빈곤층이 아닌 중상류층의 경우에는 다자녀 가정보다는 소위 자아실현을 추구하는 서방 이데올로기의 영향으로 저출산이 보편적인 현상이 되고 있다. 이러한 요인들이 인구 감소 추세를 심화시키고 있다.

또한 소련 붕괴 이후 가임기의 많은 젊은 여성들이 경제적인 이유로 해외로 나갔고 최근 경제사정의 호전으로 그러한 추세가 완화되었으나 현재도 지속되고 있으며, 소련 시절에는 여성들이 대개 18~20세에 결혼하는 추세였으나 요즘은 경제적인 이유 때문에 결혼연령이 높아지고 있고 이혼율도 상당히 높은 편이다. 이런 요인들도 인구 감소에 영향을 미치고 있는 것이다. 그런데, 최근 1인당 GDP의 증가에도 불구하고 러시아의 인구 감소 추세는 지속되고 있고, UN의 전망에 따르면 2003년 1억 4,500만 명에 달했던 러시아 인구가 2050년 경에는 3분의 2 수준까지 감소할 것이라고 한다.

푸틴 대통령은 2006년 5월 시정연설에서 러시아의 인구가 매년 수십만 명씩 감소하고 있는 것에 대해 심각한 우려를 표명하고 이에 대한 대책으로 출산율 제고, 사망율 감소, 효과적인 이민정책 등 3대 시책을 제시하였다. 두번째 자녀부터 보조금을 지급하는 것으로 되어 있는데 얼마나 효과가 있을지는 미지수이다. 사망률 감소도 의료서비스의 획기적인 개선뿐만 아니라 러시아내 소득 분배 구조가 개선되어 전반적인 복지수준이 향상되지 않고는 쉽게 달성하기 어렵다고 판단된다.

이민정책과 관련하여 외국인을 받아들이는 것은 러시아의 경제성장을 지속시키고 제조업 중심의 경제로 발전시키는 데 필요한 노동력 확보를 위한 것이다. 하지만 이에 대한 반론도 만만치 않다. 즉 외국인들의 유입으로 러시아 국민들의 취업기회가 줄어들 수 있으며, 나아가 러시아의 인종적, 문화적 정체성이 손상되는 것을 우려하는 목소리가 있다. 특히 러시아 남쪽 국경에 인접한 국가들로부터 몰려들고 있는 이민자들에 대한 경계심이 대단하다. 이런 이유로 CIS국가의 비러시아계 이민의 유입에 대해서 러시아 정부가 확고한 입장을 취하지 못하고 있는 실정이다. 이런 가운데 중국을 비롯하여 코카서스 및 중앙아시아로부터의 불법이민은 늘어만 가고 있다. 이런 맥락에서 러시아 정부는 주로 CIS국가들에 거주하는 러시아계 주민들의 본국으로의 귀환을 가장 이상적인 노동력 부족 해결방법으로 간주하고 이를 추진하고 있다.

그러나, 이미 생활기반이 외국에 있는 러시아인들의 대규모 귀환을 기대하기 어려우며, 이들의 정착을 지원하기 위한 재원 확보도 쉽지 않을 것으로 보인다.

그런데, 이러한 정책에 의해 인구 감소추세가 진정된다 하더라도 지역적인 공동화 현상은 다른 차원의 문제이며 바로 이것이 러시아가 당면한 위기인 것이다. 소련 붕괴 이후 극동 시베리아 지역의 주민들이 서쪽으로 지속적으로 이주하고 있어 지역적으로 극동 시베리아의 인구문제가 러시아 내에서 가장 심각하다. 본래부터 인구가 희소한 지역이지만 소련 시절에는 정부가 정책적으로 영토 보전과 지역개발 목적으로 주민들을 그곳으로 반강제로 이주시키고 그 대신 인센티브를 제공하였다. 그 결과 극동지역 인구는 빠른 속도로 늘어나서 1992

년에는 약 8백만에 달하게 되었다. 그러나 소련 붕괴 이후 극동지역에 대한 연방정부의 인센티브는 중단되었고 사회적 경제적 혼란은 주민들의 이주를 가속화시켰으며, 2000년대에 들어와서도 그 지역의 경제발전을 위한 연방정부 차원의 투자가 지지부진하여 이러한 추세는 지속되고 있다.

1990년대 말 이후 국제시장에서 유가가 지속적으로 상승하였기 때문에 러시아 전체로 보면 경제력이 상당히 커졌다고 하나, 러시아 영토의 광대함을 고려할 때 러시아 전 지역에 성장의 혜택이 골고루 돌아갈 수 없었고 극동 시베리아지역은 철저히 소외되었다. 이 지역의 주지사들이 연방정부에 지원을 호소하여 연방정부가 지원계획을 수립하였다고는 하나 실제로는 제대로 그 계획이 실행되지 못하여 지역경제의 발전이 지지부진한 상태이다. 주택, 도로 등 인프라 미비로 인한 열악한 생활여건과 투자 부족으로 인한 생산 활동의 부진으로 전문분야 고급 인력, 젊은 세대 등 필수 노동 계층들이 이탈하고 있는 실정이다.

한편, 푸틴 대통령은 2006년 12월 20일 국가안보회의를 소집하여, 극동 시베리아지역이 경제, 정보, 교통 측면에서 러시아 여타 지역으로부터 분리되고 있으며, 극동지역에서 중국인들의 불법 유입이 러시아인의 감소를 대체하고 있는 바, 이는 아시아 태평양지역에서 러시아의 정치적 경제적 입지를 위협하는 심각한 안보 위협이 될 것이라고 경고한 바 있다.

러시아 극동지역은 러시아 전체 영토(1,708만㎢)의 36%(617만㎢)를 차지하지만 그 지역 내 인구는 현재 전체 인구(약 1억 4,300만 명)의

4.5%(약 644만 명)[*]에 불과하다. 이는 과장된 표현을 쓴다면 그 지역은 무인지경이나 다름없다고 볼 수 있다. 그런데, 아무르 강 건너편 만주(중국의 동북3성)에는 이미 상주인구가 1억이 훨씬 넘는다. 국가전체로 볼 때 이미 러시아는 경제규모에서 중국의 상대가 되지 않을 뿐만 아니라^{**} 지역적으로 볼 때 극동지역에서 러시아의 열세는 두드러지며 그 지역은 중국에 대한 경제적 의존도가 심화되고 있다. 실제로 극동지역에 거주하는 러시아인들은 일반 소비재를 대부분 중국에 의존하고 있다. 중국인들의 유입을 경계하는 동시에 국경지역을 발전시키기기 위해서 접경국과 협력해야만 하는 상황이기 때문에 러시아 극동지방정부들은 고민에 빠져 있다. 그럼에도 불구하고 극동 러시아로의 중국인들의 유입은 앞으로도 계속 늘어나게 될 것이며 극동 러시아 지역 경제에 미치는 중국의 영향력도 함께 증가하게 될 것이다.

이와 관련하여 러시아에서는 '과연 중국은 러시아에 대해 위협인가?'에 대해 학자들 사이에서는 물론 여론주도층에서 서로 상반된 견해가 있는데, 재미있는 사실은 중국위협론을 부정하는 일부 학자들이 미국이 냉전시대에 그러했듯이 러시아와 중국을 이간질하고 있다는 음모론을 주장하고 있다는 것이다. 그런데, 이러한 주장을 하는 이들은 러시아와 중국 관계에서 아직도 러시아가 '형님(senior partner)'이라고 착각하는 것이다.

---

[*] 2010년 1월 현재
^{**} IMF에 따르면 2010년 세계 총 GDP에서 차지하는 비중이 중국은 9%, 러시아는 2%인데 2015년에는 각 12%, 4%가 되어 그 격차가 더 커질 전망이다.

IV. 러시아가 당면한 대외적인 도전

1. 서방의 러시아 길들이기는 지속되고 있다

냉전 종식이후 미국의 압도적인 우위가 유지되고 있고, NATO는 지역 안정과 자유민주주의 확산이라는 명분으로 동쪽으로 확장해 나가고 있고, 그런 가운데 발트해 연안국가와 과거 소련진영에 속했던 대부분의 동유럽국가들이 EU에 가입하였다. 이제 러시아와 서방 간 완충지대는 우크라이나와 벨라루스뿐이다. 우크라이나는 2004년 소위 오렌지혁명 이후 반러시아 노선을 분명히 취했다가 2010년 대선에서 친러시아 성향의 야누코비치가 대통령에 당선되고 나서 다른 양상을 보이고 있으나 기본적으로 러시아의 영향권에서 벗어나 EU와의 관계 증진을 포기하지 않고 있다. 벨라루스는 친서방 노선을 취하고 있는 것은 아니나 그렇다고 해서 전폭적으로 러시아 쪽으로 기울기 보다는 최대한 경제적 이익을 얻어내기 위해 때때로 모호한 입장을 취하고 있다.

러시아의 남쪽 국경지대도 평온하지 않다. 코카서스지역에 있는 국가들 중 아르메니아를 제외하고는 모두 친서방 노선을 걷고 있으며, 특히 그루지야는 2008년 베이징 올림픽 개막식 날에 맞추어 그루지야 내 자치주이며 분쟁지역인 남(南)오세티아에 평화유지군으로 주둔 중인 러시아군을 공격했을 정도로 적대적이다. 한편 미국은 9.11이후 테러와의 전쟁을 선포하고 아프가니스탄에서 탈레반 세력에 대한 전쟁을 수행 중이며 이와 관련하여 일부 중앙아시아 국가들과의 군사협력을 강화하고 있다. 러시아는 테러와의 전쟁과 관련해서는 미국에 대하여 협조적이면서도 동시에 이 지역에 대한 미국의 군사적 진출에 대해서는 우려하고 있다.

현재 러시아와 유럽연합을 비교할 때 인구(1.4억명: 5억명)*나 GDP (1.2조 달러: 16.4조 달러)** 측면에서 러시아 측의 열세가 뚜렷하다. 과연 앞으로도 러시아가 유럽연합과 대등한 상대가 될 수 있을까? 현재 인구 증가나 경제성장 추세로 볼 때 러시아와 EU간 격차는 더욱 커질 가능성이 크다. 물론 현재 EU국가들은 그들이 소비하는 가스 총량의 2/3정도를 러시아에 의존하고 있어 러시아로서도 레버리지(leverage)가 있는 것은 사실이나 이것은 결정적인 것이라고 볼 수 없다.

부시 대통령 시절 미국은 소위 미사일 방어계획(MD)에 따라 체코와 폴란드에 기지건설을 추진하였다가 오바마 대통령의 집권 이후 그 계획을 보류하였으나 포기한 것이라고 보기 어렵다. 소련의 붕괴 이유에 관한 여러 가지 해석이 있지만 미국의 레이건 대통령이 주도한 군비경쟁과정에서 소련 경제가 파탄이 난 것이 주요 원인이다. 군사력은 경제력의 밑받침이 있어야 하는 것이다. 러시아는 푸틴 대통령의 집권 이후 서방에 대해 공세적 외교정책과 군사력 강화로 대응하고 있는데, 과연 러시아 경제가 장기적으로 이를 지탱하여 줄 수 있을지 의문이다. 유럽연합은 지속적으로 강화되고 확대되었으나 러시아는 과거 소련 연방의 소속 공화국들을 모두 상실하였으며 그들과의 관계도 그리 원만한 편이 아니다. 러시아가 소련 소속 공화국이었던 나라들과 독립국가연합(CIS: Commonwealth of Independent States)를 구성하여

---

* 2009.1월 기준
** 2009년 기준, IMF

영향력을 유지하려고 애쓰고 있으나, 발틱 3국(에스토니아, 라트비아, 리투아니아)은 처음부터 참여하지 않았으며, 참가한 국가들에 대한 서방의 입김이 작용하면서 CIS내 갈등 내지 이탈 현상이 있었다. 냉전이 공식적으로 끝났다고 하지만 서방의 러시아 길들이기는 여전히 현재 진행형인 것이 엄연한 현실이다.

2. 중국은 서서히 극동 러시아를 잠식하고 있다

러시아와 중국은 1989년 고르바초프 대통령의 베이징 방문을 계기로 화해하기 시작하였으며 양국 관계는 1996년에 '전략적 동반자 관계'로 발전했다. 특히 9.11 테러 이후 소위 미국의 일방주의에 대항한다는 명분으로 양국관계는 더욱 긴밀해지고 있다. 양국 간 교역이나 러시아의 에너지 분야에 대한 중국의 투자는 괄목할 만하게 증가하고 있다. 다만, 외견상 양국관계가 전반적으로 양호하다고 볼 수 있으나, 양국의 속내도 그런 것이라고 보기는 어렵다.

2007년 4월 한러 극동 시베리아 분과위에 참석하기 위하여 극동에 있는 아무르 강변도시 블라고베쉔스크에 다녀온 적이 있다. 그 계기에 아무르 강 건너편 중국 측 도시 헤이허(黑河)도 방문했는데 그 강에는 다리가 없어서 밑바닥에 바람을 넣은 고무튜브가 달린 배가 꽁꽁 얼어붙은 강 위를 왕래하고 있었다. 현지에서 들은 바에 따르면 중국 측은 10여 년 전부터 교량 건설을 러시아 측에 끈질기게 제의하고 있으나, 러시아 측은 묵묵부답이라고 한다. 왜 그럴까? 국경지대 주민들의 상호교류를 원활하게 하기 위해 양국정부는 두 도시의 주민에 한해 1일간 무사증 왕래를 허용하고 있는데도 말이다. 그 해답은 이렇다. 지난 20년간 아무르 강을 사이에 두고 있는 블라고베셴스크와 헤이허 두 도시 간에 경제적으로 역전현상이 일어났고 이러한 추세를 감당하기 어렵다고 판단한 러 측은 중국인들의 '침묵의 정복'을 두려워하여 주민들의 생활 편의를 위해 최소한의 왕래를 허용하고 있을 뿐이기 때문이다.

앞서 언급한 바와 같이 상당수 러시아인들은 극동 시베리아를 떠나고 있는 반면, 이미 수십만의 중국인들이 합법적으로 이주해왔고 중국인 불법 체류자가 1백여만 명에 이르는 것으로 추산된다. 중국인들은 주로 채소, 가공식품, 식당, 모피, 가전제품 및 일반 잡제품 등의 분야에서 이미 상권을 장악하고 있다. 중국의 만주(동북 3성)는 러시아 극동지역의 대외교역에서 압도적인 비중을 차지하고 있으며, 연해주 내 외국인투자기업 중 중국기업이 절대다수를 차지하고 있다고 한다. 아직까지 이 지역에 대한 제3국 기업들의 진출은 미미하여, 사실상 중국인들의 독무대가 되어가고 있다.

한편, 냉전 종식 이후 미국의 일방주의에 대항하기 위해서 혼자서는 역부족이기 때문에 중국과의 공조를 소중히 여기고 있는 러시아로서는 대놓고 중국인들의 입국을 제한하거나 불법 체류중인 중국인들을 대대적으로 몰아내는 조치를 취하기가 쉽지 않은 것은 충분히 짐작이 간다. 또한 러시아는 중국과의 공조를 위해 중국에 대해 정치적 경제적 배려를 하고 있으나, 이에 반해 2008년 8월 베이징 올림픽 개막일에 있었던 그루지야의 공격을 계기로 러시아가 그루지야내 분쟁지역인 압하지아와 남(南)오세티아의 독립을 승인하고 이에 대한 지지를 요청하였으나 중국은 침묵을 지켰다.

3. 러시아는 아직도 일본과의 전쟁을 종결짓지 못하고 있다

일본은 20세기 초 조선을 둘러싼 쟁탈전이었던 러일 전쟁에서 러시아를 굴복시켰으며, 볼쉐비키 혁명 후 러시아 내전 발생시 반혁명군 지원 명분으로 시베리아 지역에 병력을 파병하기도 하였다. 제2차 세계대전에서 전쟁 막바지까지 러시아는 대 독일 전쟁을, 일본은 미국과의 소위 태평양전쟁을 수행하느라 상호불가침조약을 준수하였으나, 유럽에서의 전선이 나치독일의 패퇴로 안정기에 접어들자 소련이 일본에 대해 선전포고를 하였고 마침내 소련군이 만주로 진주하였으며, 이어서 현재 양국 간 영토분쟁의 대상인 쿠릴열도 4개 섬(일본 이름 북방영토)까지 점령하였다.

제2차 세계대전이 종료되고 1951년 49개 참전국이 참여하는 샌프란시스코 강화회의가 개최되어 그 결과로 연합국과 일본과의 강화조약이 체결되었으나 당시 소련은 조약안이 미국과 영국이 주도하여 자신들의 이해관계만 반영하였을 뿐이며 소련의 일본에 대한 권리를 명문화하지 않았다는 등 여러 가지 이유를 들어 강화조약에 서명하지 않았다. 결과적으로 러시아와 일본 간에는 전쟁이 끝난 지 60여년이 지났으나 아직도 강화조약이 체결되지 않았으며 따라서 법적으로는 전쟁상태가 종결되지 않은 상태이다. 그간 영토분쟁을 해결하기 위하여 일본 측의 끈질긴 노력이 있었고 그간에 4개 섬 중 2개만 먼저 반환할 수 있다는 데 양측이 잠정적으로 합의한 적도 있었으나, 그 안은 오히려 일본 내 반대로 무산된 바 있다. 어쨌든 그 영토분쟁은 미일동맹 강화와 더불어 지속적으로 양국 간에 불신의 근거가 되고 협력 확대에 있어 걸림돌이 되고 있다.

현재 일본의 러시아에 대한 경제협력은 괄목할 만한 것이라고 볼 수 없다. 2000년대 들어와 러시아가 동시베리아에서 태평양 연안까지 이르는 송유관 건설 프로젝트를 발표한 적이 있다. 그 당시 이 프로젝트를 둘러싸고 중국과 일본이 대러 교섭에 있어 팽팽한 신경전을 벌였으나, 러시아 정부는 결국 중국의 손을 들어주었다. 일본은 에너지 협력 강화를 통해 영토문제를 해결해 나가는 접근방식을 취하고 있는 것으로 보이나 러시아는 일본에 대해 미온적인 반응을 보이고 있다. 그런데 2013년 4월 아베 총리가 러시아를 방문하였을 때 양국의 국책금융기관들은 일본 기업의 대러시아 투자를 촉진하기 위한 목적으로 러일 공동투자플랫폼을 조성하기로 합의하였다. 이는 극동 시베리아 진출관련 중국의 독주를 견제하려는 조치로 이해된다.

모스크바 시내에 스시 레스토랑이 도처에 생겨나고 그 앞에 손님들이 자리가 없어서 장사진을 치는 등 러시아 일반 대중이 일본 문화에 대한 호감이 대단한 것과는 무관하게 러시아와 일본과의 관계는 여전히 껄끄럽고 서로를 믿지 못하는 상태이다. 또한, 지난 수년간 있었던 북한의 핵실험 및 미사일 발사는 일본의 재무장 내지 핵무기 보유를 추진해온 극우파의 입지를 강화시키는 빌미를 주고 있으며 이러한 동북아 정세에 대해 러시아는 우려하고 있다.

V. 공생국가 실현의 전제조건

공생국가이든 국가연합이든 이러한 거대 담론의 선정성 때문에 관념적으로 논의가 진행되는 것은 경계해야 한다고 본다. 「코리아 선언」에서 제시한 구상을 실현하는데 아무런 도움이 되지 않을 것이기 때문이다. 공생국가도 결국 사람과 사람이 힘을 합쳐 이룩할 수 있는 것이라면 국민과 국민 간에 호감과 신뢰가 전제되지 않고는 가능하지 않다고 본다. '코리아 선언'에 관하여 양국의 지도층 및 여론 형성층 간 공감대가 형성되는 것이 매우 중요하다. 이런 맥락에서 현재 양국 국민이 서로를 어떻게 보고 있는지 냉정하게 살펴보고자 한다.

1. 러시아에서 한국은 보이지 않는다

유라시아대륙 지도를 펼쳐놓고 보면 거대한 러시아 영토의 동쪽 자락에 매달리듯 있는 한반도의 남반부인 대한민국은 사실상 눈에 띄지 않는 존재이다. 17세기 이래 러시아는 부단히 영토를 동서남북으로 넓혀왔고 동북아시아에서 청나라와 대치할 정도로 동진하였다. 19세기에 들어와 러시아는 유라시아 대륙의 동쪽 끝인 베링 해협을 건너 알라스카를 정복하고 미국 서부 캘리포니아 인근까지 진출하였다. 그리고 제2차 세계대전 이후 20세기말까지는 미국과 더불어 세계를 양분한 초강대국이었다. 러시아인들은 이러한 역사에 대해 대단한 자부심을 갖고 있다.

한편, 러시아의 엘리트들은 서구에 대해 이중적인 심리구조를 갖고 있다. 거대한 영토와 방대한 자원 그리고 140여 개 다양한 민족들을 포괄하고 있는 포용성 등에서 우월감을 느끼지만, 역사적으로 러시아는 유럽의 변방이었던 것이 사실이며 문화적으로 서방에 대한 열등의식이 남아있다.

21세기 현재 러시아는 유럽연합이 동유럽으로까지 확장되면서 유럽국가들로부터 소외되지 않고 서구에 대해 자신들의 자존심을 회복하고 서구를 배우면서 따라잡으려고 노력하지만 반면에 아시아 국가들, 특히 한국과의 협력에 대해 큰 관심이 있어 보이지 않는다. 거의 매년 런던에서 러시아 정부의 주요 각료들이 참석하는 외국인투자 유치를 위한 포럼이 열리지만 아시아권에서는 그런 포럼이 한번도 열린 적이 없다. 수년 전 러시아에서 실시된 여론조사에 따르면 러시아에 중요한 나라를 물어보는 질문에서 한국은 30위권 밖에 있었던 것을 보면 엘리트들은 물론이고 일반인들의 경우도 한국에 대한 관심이 많아 보이지 않는다.

한국인들은 대한민국이 세계 12 내지 13위 경제대국이라고 자부하고 있는지 모르지만 러시아에서 한국의 존재감은 미미하다. 1988년 서울에서 올림픽이 개최되었을 때 한국에 대한 인식이 짧은 기간 제고된 적이 있었고, 소련 붕괴 직후 극도로 경제상황이 악화되었을 때 한국산 소비재가 차관형식으로 공급되었던 시절에도 한동안 그러했다. 그러나 현재 한국은 안보를 미국에 의존하고 있으며 경제적으로도 대외의존도가 매우 높아서 국제 경제상황이 조금만 흔들려도 휘청거릴 수 있는 취약한 나라로 인식되고 있다. 모스크바 시내에 삼성과 LG의 광고판이 넘쳐나지 않느냐고 반문할지 모른다. 하지만 삼성과 LG의 이미지는 한국의 이미지로 바로 연결되지 않는다. 왜냐하면 이 회사들은 러시아인들에게 한국 기업이라기보다는 다국적 기업으로 인식되기 때문이다.

흔히 알고 있는 바와는 달리 소련 시절에는 공산주의 이념 때문인지 러시아 민족주의마저도 억압되었다고 하는데, 소련 붕괴 이후 러시아에서 극우민족주의 성향이 나타나고 있다. 특히 러시아의 청소년 층이 주류를 이루는 스킨헤드들이 종종 아시아계를 공격하는 일이 발생하고 있다. 특히 중국인, 베트남인 그리고 코카서스 지방 출신 이주자들에 대한 반감이 크다. 이런 분위기속에서 한국인들의 이미지는 다른 아시아 민족에 비해 상대적으로 양호함에도 불구하고 외모가 비슷하여 중국인으로 오해 받아 공격을 받기도 한다.

러시아인들은 기본적으로 러시아가 인종적으로 문화적으로 유럽 국가라 여기면서 아시아인에 대한 우월감을 숨기지 않고 있다. 하지만 역사적인 경험 때문인지 러시아인들은 중국과 일본에 대해서는 경계심이 있다. 반면, 한국에 대해서는 호감을 갖고 있는 것으로 보이나 관심이 많지 않다. 러시아 청년층의 경우 일부 극동 러시아 지역을 제외하고는 한국에 대한 관심이 미약하다면 문제가 아닐 수 없다. 2010년 메드베데프 러시아 대통령이 러시아의 발전을 위해 '경제 현대화'를 주창한 바 있으나, 왜 러시아 정부는 이 목적을 위한 협력 파트너로서 러시아를 알게 모르게 얕잡아 보는 서방 특히 EU를 우선시 하는지 이해할 수가 없다. 러시아 국가의 문장인 머리가 두 개인 독수리를 보더라도 동방도 바라볼 생각을 해야 하는 것 아닌가? 러시아 학자들이 주장하듯이 러시아의 위대함이 그들의 유라시아적 성향에서 나오는 것이라면 그래야 하는 것 아닌가?

2. 한국은 러시아를 깔보고 있다

냉전시대에 소련은 한국인에게는 공포의 대상이었고, 김일성 공산정권의 남침을 지원한 적국이었다. 한국인들의 부정적인 감정은

1983년 대한항공 여객기가 사할린 근해 상공에서 소련 공군기의 공격을 받고 추락하는 참사가 났을 때 그 절정에 달했을 것이다.

양국 수교 초기 14.7억 달러에 달하는 경협차관을 제공하면서 한국인들이 러시아에 빈번히 드나들기 시작하였고 그 과정에서 사회주의 경제의 몰락 현장을 보면서 러시아에 대한 두려움이 사라지고, 오히려 러시아에 대한 우월감 내지는 경시현상이 나타나게 되었다. 가끔 한국인들에게 러시아에 대해 무의식적으로 떠오르는 것이 무엇이냐고 물어보면 대개 '시베리아, 즉 추운 나라' 그리고 '빚을 갚지 않는 나라'이다. 기후란 자연현상이어서 논할 여지가 없으나 한국인들의 러시아 기후에 대한 인식도 정확하다고 볼 수 없다. 겨울이 상대적으로 긴 것은 사실이나 모스크바의 여름 날씨는 서울의 무더위와는 대조적으로 아주 쾌적하다. 그리고 러시아의 영토는 매우 커서 지역 간 차이가 크기 때문에 일률적으로 얘기하기가 어렵다. 그리고 문제의 '빚'에 대해 거론해 보자. 경협차관이 제공된 것은 소련이 몰락하기 직전이었고 소련이 우리에게 요청한 것도 아니었으며 당시 노태우 정부의 북방정책 전략가들이 장기적인 안목에서 양국 간 경제협력을 강화하기 위해 제공한 유인책이었다. 어쨌든 러시아가 빌려간 돈을 아직 다 갚지 않은 것은 사실이나, 2003년에 재조정된 상환 스케줄에 따라 현금상환이 정상적으로 이루어지고 있고 일부는 방산물자로 현물상환이 이루어졌다. 또한 현재와 같이 러시아 시장에서 전자제품 등 한국 제품의 인지도가 단기간 내 높아진 이유는 경협차관의 일부가 소비재 차관 형식의 현물로 제공되었기 때문이었다.

소련 붕괴 이후 약 10년간 격변기에 러시아의 국제적인 위상이 심각하게 추락하였던 적이 있었던 것은 사실이나, 러시아를 평가할 때 선진국이라고 말하기도 어렵고 그렇다고 개발도상국이라고 말할 수도 없지만, 우리가 명심해야 되는 것은 러시아는 한국이 무시할 수 없는 강대국이라는 사실이다. 이러한 사실은 러시아가 최근 시리아 내전, 특히 시리아의 화학무기 처리와 관련하여 미국을 제치고 주도하였던 것에서 확인할 수 있다.

러시아는 여전히 높은 수준의 기초과학 및 우주항공기술을 보유하고 있다. 2009년초 국내 언론은 2009년 6월에 전남 고흥에 있는 나로 우주센터에서 우리 땅에서는 최초로 인공위성을 실은 로켓이 발사될 예정이라고 대대적으로 보도한 바 있다. 그런데, 로켓 제조는 물론 발사장 건설에도 러시아가 우리에게 기술 지원을 하고 있는데도 불구하고 국내 언론들이 이에 대해서는 거의 언급하지 않으면서 마치 100% 우리 힘으로 사업을 추진하고 있는 것처럼 보도했던 것은 무슨 이유일까? 그리고는 막상 나로호 발사가 두 차례 실패로 돌아가자, 실패의 원인이 한국 측이 담당한 부품 결함에 있다는 것이 밝혀졌음에도 불구하고 협력파트너 국가를 잘못 선정하여 생긴 일처럼 보도한 것은 또한 무슨 연고일까? 국내 언론도 우주항공 기술 이전 관련 우리의 최대 맹방인 미국조차도 협력을 거부한 바 있고 오로지 러시아만이 우리 측의 요청에 부응한 사실을 알고 있다면 오히려 러시아 측에 대해 감사해야 하는 것 아닐까? 이 모두가 근거없이 러시아를 경시하는 국내 분위기 탓이라고 보는 것이 맞을 것이다. 오죽 했으면 2009년 나로호 발사의 1차 실패 후 국내 여론 동향을 보다 못해서, 과학기술부 장관 시절 나로호 사업(KSLV-1)을 최초로 추진했던 오명 건국대학교 총장이 '최소한 절반의 성공이며 러시아를 자극하지 말아야 한다.'고 했겠는가.

우여곡절 끝에 드디어 2013년 1월 30일 나로호는 성공적으로 발사되어 지구 궤도에 진입하였다. 나로호 발사가 성공하였으나 우리 언론들은 그간 러시아의 협력에 대한 감사 메시지를 전하기보다는 한러간 계약서에 들어있지 않은 핵심기술 이전 문제를 거론하며 러 측을 비난하는 반응을 보였다. 그런데, 우리나라가 자발적으로 참여하고 있는 미사일 기술 통제 체제(MTCR)에 따라 규제를 받고 있기 때문에 발사체 관련 핵심 기술인 1단 부분 제조기술은 이전받을 수 없게 되어 있다. 인공위성 발사체와 미사일은 탑재하는 물체에 따라 구분되는 것일 뿐 기본적으로 동일한 것이다. 계약서에도 들어있지 않을 뿐만 아니라 우리 스스로 이전을 받을 수 없도록 되어 있는 기술을 이전하지 않았다고 하니 기가 막힌 일이다. 이 모두가 러시아에 대한 그 이유를 알 수 없는 편견에서 기인하고 있다고 볼 수밖에 없다.

한편, 러시아인들이 자신들은 기본적으로 유럽국가이며 유럽을 지향한다고 한다면, 한국인의 뇌리 속에 동북아에는 러시아가 존재하지 않는다. 이런 상황에서 양국 간에 공생국가를 거론하는 것이 과연 얼마나 현실적으로 보일 수 있겠는가? 러시아정부가 공식적으로 한민족에게 도움의 손길을 요청할지도 미지수이지만 과연 우리나라도 러시아의 요청에 호응할 준비가 되어 있는가?

VI. 우리의 대응

1. 논의는 차분하고 구체적으로, 행동은 민첩하고 용의주도하게

우선 우리는 들뜨지 말고 논의는 진지하게 하되 목소리는 낮추고 행동은 민첩해야 한다. 우리에게 시간이 많이 주어지지 않을 것이다. 그리고 마치 극동이라는 지리적 공간에 러시아와 남북한만이 존재하는 것으로 착각하고 이 과제에 접근한다면 매우 순진한 생각이다. 수린 박사도 언급하였듯이 지정학적 관점에서 그리고 동북아시아의 역내 국가 간 복잡한 역학관계의 맥락에서 바라보고 대책을 세워야 한다.

한러 공생국가라는 거대한 담론에 대해 추상적인 논의에만 집중하는 것은 한마디로 비생산적이며 반생산적이다. 준비도 안 되어 있는데 대외적으로 변죽만 울리고 실제로 진지한 노력이 뒤따르지 않는다면 주변국들의 경계만 야기할 수 있다. 노무현 정부 초기에 동북아중심국가론을 소리높이 외쳤는데 주변국들의 반응이 어떠했는가 돌이켜 볼 필요가 있다.

2005년 12월 중순 러시아의 라디오 방송 '마약'(маяк)에서 러시아가 일본도 중국도 아닌 남북한과 연합해야 한다는 수린 박사의 '코리아 선언'에 관한 대담 프로그램이 방송된 후 2006년 1월 하순 주러시아 일본대사가 직접 방송에 출연하여 러시아어로 일본을 홍보하며 러시아와 일본 간 협력 확대를 강조하였다고 한다. 아마도 일본은 이미 러시아와 남북한 간 연합 가능성에 대비하여 모종의 대책을 강구하고 있는지도 모른다.

한편 중국은 극동지역을 둘러싼 동북아시아 정세 변화에 대해 느긋한 입장을 취하면서 러시아에 대해서 항상 '우호와 협력'을 강조하면서 표정관리를 하고 있다. 한반도 문제에 대한 중국 정부의 공식적인 입장은 한반도의 평화와 안정을 추구하는 것이라고 하지만, 그들이 말하는 '평화와 안정'이 의미하는 바가 과연 우리가 생각하는 것과 같은지는 생각해 볼 문제이다. 그리고 중국도 한러 간에 공생국가 추진이 구체적인 진전을 보이게 되면 어떤 형태로든 반응을 보일 것은 분명하다.

남북한 간에 긴장이 지속적으로 유지되고 한국이 남북관계를 주도적으로 관리하지 못하는 경우 한러 공생국가론의 추진은 지지부진하게 될 수도 있다. 왜냐하면, 남북한 간 긴장으로 인해 한민족의 극동 시베리아로의 진출 속도와 강도가 현저히 떨어질 것이기 때문이다. 한러 간 협력 추진시 항상 장애가 되어 왔던 것이 남북관계이고 이 문제의 해결이 없이는 본격적인 공생관계의 추진이 어려우나 역으로 남북러 삼각협력을 통해 남북관계의 돌파구를 열 수도 있다고 본다. 한편, 수린 박사는 남북통일 실현과 한러 공생관계 추진에 대해서 어느 한쪽이 다른 한쪽의 전제조건이나 결과라고 보지 않고, 한민족의 통일은 극동 시베리아에서부터 이루어질 것이며 양자가 동시에 병행하여 추진될 것으로 본다.

《신동아》2006년 6월호에 한국몽골 국가연합론이 당시 정치권 일각에서 거론되고 있다는 기사가 있었고, 2007년 3월에는 동아시아평화문제연구소의 주최로 '한국몽골 국가연합의 의의'라는 주제하에 세미나가 열린 적도 있다. 그러나 그 이후 국내적으로 어떤 대책들이 수립되었고 시행되고 있는지 들리는 이야기가 없다. 한국몽골 연합론이나 한러 공생국가론은 몽골 측이나 러시아 측에서 먼저 제기하였다는 점에서 비슷한 점이 있고, 우리 민족의 북방 진출의 기회를 제공할 것이라는 점에서도 유사하다. 그런데, 2007년 2월 주러시아 대사관 경제과가 주도하여 '극동 시베리아에서의 한러 간 전략적 협력 추진 방안'이 외교부와 청와대에 보고되었으나 메아리가 거의 없었다. 외교부 본부에서는 실무선에서조차 제대로 검토하지 않고 그냥 묻어 버렸다. 다만, 당시 백종천 청와대 외교안보실장이 이 보고서에 깊은 관심을 갖고 국무총리실에서 주도하여 실천 방안을 마련하도록 지시하였으나, 안타깝게도 그해 7월 분당 샘물교회 신도들이 아프가니스탄에서 탈레반세력에 의해 인질로 잡히는 바람에 온 나라가 떠들썩하다 보니 백종천 실장도 이 방안을 제대로 챙길 수 없었고 이어서 몇 개월 뒤 노무현 정부의 임기가 끝나면서 흐지부지 되고 말았다. 2008년 2월 정권이 바뀌고 나서 현 정부에서는 이 보고서를 기억하는 사람조차 거의 없을 것이다. 하지만, 민간에서 한러 공생국가론에 대한 논의의 불씨가 이어져서, 2008년 1월 대외경제정책연구원이 주관하여 러시아 극동지역 경제협력전략 세미나를 개최한 것이나, 2008월 11월 평화통일재단이 수린 박사를 초청하여 서울에서 '코리아 선언'에 관한 세미나를 개최한 것은 다행스러운 일이다.

우리는 한러 공생국가론에 대해 과정은 생략하고 결과에 대한 허상만을 좇는 관념적이고 추상적인 논의는 지양하고 무엇을 해야 하는가에 집중하여야 한다. 우리가 분명히 인식해야 하는 것은 공생국가의 달성이 어느 날 갑자기 양국 정상이 합의하여 개시되는 것이 아니라, 다양한 수준과 다양한 분야에서 크고 작은 노력이 쌓이고 쌓여서 우리가 원하는 상태에 도달하고 그 결과로 양국 정상이 이를 확인함으로써 이루어질 것이라는 점이다.

공생국가론을 실현하는데 기여할 한러 간 양국 간 경제협력 방향과 프로그램에 관해서는 대외경제정책연구원이 2008년 1월 세미나 발표자료를 정리하여 발간한 책자*에 거의 모두 이슈들이 빠짐없이 상세하게 열거되어 있다. 그중 도로, 항만 등 인프라 건설, 대규모 산업 시설 투자, 에너지 자원 개발과 같은 프로젝트는 우리 대기업들이 관심을 가져야 될 대상이다. 우리 정부가 국익차원에서 전략을 세워서 우리 대기업들이 이러한 지역 발전 프로그램에 적극 참여하도록 유도하는 노력이 필요하다고 본다.

2. 언론의 역할이 중요하며 소통을 위한 인적 네트워킹이 강화되어야 한다

위에서 '코리아 선언'에 관하여 양국의 지도층 및 여론 주도층 간에 공감대가 형성되는 것이 필요하다고 하였는데, 이와 관련하여 언론의 역할이 중요하다고 본다. 그런데, 우리 언론들의 러시아에 관한 보도 경향을 보면 편견이 있는 것으로 보인다. 러시아에 관해서 우리 언론들의 주요 관심사항은 경협차관, 스킨헤드, 러시아의 남부인 코카서스 지역에 있는 체첸지역의 반군, 서방의 러시아 민주주의 내지 인권상황에 대한 비판 및 에너지 공급을 둘러싼 주변국과의 갈등, 그리고 한국 내 취업 중인 극소수의 러시아계 여성 등으로 집약될 수 있다. 이러한 편협한 보도는 러시아에 대한 부정적 이미지로 연결될

---

* 정여천 편. 『러시아 극동지역의 경제개발 전망과 한국의 선택』. 대외경제정책연구원. 2008

수밖에 없고 이렇게 해서 양국민 사이에 호감과 신뢰가 증진될 수 있을지 회의적이다. 왜 이런 현상이 나타날까? 서방과 대한민국의 러시아에 대한 이해관계가 많은 부분에 있어 일치하지 않음에도 불구하고 아마도 우리 언론들이 우리의 국익관점에서 독자적으로 주체적으로 판단하지 못하고 무의식적으로 서방 언론들의 보도 경향을 추종하기 때문은 아닐까? 물론 대내외적으로 문제가 없는 나라가 없겠지만 러시아에 대해서도 있는 그대로의 모습을 알 수 있도록 다양하고 균형 있는 보도가 아쉬운 실정이다. 2010년초 모스크바 지하철에서 테러 공격이 발생하였을 때 우방국가로서 정부 차원에서는 희생자들에 대한 조의를 표명하였는데, 모 국내 영자지는 이 사건을 배경으로 러시아 정치지도자를 조롱하는 삽화를 수차례나 게재하여 러시아 정부가 강력히 항의한 적도 있다. 한국이 자유민주주의 국가로서 언론의 자유를 구가하는 나라인 것은 사실이며, 외국지도자에 대해서 국내 언론사가 나름대로의 견해를 갖고 있을 수 있으나 그렇다하더라도 그것을 표현하는 데는 신중을 기했어야 했다. 2013년 11월 푸틴 대통령의 방한관련 국내 주류 언론들의 보도 경향도 지적하지 않을 수 없다. 푸틴 대통령이 베트남 방문에 이어 단 하루 한국을 방문하면서 새벽에 도착하였다는 것은 분명 사실이지만 적어도 일주일 전에 러 측에서 예고한 바 있었는데, 이번 한러 정상회담의 다양한 성과에 대해서는 아주 간략하게 보도하면서 '새벽 도착'을 외교적 결례라고 하면서 주요 타이틀로 달았는데, 이것 또한 균형 잡힌 보도라고 볼 수 없다.

2008년 7월 29일 러시아의 로스네프치(Роснефть)사는 돌연 한국석유공사 측에 서(西)캄차트카 해상 광구관련 개발면허의 만료 이틀 전에 연장을 불허한다고 통보하였고, 그 후 그 지역 개발권 자체가 가스프롬(Газпром)으로 넘어가면서 한국석유공사의 권리는 완전히 무시되었다. 표면상의 이유는 한국석유공사 측이 의무 시추 물량을 이행하지 못하였고, 로스네프치 사가 개발권을 양도하면서 합작선인 한국석유공사의 권리에 대한 언급이 전혀 없었다는 것이었으나 우리 측은 사전에 예상하지 못하였다. 이 사례는 한마디로 양측 간에 공식적인 협의 이외에 막후 소통이 결여되어 있음을 보여주는 단적인 예라고 본다. 러시아 엘리트 층에서 한국과의 협력이 중요하다고 인식하고 있었다면, 그리고 우리 석유공사의 인적 네트워크가 충분하였더라면 아마도 이런 일이 일어나지 않았을 것이다.

우리나라에서 러시아와의 경제협력이라고 하면 대개 에너지 자원 개발을 가장 먼저 꼽는 경향이 있는데, 과연 한국이 기술면에서 서방이나 일본과, 그리고 자금력에서 중국이나 인도와 비교해서 경쟁력이 있는지 회의적이다. 한국이 러시아의 에너지 자원에 접근하는 길은 에너지 그 자체에 대한 접근 노력만으로는 한계가 있으며, 러시아 엘리트들과의 소통에 노력을 기울여야만 우리가 원하는 바를 얻을 수 있다고 본다. 필자가 겪어 본 바에 따르면 러시아인들은 서구인들과 달리 의사결정과정이 합리적이라기보다는 다소 감성적이라고 말할 수 있다. 우리는 지금 '코리아 선언'에 담긴 거대한 프로젝트를 논의하고 있는데, 이러한 '통 큰 거래'야말로 인적 네트워킹이 구축되지 않고는 성사되기 어려운 것이며, 이러한 빅딜과정에서 에너지 자원에 대한 접근은 부수적으로 따라올 것이라고 본다.

3. 젊은이들과 지방정부를 앞세워야 한다

앞서 공생국가 실현의 전제 조건으로 지적한 양국민간 신뢰 구축을 위해 무엇을 할 것인가? 신뢰는 상호이해를 전제로 한다. 상호이해를 위해서는 우선 상대방에 대해 많이 알아야 하고 그러기 위해서 교류와 접촉의 획기적인 확대가 필요하다.

우리의 과제를 실현할 주체는 현재 양국의 20~30대 젊은층일 것이다. 그들이 서로 접촉할 수 있는 기회를 제도화하고 확대하는 것이다. 현재 정부의 지원하에 해외로 젊은이들을 파견하는 프로그램이 다양하게 있다. 미국의 평화봉사단을 본뜬 한국국제협력단의 해외봉사단, 해외인터넷청년봉사단, 문화봉사단, 글로벌 인턴제 등 다양하다. 우리 민족의 먼 미래를 보고 기본적으로 예산을 늘려서 러시아에도 보내야 한다. 또한 선택과 집중의 원칙에 따라 러시아, 특히 극동 시베리아 지역과 러시아 파워엘리트의 거점인 상트 페테르부르크에서 우리 학생들이 유학하도록 적극 장려하고 지원하여야 한다. 또한 정부의 국비 장학생 수를 크게 늘려서 러시아 학생들을 대거 받아들이고 동시에 우리 대학들도 러시아 대학들과의 교환 프로그램을 대폭 확대해야 한다. 이를 위해서는 기업들의 기여가 절실하다.

2002년에 주러시아 대사관이 주관하여 한국의 젊은이들이 시베리아횡단철도를 따라 블라디보스토크에서 상트 페테르부르크까지 기차로 여행하며 도중에 주요 도시에서 문화행사를 개최하였던 '친선특급 열차' 행사는 러시아에 대해 관심을 갖고 있는 국내 여러 계층, 특히 청년 학생들에게 러시아를 직접 보고 들을 수 있는 좋은 기회였다고 본다. 이런 맥락에서 우리 정부와 사회가 우리 청소년들의 수학

여행지로 러시아를 적극 권장하여야 한다고 본다. 마침 2013년 푸틴 대통령의 방한 계기에 양국은 단기 비자 면제 협정을 체결하여 2014년 초 발효될 예정이며 2014~2015년 상호 방문의 해도 선포하였으므로 우리 청소년들이 좀 더 수월하게 러시아를 여행할 수 있는 여건이 갖추어졌다고 본다.

한편, 오마에 겐이치가 예견한 바와 같이 21세기에는 국가의 하부 단위인 지역 또는 지방이 국제협력의 주체가 될 것이다.[*] 이와 같은 국제적인 추세가 역설적으로 우리 민족이 평화적인 방법으로 도약할 수 있는 유리한 국제적 여건을 조성하게 될 것이라고 본다. 현재 양국의 일부 지방자치단체 간 자매결연이 있으나 대부분 유명무실한 형편이다. 중앙정부가 지자체 간 교류가 활발히 이루어지도록 지원하고 독려해야 할 것이다. 이런 과정에서 우리 중소기업의 진출도 촉진될 것이다. 이를 측면 지원하기 위해서 양국 간 민관합동 협의 채널인 한러 극동 시베리아 분과위가 활성화되도록 중앙정부와 지방정부 모두의 분발이 요구된다.

4. 멍석을 깔아야 한다

현대 국제사회에서 국가 간 사람의 이동에 관한 국제법상 장벽은 입국 비자 제도이다. 한러 간 인적 교류와 이주를 촉진하기 위한 제도적 장치로서 제1단계로 일반여권 소지자에 대해서 단기비자 면제를 추진하고 비즈니스맨을 위한 장기복수 비자가 쉽게 발급될 수 있도록

---

[*] Kenichi Ohmae, The end of the nation state, HarperCollinsPublishers, 1996, pp 1-5

하는 것이 필요하다. 현재 양국 간에는 외교관 여권 및 관용여권 소지자에 대해서 이미 비자 면제가 시행되고 있는데, 아마도 일반여권 소지자에 대한 비자 면제 추진에 대해서는 오히려 우리 법무부나 정보당국이 소극적일 수 있으나 큰 목적을 위해서는 어느 정도의 부작용은 감수하는 결단이 필요하다고 본다. 나아가 무비자 통행의 결과가 양국 모두에 바람직한 결과를 가져오는 것을 전제로 제2단계는 러시아 정부가 한국인들이 러시아 내에서 영주권을 용이하게 취득할 수 있게 하는 것이고 마지막 단계는 한국인들이 러시아로 비자 없이 무기한 자유롭게 왕래하도록 하는 것이다.

지난 수년간 주 러시아 대사관의 끈질긴 노력으로 드디어 2013년 11월 13일 푸틴 대통령의 방한 계기에 사증면제협정이 체결되었고 2014년 초부터 양국민은 사증 없이 60일간 체류할 수 있게 되었다. 이로써 앞서 말한 1단계 작업은 부분적이지만 실현되었는데 이는 양국 사이에 교류협력을 촉진할 수 있는 '고속도로'가 뚫린 것이라고 볼 수 있다. 이러한 성과는 당연히 평가되어야 한다. 특히 러시아가 동아시아 국가들 중 유일하게 한국과 이런 협정을 체결하였다는 점에서 그 의미가 크다. 앞으로는 상사 주재원이나 일반 기업인들을 위한 장기복수비자 발급 절차의 추가적인 간소화, 단기방문 비자의 경우 체류기간을 90일까지 연장하는 것, 러시아 내 영주권 취득 절차 간소화, 궁극적으로 한국인에 대한 비자 없이 무기한 체류 허용 즉 내국민 대우 부여의 과제가 남아 있다. 즉, 우리의 큰 과제를 실현하기 위해서는 이번 정상회담을 계기로 얻은 성과에 만족할 수 없고 무기한 비자 면제, 즉 자유 왕래를 목표로 더욱 노력하여야 할 것이다.

그리고, 러시아 시장에 대한 교역과 투자관련 장벽을 가능한 조기에 획기적으로 낮추는 제도적 장치를 마련해야 한다. 이미 2007년 하반기에 한국과 러시아는 이를 위해 정부 간 협의를 개시하였다. 그러나, 당시 러시아는 한국과 자유무역협정을 체결하게 되면 WTO 가입 협상 과정에서 불리하다고 판단하였고 그 결과 한러 간 양자 협의는 중단되었다. 2012년 정식으로 러시아가 WTO 회원국이 되었는데 그 간에 발생한 또 다른 상황이 장애가 되고 있다. 러시아는 WTO 가입 이전에 카자흐스탄 및 벨라루스와 관세동맹조약을 체결한 바 있다. 즉 이제 한국이 자유무역협정을 협의하기 위해서는 러시아와 단독이 아니라 관세동맹국가 3개국과 동시에 협의를 진행하여야 하는 상황이 되었다. 그러나, 이러한 장애는 근본적인 것이 아니라 기술적인 것이며, 최근 박근혜 대통령이 제창한 유라시아 협력 구상 차원에서 볼 때 오히려 '1타3매'가 될 수 있다고 보고 우선 적극적으로 러시아를 설득할 필요가 있다고 본다. 이러한 협정이 타결된다면 유라시아 시장에서 우리 상품의 경쟁력을 높일 뿐만 아니라 러시아, 특히 극동 러시아에 대한 한국의 교역과 투자가 획기적으로 증대될 것이다.

또한, 극동 시베리아 지역으로 진출하는 데에 있어서 우리는 중국에 비해 지리적 열세를 만회하여야 한다. 중국인들은 아무르 강(중국 이름 헤이룽장)이나 우수리 강(중국 이름 쑹화장)만 건너면 쉽게 그곳에 접근할 수 있다. 현재 한국의 국적기가 정기적으로 취항하는 극동 시베리아의 도시들은 블라디보스토크, 하바로프스크, 유즈노사할린스크(사할린)이고 이르쿠츠크에 대해서는 불과 수년 전부터 제한적으로 취항하고 있다. 해운항로는 부산-보스토치니(블라디보스토크), 속초-자루

비노 정도에 불과하다. 항공협정과 해운협정을 개정하여 극동 시베리아내 국적기의 취항 도시와 국적선이 운항하는 항구를 대폭 늘려야 한다. 또한 젊은이들을 위해 저가 항공의 취항을 지원하는 것도 필요하다고 판단된다.

5. TSR을 따라 주요 도시마다 총영사관과 KOTRA 사무소를 개설해야 한다

한국인들의 극동 시베리아에서의 활동이 점점 활발해지는 것에 대비하여 그러한 활동이 방향성을 갖고 일정한 지향점을 향해 나아갈 수 있도록 현지에서 조타수 역할을 맡을 조직이 필요하다. 현재 극동 시베리아에 우리 정부의 공관은 블라디보스토크, 이르쿠츠크 그리고 유즈노사할린스크에 있을 뿐이고 KOTRA사무소는 블라디보스토크 및 노보시비리스크(1인 사무소)에만 있다. 극동 시베리아의 주요 도시에는 당장의 업무 수요를 고려하지 말고 무조건 총영사관과 KOTRA 무역관을 개설하여야 한다. 우리 정부기관이 설치되면 그만큼 교류를 촉진하는 효과가 있다고 본다.

6. 극동 시베리아판 '개성공단'과 농장을 도처에 설립하여 운영하여야 한다

수린 박사의 주장의 핵심은 약 2,000만 명의 코리언(남북한)이 자발적으로 우랄이동 극동 시베리아지역으로 이주하여야 한다는 것이다. 그러나 무작정 이주할 수 있는 것은 아니다. 결국 일자리가 있어야 하며, 그에 대한 해답은 개성공단에서 찾을 수 있다. 한국 기업 중 인력난과 고임금에 시달려 생산원가 절감이 절실한 중소기업들이 극동 시베리아 지역내 '개성공단'을 조성하여 옮겨가고 여기에 북한노동자들을 불러들여서 공장을 운영하여 러시아인들이 중국산에 의존하고 있는 저질의 일반 소비재를 양질의 우리 제품으로 대체하여 공급하게 되면 남북한과 러시아 모두 윈윈하는 결과를 가져다 줄 것이다. 제3국인 러시아에서 일어나는 일이기 때문에 개성공단을 둘러싼 복잡하고 예민한 문제가 발생할 소지가 거의 없을 것이다.

또한 이미 연해주에서 '아그로 상생(발해 농장)', '유니 베라' 등 10여 개 우리 기업들이 현지에서 대규모 토지를 임차하여 농장을 운영하고 있는데, 농장 운영도 러시아 땅에서 남과 북이 자연스럽게 협력할 수 있는 좋은 방안이다. 연해주 지역의 경우 쌀농사 여건이 좋고, 아무르 강변에는 콩 농사가 유망하다고 알려져 있다. 위에서 언급한 공단과 농장에는 북한주민만이 아니라 러시아를 비롯한 CIS국가에 있는 고려인 동포들 그리고 더 나아가서는 조선족 동포들도 끌어 들일 수 있을 것이다.

7. 대륙으로 가는 육로를 뚫어야 한다

한국은 유감스럽게도 남북분단으로 인해 사실상 섬 나라의 처지에 있다. 어떻게 대한민국이 섬이냐고 하겠지만, 일찍이 1970년대 고려대학교 정치외교학과의 이호재 교수가 갈파한 바와 같이 정치적, 군사적 이유로 해서 육지를 통해 자유롭게 대륙에 도달할 수 없다면 지도상 위치에 관계없이 국제정치적으로 한국은 분명 섬나라이다. 이러한 상황은 한국의 상승하는 국력이 대륙으로 뻗어 나가는 데 결정적 장애 요인이 되고 있다. 하늘이나 바다가 아니라 땅으로 도달할 수 있다는 것은 사람의 심리에 미치는 효과가 크다. 그렇기 때문에 한국은 일본이 오래전부터 제의하고 있는 한일 간 해저터널 공사에 소극적인 것 아닐까? 중국이 북한의 공산정권을 유지시켜 한국과의 사이에 완충지대로 삼고 있는 이유가 이해되지 않는가? 중국과 러시아의 경계를 이루는 아무르 강에 다리를 건설하자고 중국 측에서 집요하게 요구하지만 러시아 측이 묵묵부답인 이유가 바로 그것이 아닌가?

남북이 통일되기 전이라도 이러한 처지를 벗어나려면 이미 김대중 정부시절부터 '철의 실크로드' 프로젝트로 알려진 시베리아횡단철도(TSR)과 한반도종단철도(TKR) 연결사업이 본격적으로 추진되어야 한다. 이 프로젝트를 성사시키는 과정에서 한국 측은 휴전선 통과 루트 확정을 먼저 생각하는 경향이 강하여 문제를 어렵게 보는데, 이미 수년 전에 러시아 측이 발상을 전환하여 제시한 방안이 있다. 즉, 러북 국경지대 러 측 도시인 하산과 북한의 나진항 구간부터 시작하여 남쪽 방향으로 부산발 컨테이너가 경유하게 되는 북한구간을 점차 늘려서 마침내 휴전선에 도달하는 방식이다.

그동안 우리 정부가 러시아 측의 이러한 구상에 대해 북한 변수를 이유로 소극적으로 일관하였던 데 반해 러 측은 자신들의 계획을 착실히 진행시켜서 2013년 9월 나진-하산 구간 철도 현대화를 완료하고 나아가서 나진항을 개발하여 나진항에서부터 시작하여 시베리아 철도로 이어지는 물류 서비스를 준비하고 있다. 한편 러 측의 제의에 따라 우리 기업들 중에는 포스코, 현대상선, 철도공사가 나진-하산 물류사업의 주체인 러북 합자회사에 참여하기를 희망해 왔는데 이명박 정부에서는 우리 기업들의 신규 대북 투자라는 이유로 간접투자 방식일지라도 허용하지 않았으나 박근혜 정부에서는 전향적인 태도를 취함으로써 금번 푸틴 대통령의 방한 계기에 한러 양측 기업 대표들이 이 사업 추진에 관한 양해각서에 서명하였다.

천안함 폭침과 연평도 포격 사건 이후 우리 정부가 취한 대북 제재 조치(5.24)는 그 자체가 목표가 될 수가 없으며, 한국 주도로 한반도가 통일될 것이고 통일 후 북한 내 인프라를 현대화하는 것이 확정적이라면 어차피 해야 될 사업을 할 수 있을 때 하는 것이 비용도 줄이는 방법이 될 것이다. 통일되기 전에 이 사업을 추진함에 있어서 리스크를 줄이기 위해서 러시아의 참여뿐만 아니라 제3국이나 국제금융기구의 자금 지원을 모색할 수도 있을 것이다.

철로가 뚫리게 되면 남북간 긴장완화에 불가역적 효과를 가져와 통일을 촉진할 것이다. 끊어진 한반도의 허리를 다시 잇는 작업이 되는 것이다. 또한 우리가 거론하고 있는 한러 공생국가를 촉진하는 길이기도 하다.

VII. 누구를 선택할 것인가?

국내에서 동북아 정세, 동북아시대, 동북아경제협력, 동북아경제공동체 등 동북아시아라는 말을 자주 쓴다. 그런데 이런 논의를 들여다보면 다소 놀라지 않을 수 없다. 동북아시아의 지도를 보면 분명히 러시아의 극동 시베리아 영토가 절반 이상을 차지하고 있는데 우리의 뇌리에는 오로지 한중일이고 조금 자세히 보는 사람은 몽골을 포함하기도 한다. 그리고 항상 역외자이지만 미국을 상정한다. 최근 중국이 한국을 비롯한 주변국가들과 거칠게 영토분쟁을 야기하면서 군비를 강화하자 비로소 중국 위협론이 대두되고 있으나 이에 대한 전략적 대응책에 있어서 러시아는 거의 거론되지 않고 있는데 놀라운 일인 동시에 심히 우려되는 일이다. 중국은 마치 조선시대와 같이 종주권을 행사하겠다는 기세를 보이는데 우리 내부에서는 거꾸로 중국과 우호관계를 유지하면서 중국을 잘 활용하여야 한다는 지극히 소극적이고 패배주의적인 생각이 난무하고 있는 것이 오늘날의 현실이다. 그와 동시에 우리 사회의 일각에서는 제주도 해군 기지 건설이 북한과 중국을 자극할 수 있다고 결사반대하고 있는 한심한 현실이다. 중국은 맘껏 기세를 부리며 우리에게 압력을 가중시키고 있는데 우리는 손 놓고 있으란 말인가? 국내 언론이 일본의 재무장과 군국주의 부활 가능성에 대해서는 과민한 반응을 보이는 반면, 핵무기를 비롯한 전략무기를 한반도를 겨냥하여 배치하고 서해에 항공모함을 등장시키며 자신들의 근육을 과시하는 중국의 군사대국화에 대해서는 간단히 언급만 하거나 침묵을 지키는 이유는 무엇일까?

한편, 국내 일각에서는 한중일 3국이 뭉치면 서구 세력에 대항할 수 있을 것이라고 주장하기도 한다. 한마디로 철없는 생각이라고 본다. 19세기 이래 서구 열강에 의해 철저히 능멸당했던 것은 한국이나 일본이 아니라 중국, 즉 청나라였을 뿐이다. 우리는 일본과 중국에 당했다. 왜 우리가 중국에 맞장구를 쳐주어야 하는가? 조선 말기에 청나라 자신도 조선을 병탄하려 하였으나 일본에 져서 조선 지배를 포기하였을 뿐이며, 결코 조선의 독립을 존중한 적이 없었다. 언제 중국이 우리 민족의 항일독립 투쟁을 지원한 적이 있었던가? 그 말이 사실이라면 김구 선생의 상하이임시정부청사가 왜 그리도 초라했을까?

윤봉길 의사의 항일의거 현장인 상하이 홍커우 공원의 어느 구석에도 윤봉길 의사의 족적이 남아 있지 않다. 중국 국민당의 장제스 정부가 미미하나마 상하이임시정부와 광복군을 지원하였던 것도 윤의사의 의거 이후 2차 대전이 끝나갈 무렵이었다고 한다. 만주 지역의 조선 독립군들은 일본군뿐만 아니라 중국 마적단과도 싸워야 했다. 중국 옌안에 있었던 공산당 군대가 피 끓는 조선 청년들을 받아들여주지 않았느냐고 할지 모른다. 일본 제국주의에 대항해 전투에 나가 싸우다 죽겠다는 조선 청년들에게 총 한 자루와 누비옷 한 벌을 제공한 것도 지원이라고 볼 수 있는가? 오히려 조선 청년들이 중국의 항일 투쟁에 기여하였다고 말하는 것이 역사적 사실에 부합할 것이다. 또한, 안중근 의사가 이토 히로부미를 사살한 그 역사적인 현장을 보존하고 널리 알리려는 우리 측의 노력에 대해 중국 정부는 어떠한 반응을 보여 왔던가? 뒤늦게나마 안중근 의사의 유언대로 그분의 유해를 찾아서 조국 땅으로 모셔 오고자 하였지만 중국 당국은 매장추정지역에 아파트 공사를 강행하지 않았던가? 한마디로 말해서 안중근 의사에 대한 중국 당국의 대접이 어떤지 알 수 있지 않은가? 2011년 광복절 언론 보도에 따르면 제2차 세계대전 당시 일제에 의해 강제로 만주로 끌려갔다가 희생된 조선인들의 유족들이 늦게나마 희생자들의 매장지를 확인하고 위령제를 올리려 하였으나 중국 당국이 이를 허용하지 않아서 유족들은 현장에서 멀리 떨어진 곳에서 숨어서 고인들의 넋을 위로하여야만 하였다. 중국이 이러고도 항일 연대를 논할 수 있는가? 중국은 고구려 역사는 물론이고 일제강점기에 있었던 우리 민족의 만주 지역 내 어떠한 인연에 대해서도 부정하고 있는 것이다.

중국의 역사교과서를 본 적이 있는가? 중국은 한반도를 회복해야 할 그들의 영토 중 하나라고 젊은이들에게 가르치고 있다.[*] 단군조선과 고구려 역사를 비롯한 우리의 상고사를 중국사의 일부라고 주장하는 동북공정을 자행하는 중국과 어떻게 유럽국가들처럼 동북아 국가 간 결속 내지는 연합체를 논의할 수 있겠는가? 중국의 대국주의 사관에 입각한 역사왜곡은 독도 영유권 및 임나일본부 주장으로 대변되는 일본의 식민사관과는 그 범주에 있어서 비교가 안 될 정도로 황당무계한 것이다. 오늘날과 같은 유럽연합의 결성은 유럽 국가들의 과거 역사에 대한 냉철한 성찰과 약소국가의 권익 존중, 진정한 상호협력 의지, 그리고 자유민주주의와 시장경제라는 공통된 가치와 같은 튼튼한 토대가 있었기 때문에 가능하였던 것을 명심하여야 한다. 소위 한중일 FTA 추진도 마찬가지이다. 원래 한일 간 FTA가 먼저 논의되기 시작하였고. 여기에 중국은 재를 뿌리기 위해 한중일 FTA를 내걸고 나왔던 것이다. 일본과는 자유민주주의나 시장경제라는 공유하는 가치라도 있지만 중국과는 어떤가? 최근 한중 FTA 논의가 활발히 진행되고 있다고 하는데, 단기적으로 우리가 이익을 얻을 수 있을지 모르나 장기적으로는 우리가 경계해야 될 일이 벌어질 수도 있다고 본다. 왜냐하면 현재 우리가 중국에 대해 부분적으로 누리고 있는 질적인 우위는 오래가지 못할 것인데 반해 이미 상당한 양적인 격차는 오히려 시간이 갈수록 커져 갈 것이며 결국 한국 경제는 중국 경제에 예속될 가능성이 크기 때문이다.

---

[*]　김운회. 『대쥬신을 찾아서』. 해냄. 2007. 제1권. 50쪽.

또한 중국은 북한이 미사일 발사나 핵 실험 등 돌출 행동을 하여서 유엔의 제재를 받게 되었을 때마다 이러한 조치들을 무시하고 북한을 지원한 바 있다. 이미 식물인간이 되어 버린 북한 정권이 죽지 않고 연명하도록 하여서 중국에게 있어서 완충지대 역할을 하도록 하고 있지 않은가? 한마디로 말해서 중국은 그들의 국익을 위해서 우리 민족의 분단을 영구화하려고 하고 있는 것이다. 그들에게 우리 민족의 분단 고통 따위는 안중에도 없는 것이다. 중국은 한국과의 교류를 통해 경제적 이익을 추구하면서도 대한민국을 '미국 제국주의'의 첨병으로 간주하고 대한민국의 상승하는 기세를 막고자 할 뿐이다.

중국에 진출한 우리 대기업들은 단지 국가와 민족이 아니라 자기 회사의 이익을 위해서 우리 정부가 중국에 대해 유화정책으로 일관하거나 순응하기를 선호한다. 문제는 대기업들이 단순히 그런 입장을 취한 것으로 끝나는 것이 아니라 적극적으로 정부요로에 로비를 한다는 것이 심각한 문제이다. 물론 중국이 소국이라면 우리 기업들의 진출이 늘어날수록 우리나라의 중국에 대한 정치적, 경제적 레버리지(leverage)가 커질 것이다. 그러나 현실은 정반대이다. 중국 시장은 너무나도 크기 때문에 중국 당국은 필요하면 언제든지 제3국 기업을 대안으로 선택할 수 있으며, 결과적으로 중국에 진출한 우리 기업들은 중장기적으로 대중 관계에 있어 볼모로 전락할 수 있다. 상당수의 국내 기업인들은 노골적으로 목전의 자신들의 경제적 이익만을 위해 중국을 옹호하는 경향이 있는데, 민족과 국가의 운명을 고려할 때 위험천만한 일이다.

알다시피 한국전에서 중공군이 1950년 10월 압록강을 건너 유엔

군과 대적함으로써 한반도의 통일을 방해하였다. 그리고 더욱 놀라운 것은 애초에 38선을 넘은 북한군의 주력이 실은 중공군이었으며, 북한의 파병 요청이 있기도 전에 한국전쟁에 개입할 준비를 시작하였다는 점이다.* 중국은 조선족 출신 중공군들을 대거 파병하여 중국 내 조선족의 세를 약화시키는 동시에 한반도에서의 영향력 확대라는 목표를 달성하려는 일거양득의 전략을 구사하였던 것이다.

이제 중국에 대한 어리석고 근거 없는 호감과 짝사랑을 걷어치울 때이다. 중국과의 결속은 중국이 공식적으로 대한민국 주도 하의 남북통일을 지지하는 정책을 취한다는 최소한 조건이 충족되기 전에는 거론해서는 위험하다. 중화인민공화국은 남북한에 대해 소위 등거리 외교를 펴면서 중장기적으로 북한을 사실상 흡수하고 남한을 약화시키려는 전략을 포기해야만 그들의 한중일 결속이라는 대의에 대한 진정성을 인정받을 수 있을 것이다.

한중일 삼각구도에 대해 일부 정부 관료들은 3자 협의시 '일본과 중국은 항상 대립하면서 한국을 자기편으로 끌어들이려고 하여 한국의 주가가 올라가고 한국이 어떤 제안을 하면 일본이나 중국이나 모두 협조적이다.' 라고 말하고 있다. 일부 미시적인 측면에서는 일리가 있다고 볼 수 있으나, 기본적으로 3자 구도는 한국에게 매우 불리하게 작용할 수 있다. 일본과 중국 양자 간 담합이나 타협은 언제든지 쉽게 이루어 질 수 있으며, 한국은 그에 따를 수 밖에 없을 것이다. 조선시대 임진왜란 당시 명나라가 군대를 보냈으나 그들은 왜군을 격퇴

---

* 복거일. 『한반도에 드리운 중국의 그림자』. 문학과지성사. 2009. 55-56쪽

하는 것이 아니라 왜군이 압록강을 넘지 않도록 하는 것에만 관심이 있었고 그들과 한반도를 분할하는 안을 논하지 않았던가?

따라서 동북아에서 국가 간 협의체가 필요하다면 담합의 폐해를 막기 위해 러시아와 몽골도 포함시키는 4자 내지 5자 구도가 우리에게 유리하다. 한중일 결속을 주장하는 것은 중국의 이익에만 부합할 뿐이다. 요즘 국내에 소위 좌파 또는 비주류 인사들 가운데 상당수가 은근히 중국의 부상을 마치 우리 일처럼 반기면서 나아가 중국을 다시 끌어들이는 것이 우리 민족과 국가의 이익에 부합되며 그럼으로써 자신들의 입지도 강화될 것이라는 주장을 펴고 있다. 이들의 주장을 들을 때 조선시대에 나라를 망국의 길로 이끌었던 성리학(주자학)을 신봉하던 사대부들의 망령이 21세기에 부활한 것은 아닌가하는 생각을 지울 수 없다. 또한 심지어는 주류 인사들 가운데 일부는 과거 조선왕조와 명, 청 왕조의 관계를 대단히 낭만적이고 목가적으로 보고 있다.

21세기에 우리 민족이 통일을 이루고 웅비하기 위해서는 중국이라는 산을 넘지 않고는 불가능하고 본다. 중국을 적대시할 필요도 없고 직접적으로 적대시하는 것이 결코 바람직하지도 않다. 현재 대한민국이 질적인 측면에서 부분적으로 중국보다 우위에 있는 것이 사실이나 엄청난 양적 격차를 상쇄할 정도가 못되며, 그러한 질적인 우위마저도 시간이 갈수록 좁혀지거나 추월당할 우려가 있으며, 양적 격차는 오히려 더 커질 가능성이 크다. 이러한 전망을 고려할 때 우리 민족이 중국에 대해 우리가 그들을 압도할 수는 없을지라도 그들이 우리에게 굴종을 강요하고자 하는 경우 엄청난 대가를 지불해야 할 것이라는 결연한 메시지를 전달하여야 한다. 이러한 측면에서 우리는 베트남으로부터 배울 바가 많다. 또한 그러한 노력을 외교적으로 뒷받침하기 위해 미국을 비롯한 서구와는 물론 역내세력인 러시아와의 연계를 강화해야 한다.

VIII. 맺음말

한러 공생국가 실현방안의 요체는 한마디로 말해서 남북러 삼각협력 프레임이며 다양한 형태의 프로젝트가 가능하다고 본다. 이러한 협력을 통해 러시아는 극동 시베리아 지역 개발을 도모하는 동시에 안보 불안을 해소하고, 우리 민족은 통일을 앞당기고 생활권을 확대함으로써 대륙국가로 도약할 수 있는 기회를 얻게 되는 것이다. 동서고금을 막론하고 선량한 외세는 존재하지 않지만, 상황에 따라서 서로 이해관계가 맞는 외세는 있을 수 있으며, 이런 맥락에서 러시아는 자신의 국익을 위해 남북한의 통일과 미래 통일한국의 도약을 지지하고 있는 것이다. 거시적으로 표현한다면 향후 동북아시아에서의 세력 균형의 변화 추세에 대비하여 한국과 러시아 간 협력의 전면적인 확대를 모색해야 할 때, 다시 말해서 제2의 북방정책의 수립이 필요한 시점인 것이다.

21세기에 우리 민족의 미래는 분명 북방에 있다. 우리에게는 이미 그곳에 우군이 있다. 극동 러시아 지역으로 150년 전 가난과 관리들의 가렴주구를 피해 두만강을 건너갔던 우리 선조들의 후손인 고려인들이 있다. 한러 공생국가론의 주창자 수린 박사의 한민족에 대한 인식의 기저를 이루는 것은 최근 수십 년간 한국의 기적적인 경제 발전

상보다는 오히려 오랜 세월 러시아인들과 공존해왔던 고려인들의 강인함과 근면함에 대한 평가이다.

2008년 9월 이명박 대통령의 러시아 방문계기에 한국과 러시아는 양국관계를 전략적 협력 동반자 관계로 격상하기로 하였다. 대단히 고무적인 일이다. 하지만, 이름에 걸맞은 내용이 있어야 할 것이다. 주러시아 대사관에서 여러 번 근무하면서 절실히 느낀 것은 한국과 러시아가 가슴을 맞대고 하는 대화를 하기에는 러시아 측도 그렇지만 우리 측에 준비가 되어 있지 않다는 것이다. 비단 언어 소통의 문제가 아니라 소위 러시아의 마음을 이해할 수 있는 기반이 되는 학문적, 문화적 소통이 확대되어야 한다. 그런 의미에서 이번 푸틴 대통령의 방한 계기에 열린 제3차 한러 대화가 획기적으로 활성화되기를 기대해 본다.

우리는 지금 단순히 양국 간 우호 협력 증진을 논하고 있는 것이 아니기 때문이다. 훨씬 더 깊은 관계, 즉 공생을 목표로 하고 있지 않은가? 민족 간 공생이라는 것은 개인차원에서는 결혼과 같은 것이다. 러시아의 한 학자가 중매쟁이로서 화두를 이미 던졌다. 예비 신랑 신부가 마음의 문을 활짝 열어 혼사가 제대로 이루어 질 수 있도록 만반의 준비를 용의주도하게 그리고 민첩하게 해나가야 할 것이다.

한편, 한국과 러시아가 외교관계를 수립한 지 20여 년이 지났으나 현재 양국 관계는 상대방에 대한 몰이해와 사소한 시비로 불편한 상태이다. 2010년 5월말에 러시아 상트 페테르부르크에서 한러 수교 20주년을 앞두고 한국국제교류재단과 러시아 외교아카데미가 공동으로 '한러 수교 20주년: 경험, 성과 그리고 전망'을 주제로 제11차 한러 포럼을 개최하였다. 양국의 학자들은 당연히 목전의 이슈가 아니라 양국 간 중장기 협력 비전에 논의의 초점을 맞추어야 했으나, 우리 측 학자들이 천안함 사태에 대한 러 측의 인식과 북핵 책임론을 거론하는 바람에 단순히 상호 비방하는 자리가 되고 말았다. 참으로 안타까운 일이다. 우리 사회에 만연한 러시아에 대한 근거 없는 경시와 불신, 중국에 대한 어처구니없는 우호적인 감정, 미국에 대한 철없는 반감과 일본에 대한 지나친 증오심 - 이 모두가 우리 민족을 또다시 곤경에 처하게 만들 가능성이 농후하다. 1945년 해방 직후 국내에는 다음과 같은 말이 떠돌았다고 한다. '미국을 믿지 말고 소련에 속지 마라. 일본은 일어난다.' 그럼 누구를 선택하라는 말인가? 이런 말을 누가 만들어냈을까? 동서고금을 막론하고 선량한 외세란 존재한 적이 없고 존재할 수도 없으며, 단지 상황에 따라 유용한 외세 또는 궁합이 맞는 외세만이 존재한다는 너무나도 자명한 사실을 우리 민족은 아직도 깨닫지 못하고 있는가? 1990년 독일 통일의 조짐이 보이자 같은 유럽연합의 일원인 영국과 프랑스의 태도가 어떠하였던가? 한편 과연 대한민국이 미국의 보호와 지원이 없었더라면 우리의 힘만으로 오늘날과 같은 성취를 이룩할 수 있었겠는가? 우리나라의 경제 발전에 대한 일본의 기여도 과소평가해서는 안 될 것이다. 왜 우리는 역사적 사실에 대해 선택적 건망증에 빠져 있는 것일까? 대표적인 보수 논객인 복거일 씨가 2009년 11월 펴낸 저서*에서 아래 구절을 재인용해 본다.

---

* 복거일.『한반도에 드리운 중국의 그림자』. 문학과지성사. 2009. 138~139쪽

"이것(갑신정변 뒤 청군과 일본군 사이의 충돌에서 일본군이 패퇴한 일)은 일본이 중국에게 당한 첫 번째의 큰 역전이었고, 조선이 어디를 선택할지에 관한 물음은 뚜렷이 해결되었다. 조선은 이 뒤로 완전히 중국의 손안에 들어갔고 꼭 10년 뒤 1894년에 일본이 이 판정을 뒤집을 때까지 그런 상태에 머물렀다. ·········· 이 기간에 조선의 독립에 대한 중국의 계속적인 침탈과 조선의 구제불능의 굴종이 있었고, 이런 사정은 조선의 가장 좋은 친구들의 호의를 거의 다 없애는 지경까지 이르게 되었다." **(호머 헐버트, 「조선의 사라짐 *The passing of Korea*」)**

개인의 경우에는 이웃과 사이가 좋지 않으면 삶의 보금자리를 다른 곳으로 옮길 수도 있으나, 민족이나 국가는 과거 유목 시대나 신대륙 발견 시대도 아니고 오늘날 포화상태인 지구의 현실을 고려할 때 그렇게 할 수가 없다. 그러므로 지리적 위치 내지 지정학적 여건이 민족이나 국가의 운명에 미치는 영향이 클 수밖에 없다. 과연 우리 민족의 지정학적 여건은 어떠한가? 어느 이웃나라 하나 만만히 볼 수 없는 상대이고 무엇보다도 그들과 사이가 그리 원만하지도 않다.

역사적으로 볼 때 우리와 혈통적으로 문화적으로 사촌지간인 여러 북방 민족들이 대륙에서 맘껏 활개를 칠 때 우리는 한족(漢族)의 편에 서 있었다. 그런 과정에서 우리 스스로 대외 진출의 가능성을 거부하고 한족(漢族)에 대해 자발적인 굴종을 선택하면서 내향적이 되었다. 고구려 멸망 이래 대진국(大震国), 즉 발해 시대를 제외하고 우리 민족은 소위 한족(漢族)의 중화문명이 세상에 유일무이한 것인 양 가장 충실한 '학생'의 위치를 고수하여 왔다. 고려가 거란족의 나라인 요에 저항한 것과 조선이 만주족의 나라인 청에 저항한 것이 같은 맥락이라고 볼 수 있다. 다만 고려시대에는 거란에 어느 정도 대항할 수 있는 무력을 갖춘 상태이었고 그 때문에 서희의 '외교'에 의해 압록강 연안의 영토를 획득할 수도 있었으나, 조선은 아무런 대비도 하지 않은 채 자존심만 내세우며 세치 혀로 청의 군대를 달래어 돌려보낼 수 있다고 생각하였으니 한심하기 짝이 없는 일이었다. 예로부터 우리나라를 '동방예의지국'이라고 하였다는데 실상을 알고 보면 얼마나 부끄럽기 짝이 없는 찬사인가!

왜 우리는 유라시아 대륙 북방의 정세에 대해 무관심하고 구태의연하게 대처해 왔을까? 우리가 전략적이고, 현명하고 용의주도하였더라면 우리는 대륙 정세가 바뀔 때마다 실익을 취할 수 있었으나, 부끄러운 소중화(小中華) 의식 내지 중화문명의 우등생이라는 자부심이 독이 되어 여러 차례 고초를 겪어야 하였다.

그리고 오늘날 21세기 한국 내 반미 분위기의 초점은 주한 미군인데, 주한 미군을 바라보는 시각의 양 극단을 말하자면 한쪽에서는 '천사의 군대' 내지는 '천견충의군(天遣忠義軍)'으로 보고 다른 한쪽에서는 '제국주의 점령군'으로 보고 있다. 왜 이런 현상이 일어날까? 한국인들은 자신들의 현재 처한 상황에 대한 냉철한 인식이 부족하기 때문이며 더 중요한 것은 아직도 선량한 외세가 존재할 수 있다는 환상에 빠져 있기 때문이다. 주한 미군은 천사의 군대도 아니요 점령군도 아니며 단지 제2차 세계대전 이후 아직까지 이어지고 있는 한반도를 둘러싼 국제정치적 상황의 산물일 뿐이다. 그런데 우리 사회 내 비주류 집단의 일부에서는 미군이 물러가고 중국이 패권을 쥐게 되면 자신들의 입지가 강화될 것이라고 애타게 기다리며 남한 내에서 비현실적인 정치노선을 고집하고 있는데, 그들을 보면 중국 송 왕조의 패배주의적 학문인 주자학을 신봉하면서 임진왜란 당시 왜군을 물리치는데 도움을 받았다고 해서 한족(漢族)의 나라인 명을 부모의 나라로 떠받들었던 조선 사대부들의 망령이 되살아난 것은 아닌가 하는 느낌을 지울 수 없다. 중국이 착한 외세인가? 미국이 착한 외세인가? 단지 나라 사이에는 이익의 일치나 충돌이 있을 뿐이다.

한편, 한국이 러시아와 높은 차원의 전략적 협력을 추진하는 과정에서 미국의 태도를 고려해야 할 필요성이 있을 것이다. 우리는 미국의 지도층을 다음과 같은 논리로 설득하여야 할 것이다. "한국은 제2차 대전이후 미국이 개입한 나라들 중에서 유일하고 매우 성공적인 케이스이며, 미국은 현재 중국의 부상을 우려하고 있지 않은가? 미국이 가장 적은 비용으로 중국을 견제하는 방법은 한국을 좀 더 밀어주는 것이다. 즉, 한국이 러시아와 협력하는 것은 중국을 견제하는 일환이 되는 것이다. 과거 냉전시대에 미국은 강력한 소련을 견제하기 위해 소위 '핑퐁 외교'를 통해서 중국을 포용하는 외교를 펴지 않았던가? 이제는 거꾸로 중국을 견제하기 위해 러시아를 끌어들여야 하는 상황이지 않은가? 미국이 러시아에 대해 냉전적 적대의식을 버리고 한국을 통해서 그런 전략을 구사한다면 가장 경제적인 방법으로 중국을 견제하고 패권을 계속 유지할 수 있을 것이다."

지금까지 설명한 바와 같이 21세기에 들어와 또다시 대륙 북방의 정세가 변할 조짐을 보이고 있다. 현재 중국은 무서운 속도로 부상하고 있고 반면에 러시아는 상대적 열세를 보이고 있는데, 최근 극동 시베리아 정세를 살펴보면 더욱 그러한 생각이 든다. 이러한 상황은 우리에게 치명적일 수 있다. 달리 표현하면 과거 중국과 조선왕조와의 관계가 부활될 수 있다는 것을 의미한다. 좀 더 구체적으로 말하면 조선민주주의인민공화국은 중국의 '동북 제4성'이 될 것이고 그 다음 단계로 대한민국은 현재 경제적 번영을 구가하고 있으나 국제무대에서 기를 펴지 못하는 대만과 같은 처지로 전락하게 될 수도 있는 것이다. 우리가 북핵 문제에만 빠져서 북방에 대해 등한시하고 있는 사이에 동북아시아에서 무서운 세력균형의 변화가 일어나고 있는 것이다. 그렇다면 우리는 무엇을 해야 하는가? 중국에 대한 맹목적인 반감이나 러시아에 대한 막연한 호감 때문이 아니라 '힘은 견제되어야 한다.'는 국제정치의 철칙에 따라 우리의 자존을 지키는 동시에 웅비하기 위하여 행동하여야 한다는 것을 말하고자 하는 것이다. 힘의 균형이 유지되도록 세력균형의 약한 축을 강화해야 하는 것이다. 그럼에도 불구하고 우리가 목전의 경제논리에만 집착하여 국가와 민족의 장래에 대해 강 건너 불 보듯이 수수방관할 것인가?

※ 이 글은 2009년 9월 국학자료원에서 펴낸 『시베리아 개발은 한민족의 손으로』에 기고하였던 것을 2013년 11월 수정하고 보완한 것임.

PART **05**

전반적인
외교 사고의 혁신

러시아가 필요하다

한국은 지구상에서 가장 외로운 나라

세계 지도를 펴놓고 보면 한국처럼 비우호적인 나라들에 둘러싸여 있는 나라도 없는 것 같다. 북한은 말할 것도 없고 그들 가운데 누구와도 흉금을 터놓고 대화하기가 어렵다. 이웃 나라들의 관계도 그러하다. 중국과 일본은 언제든지 충돌할 수 있는 관계이고 러시아도 주변국들과의 관계가 원만하다고 보기 어렵다. 현재 러시아와 중국이 밀착관계인 것처럼 보이나 역사적으로는 전혀 그렇지 않았다. 최근의 상황은 양국이 미국의 일방주의에 대처하기 위한 일시적인 것이다. 작년 말 국민과의 대화에서 푸틴 대통령은 중국과 군사동맹을 맺고 있지 않으며 그럴 계획도 없다고 잘라 말하였다. 미국은 러시아와 중국의 도전에 거칠게 대응하고 있다. 우리보다 작은 나라이나 유럽, 동남아시아, 중남미 등의 소국들은 편하게 소통하고 뭉칠 수 있는 이웃들이 있다. 반목과 충돌의 과거가 있고 현재도 이해관계가 부딪히는 일이 많은 이웃들에 둘러싸여 있는 한국과는 처지가 다르다. 미국을 혈맹이라고 하나 한국인들의 일방적인 생각이고 미국인들도 과연 한국에 대해 그렇게 생각하고 있을까? 거기다가 같은 민족이지만 동족상잔의 전쟁을 일으킨 북한까지 있으니 더욱 그러하다. 학자들은 한국의 처지를 '지정학(地政學)의 저주'라고 표현한다. 지정학이란 쉽게 말하면 내가 어느 곳에 살고 있느냐가 나의 삶 대부분을 결정한다는 말인데 개인이라면 다른 곳으로 이사 갈 수 있으나 나라는 이사 갈 수 없지 않은가?

사람들 사이도 그렇듯이 나라와 나라 사이도 어느 정도 국력이 비슷해야 진정한 우호 관계가 이루어질 수 있는 법이다. 그간 한국정부가 특히 경제 관료들이 국내총생산, 1인당 국민소득, 주요 산업의 국제사회에서의 순위 등 거시지표에 대해 1960년대와 현재를 비교하면서 '한강의 기적' 또는 '코리안 미러클'을 말하고 있다. 2010년 G20 회의가 서울에서 열렸을 때 정부는 '대한민국, 세계의 중심에 서다.'라며 대대적인 홍보를 하였다. 과연 한민족 국가의 국력에 획기적인 변화가 있었는가? 국력이란 개념은 절대적인 것이 아니라 상대적인 것이다. 다른 나라와 비교를 전제로 하여 말하는 것이다. 예를 들어 50년 전의 나와 현재의 나를 비교하는 것이 아니라 50년 전에는 내가 남보다 얼마나 크거나 작았는데 오늘에 와서는 그 격차가 얼마나 줄었느냐 또는 역전되었느냐가 중요하고 의미 있는 것이다. 그러면 한국의 힘이 중국을 압도하거나 대등해졌는가? 일본, 미국 그리고 러시아와 비교하여 어떠한가? 이 나라들과의 관계에 있어 19세기 말과 비교할 때 상대적인 역학관계에 근본적인 변화가 일어났는가? 우리는 여전히 그들에 비해 작은 나라이고 근본적인 변화는 아직 일어나지 않았다. 오히려 나라가 분단되어 조선시대 말보다 더 열세에 있다고 볼 수 있다.

그리고 한국은 외로울 뿐만 아니라 '섬나라'이기도 하다. 북쪽이 적대적인 북한에 가로막혀 땅으로 자유롭게 대륙을 오갈 수 없기 때문이다. 요즘과 같이 해상 및 항공 교통이 발달한 시대에 배나 비행기로 가면 되는데 그것이 무슨 의미가 있느냐고 할 수도 있다. 하지만 왜 영국과 프랑스는 엄청난 비용을 들여서 도버 해협을 건너는 해저터널을 건설하였으며, 왜 일본은 대한해협 해저터널을 뚫고 싶어 하고 한국은 그 사업에 그렇게 소극적인가? 땅으로 연결된다는 것과 그렇지 못한 것은 인간 심리에 미치는 영향이 매우 크기 때문이다.

'착한' 외세가 있을까?

'착한' 개인은 있을 수도 있다. 하지만 '착한' 나라는 상상할 수 없다. 개인적으로 어떤 나라 사람들과 관계가 좋다고 그들의 나라가 우리에게 '좋은' 나라라고 할 수는 없다. 그런데 어떤 나라를 평가함에 있어 자신의 개인적인 경험이 유감스럽게도 많이 작용한다. 나라는 수많은 개인들의 단순한 집합체가 아니며 그 나라의 정책 결정자가 개인적인 차원에서 행동하리라 기대하는 것은 비현실적이다. 그가 그 나라의 이익에 반하여 다른 어떤 나라에 '착한' 태도를 취한다면 그의 자리가 위태로울 수 있기 때문이다. 거의 모든 나라는 그들의 지리적 환경 및 경제 상황 등 주어진 여건에 따라 국익의 방향은 이미 정해져 있다. 흔히 한국인들이 아니 한국 언론이 지도자 간 친분 쌓기에 의미를 많이 부여하는 경향이 있는데 매우 비현실적이고 순진한 생각이다. 한국이 그런 개인적인 친분에 기대를 거는 것 자체를 어리석다고 볼 수는 없지만 상대방으로부터 이용당하지 않도록 조심해야 한다.

역사적으로 이웃나라들로부터 당했던 기억 때문에 상당수 한국인들은 역외국가인 미국은 '착한' 외세라고 생각하는 것 같다. 그런데, 미국 역시 자기 이해관계에 따라 움직이지 한국인들의 바람에 구속받지 않는다는 것이 엄연한 현실이다. 우리는 다른 나라들에 대해 관념적이고 감상적인 인식을 갖고 있는 것 같다. 한국인들이 국제정치를 논하면서 종종 '배신'이라는 표현을 쓰는데, 21세기에 국가 간 관계에 대하여 여전히 성리학적인 명분과 의리의 관점에서 접근하는 것은 아닐까 우려된다. 국가는 도덕적인 존재가 아니며 그럴 수도 없다. 동서양을 막론하고 옛날이나 지금이나 '착한' 외세는 존재하지 않으며, 영국의 파머스턴 수상이 1848년 하원 연설에서 설파하였듯이 국제사회에는 영원한 친구도 적도 없다는 냉엄한 현실을 직시해야 한다. 소위 좌파 진보진영에서는 중국에 대해 막연한 호감을 갖고 중국의 부상이 한국에게도 좋은 일처럼 생각하는 것 같은데 중국이 '착한' 이웃일까? 19세기 말 청나라도 조선을 넘보았으나 일본과의 전쟁에서 패하여 그런 생각을 접었을 뿐이다. 6.25 전쟁 당시 '항미원조(抗美援朝)'라는 구실로 중공군 수십만 명이 쳐들어왔기 때문에 우리는 통일의 기회를 놓쳤다. 16세기로 거슬러 올라가 임진왜란이 일어났을 때 명나라는 조선을 돕기 위해 참전하였으나 왜군이 압록강을 건너지 못하게 막는다는 전략적 목표가 달성되자 조선과 사전 협의도 없이 일본과 강화 협상을 하면서 조선 분할을 논하지 않았던가?

1905년 미국도 필리핀에 대한 지배권을 지키기 위해 조선에 대한 일본의 우월적 위치를 인정하지 않았던가? 영국은 러시아를 견제하기 위해 조선의 영토인 거문도를 점령하기도 했었으며 러일 전쟁을 부추겼고 일본의 조선 지배를 용인하지 않았던가? 2차 대전 이후 미국은 나치 독일의 경우와는 달리 일본을 독점 점령하기 위해 한반도 북부를 소련군이 점령하도록 허용하지 않았던가? 러일 전쟁 때 러시아 역시 조선 지배를 생각하지 않았다고 볼 수 없다. 2차 대전 이후에는 북한 공산정권의 수립을 지원함으로써 남북분단을 야기하였다. 한마디로 말해서 모든 나라는 자기 이익에 따라 움직일 뿐이고 지구상에 한국을 위하고 생각해 주는 나라는 존재하지 않는다.

미국의 품은 괴롭고 중국의 품은 안온할 것이다?

중국이 개혁개방 이후 비약적인 경제 성장을 이룩하여 미국과 더불어 소위 G2가 되었다고 한다. 실제로 그럴 수밖에 없는지 모르겠으나 중국의 부상과 더불어 한국인들은 미국이냐 중국이냐 하는 딜레마에 빠져 있다. 소위 우파 가운데 태극기 부대로 대변되는 일부는 미국을 멀리하고 중국을 가까이하는 것은 있을 수 없는 일이고 실제로 중국은 미국의 상대가 되지 않으며 중국 경제의 붕괴 내지는 중국의 분열이 머지않았다고 주장한다. 한편 소위 진보성향의 사람들은 중국의 부상은 거스를 수 없는 대세이고 동북아시아의 복잡한 문제는 미국이 물러남으로써 해결될 것이며 한국은 중국의 번영에 편승해야 한다고 주장하고 중국을 자극할 수 있는 한미 간 합의, 예를 들어 사드 배치,

제주 해군 기지 건설 등을 반대하였다.

2차 대전 이후 소련군과 마찬가지로 점령군으로 진주하였던 미군은 군정 3년 간 일제에서 해방된 한민족이 민족정기를 바로 세우고 새 나라의 비전을 세우는 데 과연 얼마나 도움이 되었나? 이 땅에 미군이 주둔하면서 북한의 전쟁 위협으로부터 보호해 주는 대가로 한국인들이 얼마나 많이 자존심에 상처를 받았던가? 물론 미국의 도움으로 한국이 경제 성장을 이룩할 수 있었던 것도 역사적 사실이다. 그런데 상당수 한국인들은 70여 년 지속된 미국의 개입에 익숙한 나머지 미국이 후견인 역할을 더 이상 하지 않을 수 있는 상황을 상상조차 하지 않으려 한다. 그들은 그간 같은 민족인 북한과의 대립과 갈등이 불러들인 외세의 개입, 그러한 비정상 상태를 정상 상태로 인식하고 진정한 정상상태로 바뀌는 것에 대해 두려움을 갖고 있어 보인다.

그런데 최근 미국에 대한 한국인들의 행태를 보면 한마디로 말해서 정상이라고 볼 수 없는 수준이다. 광화문 광장에서 미국과의 혈맹을 외치며 모든 일에서 미국과 보조를 맞추지 않으면 당장이라도 적화통일이 될 것처럼 '한미동맹 강화만이 우리의 살길' '피 흘려 지켜낸 자유대한! 동맹 파괴는 여적죄!' 와 같은 구호를 외치고, 미국대사관 바로 앞에서는 'South Korea wishes to be a 51st state of the United States' 라고 쓴 대형 현수막을 들고 미국에게 호소하는 촌극을 벌이기도 한다. 한편 해리스 주한 미국대사가 공개적으로 방위비 분담금 증액 요구를 수용하라고 압박했다고 해서 미국대사관 앞에서 해리스 대사 참수 및 코털 뽑기 퍼포먼스가 열리기도 하고 신발을 벗어 대사관 건물을 향해 던지기도 한다. 또한 일단의 과격한 대학생들이 미국

대사관저의 담을 넘어 들어가 해리스 대사를 비난하는 구호를 외치기도 한다. 미국에 맹목적으로 매달리는 행태나 미국 기관이나 인사에 대해 사실상 폭력을 행사하는 것, 모두 한미 관계에 아무런 도움이 되지 않으며 미국의 입장에서는 한국이 경멸의 대상이 될 뿐이다. 미국이 과도한 요구를 하더라도 무절제한 감정 표출이나 과격한 행위는 단지 미국 측을 불쾌하게 하고 우리 측의 반발을 진지하게 받아들이기보다는 오히려 오기를 부리게 할 뿐이다. 미국대사관과 대사관저를 적절히 보호하는 것은 미국의 기관이어서가 아니라 우리나라도 체약국인 「외교 관계에 관한 비엔나협약」에 따른 의무를 이행하는 것이다. 물론 해리스 대사가 주재국인 한국정부에 본국의 지시를 전달하는 방식이 외교관으로서 적절하였느냐는 별도로 판단할 문제이다.

그러면 미국의 후견 아래 지나온 세월이 그리 좋은 것만은 아니었다고 해서 중국의 품이 안온할 것인가? 현재 중국의 대외적인 행태를 보면 아직도 그들은 국제관계에 대해 전근대적으로 국가와 국가 관계를 수평적이 아니라 수직적으로 인식하고 있는 것으로 보인다. 특히 중국과 이웃나라의 관계는 이웃나라가 중국에 복속하는 것이지 대등한 관계를 인정하지 않으려 한다. 이제 여러 면에서 한국이 중국에 의해 마구 휘둘릴 정도의 나라는 아닌데도 기회만 있으면 중국은 한국을 길들이려는 행태를 보이고 있다. 경제적 측면에서 한국 수출의 중국 시장에 대한 의존도가 20%가 훨씬 넘는다는 것은 매우 위험한 신호이다. 사드 배치 결정과 관련하여 중국 정부의 반응과 제재 조치를 보면 앞으로 벌어질 수 있는 일을 예상해 볼 수 있다. 아마도 중국 쪽으로 기우는 순간 조선시대 우리 조상들이 겪었던 일들이 되풀이될지 모른다. 특히 임오군란에서 청일전쟁 직전까지 조선에 와있던 청나라의 감국대신(監國大臣) 위안스카이(袁世凱)가 조선을 속국으로 만들기 위해 얼마나 오만방자하게 조선 조정을 쥐고 흔들었는지 역사가 상세히 기록하고 있다.

그런데 이해하기 어려운 것은 미국이 과도한 요구를 하거나 우리를 무시하는 행태를 보이면 미국 대사관 앞에서 그렇게 거칠게 항의를 하면서도, 중국 시진핑 주석이 트럼프 대통령과의 정상회담에서 '한국은 중국의 일부였다.'라고 한 발언이 공개되었어도, 시진핑이 중국을 방문한 우리 대통령을 홀대하거나, 왕이 외교부장이 우리 대통령에게 부적절한 행동을 하거나, 중국 공안이 통제하는 보안요원들이 한국 기자들을 무차별 폭행해도 명동에 있는 중국대사관 앞에서 제대로 된 항의 시위가 없었다는 사실이다. 중국에 대해서는 할 말을 못하니, 추궈홍 당시 주한 중국대사가 국회에 와서 '미국이 한국에 중국을 겨냥하는 전략적 무기를 배치한다면 어떤 후과를 초래할지 상상할 수 있을 것'이라고 협박하거나, 2월 초 부임한 싱하이밍 대사가 주재국 국가원수에 신임장을 제정한 후에 대사로서의 공식 활동이 허용되는 국제 외교 관례를 무시하고 부임하자마자 기자회견을 갖고 코로나19 관련 사과의 말은커녕 일부 중국인들에 대한 입국 제한조치에 대해 불만을 표시하는 등 우리를 얕보는 언행이 계속되고 있다. 또한 최근에는 중국인들이 인터넷을 통해 한국 대통령에 대한 국내 여론을 왜곡하려고 하였다는 의혹이 제기되고 구체적인 정황증거도 나왔는데 한국 언론은 이를 제대로 다루지 않고 있다. 중국 정부가 언론을 비롯하여 우리 사회에 대해 전방위적으로 친중국화 노력을 기울이고 있는 것과 무관해 보이지 않는다. 한국 대통령이 2017년 12월 중국을 방문하였을 때 중국을 '높은 산봉우리'에 비유하면서 한국은 작은 나라라고 하였으니 무슨 말을 더 할 수 있을까? 이런 발언은 상대국에 대해 외교적 수사로도 결코 쓸 수 없는 수준이다. 코로나19 사태와 관련하여 중국과의 운명공동체론도 나왔는데 도대체 앞으로 어떻게 하자는 것인가? 중국과의 일체감으로써 그간 미국과 일본과의 관계에서 수없이 자존심이 상하였던 데 대한 보상이라도 받겠다는 것인가?

한국은 북한과 굳이 통일을 이루려고 하는가?

언론 보도에 따르면 2017년 한미 정상회담 때 트럼프 대통령이 문재인 대통령에게 이런 질문을 하였다고 한다. 이웃국가들은 남북통일에 대해 어떻게 생각하고 있을까? 우선 미국부터 보자. 미국이 한국 방위를 위해 미군을 주둔시키고 그간 경제발전을 도왔던 것은 냉전 시대 소련을 봉쇄하기 위한 최전선 기지로 한국이 유용하다는 전략적 판단에 따른 것이었다. 남북한 분단 상태와 북한의 도발 가능성은 한국에 대한 미군 주둔의 명분이 되었다. 남북한이 화해하고 교류하고 통일로 나아간다면 미국으로서는 반대할 명분은 없겠지만 기본적으로 통일은 미국의 큰 관심사는 아닌 것이다. 한반도 상황과 관련하여 미국은 북핵 제거에만 관심이 있을 수밖에 없다. 그러니까 문 대통령이 통일 이야기를 꺼냈을 때 한국이 경제적으로 번영을 누리고 있는데 안보 위협만 사라지면 되는 것 아니냐는 생각을 갖고 있었을 트럼프 대통령으로서는 자연스러운 질문이었을 것이다. 통일된 한반도가 어떤 외교 노선을 취할지는 장담할 수 없으므로 미국으로서는 불확실한 미래보다는 현상 유지를 선호할 것이고 이런 입장은 미국으로서는 당연한 것이기도 하다.

시진핑 주석이 2017년 미중 정상회담에서 한국은 과거 중국의 일부였다고 말하였다고 언론에 보도되었다. 이 발언은 어떻게 해석되어야 할까? 미국에 대해 중국이 북한에 대한 역사적 연고권을 주장하는 것이다. 일제의 식민사학과 마찬가지로 중국은 동북공정에 따라 현재 북한 지역이 과거 중국(漢나라)의 식민지였다고 주장하고 있다. 21세기 중국의 그런 인식이 갖는 의미는 만일 북한에서 급변사태가 일어나는 경우 중국이 개입하겠다는 것이다. 실제로 중국은 유사시 자동 개입을 규정한 군사동맹조약을 1961년에 북한과 체결한 바 있고 이 조약은 여전히 유효하다. 중국은 그간 한반도의 평화와 안정에 대한 강조는 수없이 하였다. 한반도에서 전쟁이 또 일어나면 중국은 참전하지 않을 수 없고 그런 상황은 경제발전에 치명적이기 때문이다. 중국도 북한 정권의 취약함을 잘 알고 있기 때문에 남한 주도의 통일 가능성에 대해 우려하고 그러한 통일이 평화적으로 일어나더라도 중국의 국익에 결코 유익하지 않다고 인식하고 있다. 더욱이 통일한국에 미군이 계속 주둔한다면 미군과 직접 대면해야 하는 상황을 두려워하고 있다. 즉, 중국은 북한을 미국에 대한 완충지대로 보고 있는 것이다. 따라서 어떻게든 북한의 붕괴는 막아야 하는 것이다. 아마도 중국은 내심 한반도에서 전쟁에 이르지는 않을 정도의 긴장이 유지되면서 남북한이 서로 으르렁거리며 힘을 빼는 상황, 즉 분단의 고착화를 바라고 있을 것이다. 최근 북핵 문제 해결을 위한 북미 정상회담이 진행되는 과정에서 중국은 북한에 대해 어떤 움직임을 보였던가? 시진핑 주석이 김정은 위원장을 몇 차례나 중국으로 불러들이고 자신이 평양을 방문하기도 했던 것은 북핵 해결에 긍정적인 영향을 미쳤다고 보기 어렵다. 중국의 움직임은 북미 협상이 급진전되어 혹시라도 북한이 미국 쪽으로 기울어지지는 않을까 하는 우려에서 나온 초조함과 조바심의 표현으로 볼 수 있다.

일본의 경우는 긴 설명을 할 필요가 없을 것이다. 경제적으로 번영하고 인구 8,000만에 육박하는 통일한국의 출현은 식민지배의 원죄가 있는 일본으로서는 달갑지 않을 뿐만 아니라 두려운 상황일 수도 있다. 하지만 일본은 통일을 훼방 놓을 수단이 마땅치 않다. 그래서 일본은 북한 비핵화가 원만하게 진행되는 것을 원치 않고 엉뚱하게도 예를 들어 미국의 직접적인 관심 이슈가 아닌 납북자 문제 해결을 미국에 제기하는지도 모른다.

한편 러시아는 공식적으로 한반도의 평화적 통일을 지지하고 있다. 물론 통일한국이 현재와 같이 친미 일변도 외교정책을 펴지 않는다는 것을 전제로 하고 있고, 중국만큼은 아니지만 남한 주도 통일의 경우 미군과 마주하게 되는 상황에 대해서 우려하고 있다. 통일에 대해 우호적이라고 해서 러시아가 '착한 외세'라는 것은 결코 아니다. 러시아 입장에서는 남북한이 최소한 평화적으로 교류하고 협력하거나 또는 통일이 이루어지는 것이 자신의 국익에 부합하기 때문이다. 이미 1990년대부터 거론되고 있는 한반도종단철도와 시베리아횡단철도의 연결, 북한 경유 가스관 건설, 남북러 전력망 연결 등과 같은 메가 프로젝트는 물론 다양한 남북한과 러시아 간 삼각협력 프로젝트들은 현재와 같은 한반도 상황에서는 불가능하기 때문이다. 더욱이 극동 러시아 개발에 필요한 남한의 자본과 기술 그리고 북한 인력의 결합이 실현될 수 있고 나아가 그로 인해 한반도에 대한 영향력을 확대할 수 있기 때문이다. 또한 러시아의 입장에서 보면 통일한국의 등장이 자신들의 안보를 위협하기보다는 극동지역에서 중국에 대한 상대적 열세를 상쇄하여 줄 견제세력이기 때문에 유용할 것이다. 한마디로 말해서 러시아는 남북통일이 단순히 경제적 측면에서 뿐만 아니라 전략적 측면에서도 유용하기 때문에 호의적이다.

러시아가 필요하다

러시아가 남북통일에 호의적이라고 하였는데, 러시아의 중요성은 통일 과정에서 더 클 것으로 예상된다. 1990년대 이래 북한 체제의 취약함과 불안정이 지속적으로 국제적인 관심사가 되어 왔다. 북한 당국이 미국에 대해 체제 안전 보장을 하라고 하지만 미국이 정권 교체 시도를 자제하는 것만으로는 충분하지 않다. 왜냐하면 궁극적으로 북한 체제의 안전은 북한주민들의 김정은 정권에 대한 태도에 달려있기 때문이다. 따라서 북한 비핵화가 성공하든 그렇지 않든 북한에서 급변사태의 가능성은 상존한다. 그래서 급변사태가 발생하는 경우 이웃나라들의 예상되는 행동에 대한 가설이 난무한다.

그 중에서도 주목해야 할 것은 언론에서 보도하였듯이 중국군이 북한에 진입할 것이라는 것이다. 물론 중국이 유엔 안보리의 승인 없이 군사적 행동을 하기는 쉽지 않겠지만 북한에 대해 사활적인 이해관계가 있기 때문에 그런 유혹을 느낄 수밖에 없을 것이다. 특히 북한의 핵무기와 시설만 접수하겠다는 명분을 내세울 수도 있다. 만일 실제로 그런 상황이 벌어진다면 한국과 미국의 대응은 어떠할까? 한국정부는 이승만 대통령 시절 말고는 공식적으로 북진통일을 거론한 적이 없다. 한국군이 휴전선을 넘어 진격할 수 있을까? 이 경우 중국군과의 충돌이 불가피할 것이고 중국의 개입을 정당화시켜 주는 명분으로 작용할 것이다. 북한과 중국 사이에는 유사시 자동개입 조항이 포함된 상호원조조약이 있기 때문이다. 미국은 중국군의 진입이 남침으로 이어지지 않는다면 군사행동이 아니라 외교적으로만 중국을 압박할 것이다. 한반도에서 현상 유지(status quo)가 된다면 미국은 중국과 타협할 수 있을 것이다. 1972년 2월 닉슨·마오쩌둥·저우언라이 비밀대화록을 보면 닉슨은 남북한 문제로 한반도에서 미국이 중국과 서로 싸움을 벌이는 것은 어리석은 일이라고 하였고 이러한 의견에 중국 측이 동조하였다고 한다. 미국의 최대 관심사는 북한 핵의 제거이지 남북한 문제의 해결은 아닌 것이다. 2015년 8월 언론 보도에 따르면 중국은 '북한 급변사태 시 4개국(중국, 미국, 러시아, 한국) 분할통제(안)'을 미국에 논의해 보자고 제시한 바 있다.

중국군이 전격작전을 전개하여 단기간에 북한 전역을 장악하게 된다면 어떻게 될까? 국제사회는 이를 기정사실로 인정하게 될 것이며, 결국 평양에 중국의 꼭두각시 정권이 수립되고 통일은 사실상 물 건너가게 될 것이다. 이러한 심각한 사태를 저지할 수 있는 나라는 누구인가? 중국의 이러한 행동을 견제할 수 있는 나라는 러시아뿐일 것이다. 러시아로서는 북한에 대한 중국의 독점적 지위를 용인할 수 없을 것이다. 왜냐하면 러시아도 중국처럼 오랜 기간 북한을 자기 영향권에 속한다고 인식해 왔기 때문이다. 미국도 이러한 러시아의 견제에 대해 북한 핵무기의 외부 유출을 막을 수만 있다면 반대할 이유가 없을 것이고, 이 경우 국제기구 주관으로 보다 안전하고 질서 있게 북한의 핵무기를 제거할 수 있는 이점이 있을 것이다. 물론 러시아는 중국과 적당한 선에서 타협할 수도 있다. 어쨌든 러시아의 견제로 북한 급변사태가 외세의 개입 없이 자체적으로 해소된다면 새로이 들어서는 북한 정권과는 그간처럼 북한이 시종일관 남한을 기만하는 것이 아닌, 진정성 있는 남북협상이 가능할 것으로 기대된다.

한편 향후 동북아시아의 세력균형을 고려할 때 중국의 횡포를 견제한다는 측면에서 러시아의 존재는 한국에게 긍정적으로 작용할 것으로 예상된다. 현재 중국과 미국의 장래에 여러 전망이 있지만, 기본적으로 중국의 미래에 대해 낙관적인 가정을 하는 것이 안전한 접근법이다. 그리고 미국은 스스로의 선택으로 고립주의 정책을 취하든 아니면 힘에 부쳐서든 장기적으로는 동아시아에서 서서히 물러날 것으로 예상되는데, 이로 인한 힘의 공백으로 야기되는 중국의 득세를 일본도 견제하겠지만 특히 러시아의 역할이 중요할 것이다.

위에서 본 바와 같이 러시아는 향후 한반도 정세 변화과정에서 중요한 역할을 할 것으로 기대되나 현재 한국에서 러시아의 존재감은 미미하다. 상당수 한국인들은 최근 러시아의 경제 규모, 즉 달러화 표시 국내총생산액이 한국과 비슷한 수준이라 주목할 만한 나라가 되지 못한다고 생각하고 있고, 그래서인지 러시아에 주재하는 특파원이 단 2명일 정도로 한국 언론도 별로 러시아에 관심을 보이지 않고 있다.

올해로 한국과 러시아 양국은 수교 30주년을 맞이한다. 2008년 9

월 이명박 대통령의 방러 계기에 양측이 공동성명에서 '향후 양국 관계를 전략적 협력 동반자 관계로 격상'하기로 하였는데 벌써 10여 년이 지났다. 이제 '착한 외세'가 아니라 '유용한 외세'로서 러시아를 거시적이고 전략적 관점에서 바라보아야 할 때이다.

코리아 선언

블라디미르 수린

　러시아 민족이 직면한 물리적 재앙을 '인구문제'로 단순화하는 것은 그야말로 문제가 있어 보인다. '누구의 잘못인가?', '무엇을 해야 할 것인가?'라는 전형적인 질문에 '누가 해야 하는가?', '뭔가를 하기에는 늦지 않았는가?'의 질문이 추가되어야 한다.

　마지막 질문에 대한 답부터 해보고자 한다. 그 답은 '러시아는 확실히 늦었다.'는 것이다. 우리는 국회의원 선거나 대통령 선거와 같은 중요한 정치 일정에 정신을 파느라 러시아 민족의 물리적 몰락을 인식하지 못하고 있다. 정치적인 안정과 함께 국민소득 증대, 막대한 석유 안정화기금 등 러시아의 미래를 낙관하는 이야기들이 나오고 있다. 그러나 실은 러시아 민족은 죽어가고 있다.

　역사의 관점에서 보면 독일인, 스웨덴인, 프랑스인, 영국인 등 유럽의 백인들은 인구동태학적인 면에서 점차 상대적으로 위축되고 있다.

유럽의 포스트 크리스천 자유방임주의적인 민족들은 인구의 추세 측면에서 '피그미족'이라고 할 수 있다. 이론상으로는 유럽이나 러시아에서 인구 문제가 발생할 수 없다. 왜냐하면 인구 감소 문제를 안고 있는 국가들은 국경을 열고 이민 통제를 철폐하면 문제를 해결할 수 있기 때문이다. 따라서 두 가지 이슈, 즉 인구 문제와 이민 정책 중에서 결국 어느 하나가 문제인 것이다.

지난 반세기 동안 부유한 유럽 국가들이 저출산 때문에 고심하는 가운데 제3세계 빈곤 국가들은 오히려 인구 증가를 고민해왔다. 사람의 머릿수가 중요한 새로운 세상에서 우리 러시아는 생존을 걱정해야 한다. 이미 시작된 중국의 시대(Pax Sinica)로 향해가는 세상에서 러시아도 정책을 바꿀 때가 되었다. 그리고 아직 '기회'는 있다. 러시아 민족이 말 그대로 물리적 측면에서 영토적 통합성을 유지할 수 있다면 물리적으로 거듭날 기회를 가질 수 있다. 광대한 영토를 보존하면서 번영할 수 있는 지정학적 방법이 있기 때문이다. 전체적으로 인구 과잉에 시달리는 지구에서 일부 국가가 인구 감소로 걱정한다는 것은 말이 안 되지 않는가?

자녀의 수는 가족, 나아가 민족이 누리는 물질적 풍요와는 무관하다. 오늘날 상호 연결되어 자유로운 이주가 보장된 세계화 시대에 인구 문제는 존재하지 않는다. 인구 문제는 단지 특정 민족들만의 문제이다. 즉, 아이를 낳는데 최적의 여건임에도 불구하고 아이 낳기를 원하지 않는 민족만의 문제이다. 낮은 출산율 문제는 경제적 또는 정치적 방법으로 해결되지 않는다는 점이 중요하다. 다만 러시아의 경우에는 이 문제를 지정학적으로 해결할 수 있는 기회가 있다.

국가의 기본 개념과 주요 기능에 대하여

국가의 가장 중요한 기능은 민족의 물리적 생존을 보장하는 것이다. 만약 이 문제를 해결하지 못하는 국가는 존재의 의미를 상실한다. 그러한 무능력 상태는 바로 죽음과 다름없다. 다른 국가적 기능들은 부차적인 것이다. 국가와 민족의 생존 문제를 해결하기 위해서는 국가의 영토, 자원, 그리고 인구를 염두에 두고 답을 찾아봐야 한다. 국가는 국내 자원을 이용하든가 해외 자원을 이용하여 민족 생존 문제를 해결해야 한다.

오늘날 서방세계는 물리적으로 죽어가고 있으며, 소련은 모순된 거짓 이데올로기로 인해 경제적으로 파산하였다는 것이 명백하다. 소련은 지구 전체 농지의 4분의 1, 천연자원의 2분의 1을 보유하고도 식량 부족에 시달렸다. 서구 국가들 또한 세계에서 가장 높은 수준의 평균소득, 교육 및 의료 서비스 등에도 불구하고 물리적 재앙에 직면해 있다.

서방의 자유방임주의 이데올로기의 치명적 영향은 명백히 선택적이다. 서방의 이데올로기를 받아들이지 않은 제3세계의 이민자들은 서방 민족들 바로 옆에서 왕성하게 번성하고 있다. 이 이데올로기는 바로 그것을 수용한 사람들만 골라 죽이는 것이다.

소멸의 요소로서 시간적 요인

현재 러시아의 국가 정체성을 구성하는 기본요소는 영토와 인구이다. 이 중에서 당연히 먼저 살려야 하는 것은 영토이다. 러시아 민족의 물리적 소멸은 이미 상당부분 진행 중이며, 따라서 국가안보와 국가

체제 유지는 전적으로 시간적 요인에 좌우된다. 만일 우리가 이미 영토의 반을 잃게 되었다고 가정했을 때 그때서야 러시아에 물리적 재앙이 도래했음을 인정할 것인가? 더구나 아시아대륙에 속한 영토(극동·시베리아)를 상실할 경우 인구도 회복할 수 없게 될 것이다.

반면에 영토적 통합성을 유지하면서 중국 식민주의자들의 극동 시베리아 지역에 대한 평화적 잠식을 저지할 수 있다면, 우리는 공간(영토)과 시간과의 싸움에서 승리할 것이며, 러시아 민족의 인구 감소 문제를 해결할 기회를 갖게 될 것이다. 미래의 인구 증가에 대비하여 지금 우리의 동방 영토(시베리아, 극동, 연해주)를 수호하는 것이 절대적으로 중요하다.

서방의 침묵

오늘날의 서방세계는 침묵한 채로 자신들의 경제적 유산에 대한 권리를 제3세계 민족들에게 물려주고 있다. 서방세계는 인구소멸이라는 파국을 인식하지 못한 채 인구 대체를 허용하고 있다. 다시 말해 상류층 내부에 서방민족이 제3세계 민족으로 교체되고 있는 것이다.

불행한 제3세계라는 전통적인 표현은 가난, 기아, 질병, 높은 유아 사망률 등을 내포하고 있다. 놀랍게도 이렇게 불행하고 가난한 제3세계에서만 인구가 꾸준히 증가하고 있다. 제3세계에서는 가난과 이로 인한 바깥으로의 대규모 이민에도 불구하고 전체 인구는 줄지 않고 있다. 오늘날 세계에서 서방세계가 경제적, 재정적 수혈자로서의 역할을 담당하고 있다면 제3세계는 저출산의 서방에 대해 인구를 수혈하는 역할을 하고 있다.

제3밀레니엄 초반이 되면 세계 인구 규모가 상당해져서 인구 동향이 두드러질 것이다. 이미 오늘날 서방 상류층 인구의 1/4은 제3세계의 이민자들로 채워지고 있다. 세계 인구는 대략 30년을 주기로 2배의 꾸준한 증가를 보여주고 있다. 이 말은 2050년경 서방의 인구는 세계 인구에서 차지하는 비중이 아주 미미해질 것이라는 것을 의미한다.

오늘날 제1세계(서방세계)와 제3세계 국가의 인구 비율은 바로 소비사회 이데올로기에서 기인하는 물리적 재앙을 가장 객관적으로 보여주는 지표이다. 현대 서방세계의 이데올로기를 추종하는 사람들에게 가족은 '자아실현'이라는 인생의 목표에 있어서 상당한 부담이고 장애일 뿐이다. 반대로 전통적인 관점에서 볼 때 다자녀 가정은 그 자체가 충분한 삶의 목표이다. 오늘날 서방세계의 가족은 자동차는 3대지만 자녀는 1명에 불과한 실정이다. 경제성장 측면에서 서방 소비사회의 이데올로기는 러시아에 있어서도 동일한 결과를 보여준다.

물론 역사적인 배경을 바탕으로 이뤄지는 서방세계의 인구 교체를 '좋다' 또는 '나쁘다'로 평가할 근거는 없다. 서방세계는 제3세계 이민자 중 고학력의 관리자, 엔지니어, 과학자 등을 우선적으로 받아들이고 있다. 아마도 현재 서방 국가 구성원의 물리적 교체과정이 앞으로도 경제적, 정치적 혼란이 없이 통제할 수 있는 범위에서 진행될 것이다. 그러나 불가피하게 인종 사이 그리고 민족 사이 분규 형태로 사회적 긴장이 간헐적으로 표출될 것이다.

러시아와 한국의 물리적 공생(共生)관계
러시아는 비록 인구가 줄고 있지만 서방과는 달리 제3세계 이민자들은 필요하지 않다. 단일민족으로 구성되고, 하나로 조직된 노동력을 받아들일 경우에 한해 러시아는 스스로를 지킬 수 있다.

해결책은 물리적으로 오직 하나의 민족을 받아들이고 문을 닫는 것이다. 그리고 이 하나의 민족, 하나로 조직된 노동력으로서 최적의 후보는 바로 통일된 한국이다. 러시아는 바로 한국인들을 받아들이고 기타 제3세계 국가들의 이민자들에 대해서는 빗장을 걸어야 한다. 물론 모국으로 돌아오기를 희망하는 러시아 민족은 예외이다.

이 방법은 확실하고 옳은 것이다. 만일 서구식 '열린 러시아' 프로젝트가 러시아인들이 자신들의 생존 터전으로부터 쫓겨나게 되는 효과를 유발시키는 것이라면, 러시아는 이와는 반대로 행동해야만 한다. 즉, 러시아를 구할 방법은 '닫힌 러시아'인 것이다.

물리적 공생을 향한 특별한 권리가 러시아와 한국이 물리적으로 국가연합을 창설하는 방법을 통해 한국에 제공되어야 한다.

오늘날 러시아로 무질서하게 몰려드는 이민 노동자들로는 생산 경제측면에서 성과를 기대할 수 없다. 특히 중요한 것은 이러한 노동력은 우랄 동쪽 어마어마하게 큰 땅을 개발해야 하는 러시아의 과제를 해결하는데 전혀 쓸모가 없다는 점이다.

범국가적 프로그램으로서 '제2의 쩰리나' (쩰리나: 불모지를 옥토로 개간하는 소련 시절의 국가 프로그램) 사업을 위해서는 한민족의 제2의 자발적 이주를 제안해야 한다.

왜 코리아인가

매우 원론적인 근거가 몇 가지 있다. 한국은 천연자원이 없는 전형적인 수출지향 경제이다. 한국 경제는 고효율성과 높은 기술력을 지니고 있다. 한국 경제는 실물경제이다. 한국은 서비스가 아니고 상품을 생산해 수출한다. 바로 이런 측면에서 한국은 미국과 유럽의 서비스 경제와 명확히 구별된다.

한국 경제는 만성적인 자원부족, 특히 석유 부족의 상황에서도 지속적으로 성장하고 있다. 한국이 세계 12위의 경제 대국이라는 사실은 매우 중요하다. 또한 지리적으로 러시아와 이웃하고 있다는 점도 중요하다.

한민족 총인구는 대략 7,200만이며, 6,700만이 한반도에, 약 20만이 러시아 지역에 살고 있다. 한민족의 인구 규모는 러시아-한국 공생국가의 개념에 이상적으로 부합된다.

- 한국인들은 중국인들과는 달리 러시아를 집어 삼키지 않을 것이다.
- 한국은 극동, 자바이칼, 연해주 및 시베리아의 풍요로운 땅에 자발적으로 이주할 2,500만 내지 3,000만 명을 동원할 수 있다.

지정학적 영역에서 한국의 역할이 과소평가되고 있다. 동북아시아의 '경제 호랑이'는 이 지역은 물론, 세계에서도 좀 더 비중 있는 역할을 수행하기를 원하고 있으며, 또 충분히 수행할 수 있다.

하지만 한국은 천연자원이 전무하다시피 하다. 또한 '비우호적인 삼각지대'인 일본, 북한, 중국과 인접해 있는 점을 고려할 때 군사력 또한 충분하지 못하다. 즉, 한국은 외형적인 번영에도 불구하고 물리적 생존의 기로에서 균형을 유지하고 있다.

마지막으로, 한민족의 긍정적인 국민성이 매우 중요한 역할을 하고 있다. 무엇보다 근면성을 들 수 있다. 한민족은 일반적으로 법을 잘 지키고, 규율이 있으며, 친절하고, 교육을 잘 받은 이들이다. 바로 이점이 러시아 남부지역의 수준 낮은 이민자들에 비해 러시아에게 이로운 점이다. 한민족은 그들의 역사가 보여주듯이 다른 종교에 대해 관대하고, 신앙을 존중할 뿐만 아니라 근면하고, 뛰어난 숙련 노동력을 갖고 있다.

러시아 민족의 물리적 재앙 상황에서 한민족의 특성은 매우 중요한 바, 그들의 공동체적 폐쇄성이나 동화에 대한 무관심이 바로 그것이다. 한민족 공동체의 폐쇄성은 내부 지향적인 바, 동화되기를 원치 않으며, 이웃국가를 동화시키려 하지도 않는다.

반면, 러시아의 남쪽 즉 그루지야, 아제르바이잔, 아르메니아 및 중앙아시아 국가들에서 오는 이민자들의 경우 자신들은 러시아 민족에 동화되지 않으려 하면서 러시아 민족을 자신들에 동화시키려는 경향이 있다. 러시아 민족의 몰락 상황에서 이러한 이민자들의 특성은 러시아 민족을 소멸시키는 촉진제가 될 것이다.

이러한 관점에서 '물과 기름을 한 그릇에' 즉, 한민족을 우선적으로 고려해야 한다.

러시아에 있어 시장경제로 이행하였던 과도기는 참담한 결과였다. 마치 프라이팬에서 나오자마자 불구덩이 속으로 들어가듯이 숨 돌릴 틈 없이 반(反)기독교적 이데올로기에서 포스트기독교 서방 이데올로기로 전환되었다. 이렇게 하여 러시아는 역사적으로 실패한 두 개의 프로젝트, 즉 소련의 공산주의에 이어 서구의 자유방임주의에 가담하게 되었으며, 이로 인해 러시아 민족에게는 저소득과 저출산이라는 치명적인 결과가 초래되었다.

가난한 제3세계 국가들은 다자녀이며, 인구는 날로 증가하고 있다. 반대로 부유한 친(親)기독교 국가들의 경우 소자녀이며 물리적으로 죽어가고 있다. 러시아는 세계에서 유일하게 인구 감소와 가난을 동시에 겪고 있는 민족이다.

중국에 대한 전략적 억지력으로서 필요하고 충분한 러시아의 핵능력은 2050년이 되면 사실상 사라질 것이다. 다가오는 러시아 민족의 소멸은 중국에게 러시아로의 평화적인 잠식 혹은 대량 유입의 기회를 제공하게 될 것이다.

얼마 전까지의 공상 속 시나리오가 해가 갈수록 점점 현실화 되고 있다. 수많은 중국 식민주의자들이 밤낮없이 국경을 넘어들어 오고 있으며, 우랄 동쪽 무인지대에 정착하고 있다.

러시아에 닥친 이러한 상황에서 바로 한민족은 객관적으로 러시아와 자연스럽게 협력할 수 있는 적절한 파트너이다. 문제는 얼마나 빠르게 한민족을 러시아의 정치적, 실제적 파트너로 전환시키느냐 하는 것이다. 이는 한민족의 러시아로의 자발적 이주로 가능할 것이다.

한국인 이주를 설득할 수 있는 매력 포인트

러시아는 현재 원유 생산으로 외화를 많이 벌어들이고 있다. 이 외화로 러시아는 무엇이든지 세계 어디에서나 언제든지 구매할 수 있다. 러시아는 석유 수출국 리더 중의 하나이다. 러시아는 가상적인 경제 현실의 영향을 받음으로써 미국 달러에 매달려 있다. 달러에 기반을 둔 서구식 금융체계를 바꾸려면 러시아가 앞으로 천연자원을 루블로 판매해야 한다.

사우디 역시 석유를 디나르로 판매하게 된다면 달러에 기반을 둔 금융체계는 무너지게 될 수도 있다. 이렇게 된다면 러시아는 강력한 제국으로 다시 태어나게 될 것이다. 미국의 금융파산, 즉 미국의 파산을 전 세계가 인정하도록 하기 위해서는 석유를 달러가 아니라 루블로 판매하기 시작해야 한다.

한국으로서는 이러한 만일의 경우에 대비한다는 측면에서도 러시아의 자원 개발에 일찌감치 참여하는 것이 미래에 대한 의미 있는 투자가 될 것이다. 우선 한국이 개발에 관심을 가져야 할 자원은 풍부한 석유와 천연가스를 들 수 있다.

공생국가 모델을 위한 법적 기반 구축

2개 민족의 물리적 공동생활의 새로운 형태에는 그에 맞는, 근본적으로 형식과 내용상 완전히 새로운 법이 보장되어야 하고, 부수적 조치들이 보장되어야 한다.

현 단계에서는 두 가지의 원칙적 문제에 대해서만 말할 수 있다. 공생국가 모델은 현재까지 유례가 없는 동맹국가 형태가 될 것이다. 공생국가 모델을 비즈니스 세계의 모델과 비교해 본다면 그것은 '법인과 법인의 제휴'와 유사하다고 할 수 있다. 각자의 동질성을 유지하면서 서로 강점을 이용하고 약점을 보완하는 것이다.

그리고 처음부터 러시아-한민족의 공생국가가 사실상의 국가라는 것을 국제법 수준에서 상정해야 한다. 왜냐하면 연역적으로는 공생국가는 국제법상의 새로운 독립적인 주체가 아니며 될 수도 없기 때문이다.

러시아와 한민족의 실제적인 물리적 공생의 기초는 두 나라가 상대방 국민에게 내국민대우를 부여하는 것이 될 것이다. 이러한 사례는 국제법 체계에서 이미 오래전부터 상세하게 다듬어져 있고 조정되어 왔다.

서구 소비문명의 쇠퇴는 필연적이며 긍정적 요인이 될 것이다

제3세계 국가들의 기아와 빈곤, 러시아의 빈곤은 서구 소비문명이 세계 천연자원을 게걸스럽게 먹어치우고 있다는 사실에 기인한다. 세계의 상품경제는 과대평가된 첨단기술을 바탕으로 한 서구 경제의 하중을 더 이상 견뎌내지 못한다.

서구의 잘 사는 백인들의 사망진단서가 이미 작성되고 있다. 조만간 사망원인이 안락함과 경제적 번영의 여건에서 현실 세계에 부합되지 않는 가상적 인식임이 밝혀질 것이다.

사실상 서방세계는 러시아에 그들의 글로벌 안락사 시나리오를 강요하고 있다. 그들은 풍요와 함께 죽어가면서 러시아에 대해서는 가난과 함께 죽어 가도록 하고 있다.

이러한 끔찍한 상황에 대항할 수 있는 실제적인 물리적 세계, 특히 러시아의 물리적인 견고함이 있다는 것이 놀라울 뿐이다. 그러나 이것이 영원히 지속될 수는 없다. 따라서 러시아와 한국의 구원 시나리오는 오늘날 최우선 과제로 등장하는 것이다.

자연적인 물리적 부(원유)의 우선적 지위를 복원하기 위한 첫 번째 근본적 조치로서 모스크바에 국제 원유시장을 개설해야 한다. 미국과 유럽은 신문을 통해 러시아가 어떤 가격으로 러시아산 원유를 판매할지를 알게 될 것이다. 그리고 거래 통화도 루블, 금, 원(한국), 위안(중국), 루피(인도) 등으로 제한하여야 한다.

러시아에 국제원유시장을 개설하는 것은 러시아-한민족 국가연합의 최우선적 프로젝트가 되어야 한다.

서방이 자랑하는 탈공업화 이후의 경제는 반(半)가상적 경제 모델에 불과하다. 이러한 가상현실은 다양한 서비스산업의 과도한 발전에서 기인하다.

서방의 탈공업화 경제는 대부분 여행, 레저, 오락, 도박, 쇼 비즈니스, 영화, 광고 등 서비스산업 분야이다. 도박 및 매춘사업은 수익성에서 곡물 생산이나 콤바인 제작과 같은 실질적인 생산업을 초과할 수 있으나, 생산경제만이 실질경제인 것이며, 서비스산업은 보조경제 분야이다.

바로 비생산적 서비스 경제의 과도한 발전과 증권거래소를 통해서 이루어지는 교묘한 조작이 -공개적으로 드러나지는 않았지만- 서방세계, 특히 미국의 채무불이행 상황을 초래하였다. 서방 경제가 아직 무너지지 않은 이유는 러시아가 가지고 있는 실제 자원으로 붕괴를 막아 주고 있기 때문이다.

팍스 차이니즈 모델의 세계화

세계화의 현실에서 논쟁의 여지가 없는 백인사회의 물리적 죽음은 앵글로색슨 민족에 의한 세계 지배에 종지부를 찍은 것이다.

팍스 아메리카나가 무너지는 것은 정치적인 이유에서가 아니라 급속한 인구 감소로 인한 것이다. 미국이 오늘날 보여주는 그들의 대외적 면모는 바로 실질적인 쇠퇴를 보여주는 민족 없는 국가인 것이다.

2005년 가을에 있었던 미국의 자연재해만 보더라도 '누가(혹 무엇이) 미국에 있는가?'라는 질문에 종지부를 찍게 된다. 미국이라는 국가는 말 그대로 지푸라기에 매달린 상태이다. 백열전구의 가는 텅스텐 필라멘트에 매달린 형상이다. 앞으로 미국 민족이 존재하지 않을 것이라는 사실은 명백하다. 소위 '미국 민족'이라는 인위적인 역사적 공동체는 실제 공통점이 없는 인간 집단에 불과하다. 200년 전과 마찬가지로 백인 농장주와 백인 관리인 그리고 흑인 노예만이 존재하는 것이다. 이 때문에 정전만 되면 흑인 노예들이 백인 농장주의 국가(미국 사회)에 대해 폭동을 일으키고 약탈을 일삼을 것이다.

5~7일간 미국 대도시에 전력을 공급하지 않는 것만으로 미국을 파멸시킬 수 있다. 외부로부터는 결코 굴복되지 않을 것으로 보이는 초강대국이 1주일 안에 내부적 약탈의 혼란 속에 사라지게 될 것이다.

전력과 백인경찰이라는 지주가 미국이라는 거물의 노쇠과정을 지탱해 주고 있다. 따라서 미국의 전복이라는 문제에 대한 답은 구체적으로 제시될 수 있다. 미국 백인주민의 수가 50% 감소되는 시기에 그 답이 나온다.

히스패닉계가 부상하게 되면 미국은 중남미계와 백인계로 쪼개지게 될 것이다. 그래서 백인계의 인종적 증오가 대규모로 폭발하게 되는 2020~2025년경이면 미국에서 내전이 시작될 것인 바, 그 결과는 누구도 예측할 수 없다.

이미 이슬람 세계와 인도는 새로운 혹독한 팍스 차이니즈 시대에 생존할 수 있는 권리를 확보하였다.

세계의 중국화와 유럽인의 소멸과정은 병행해서 매우 빠르게 진행되고 있어서 세계의 모든 민족들이 중국 주도의 세계가 출현하는 것을 제때에 인식하지 못할 것이다.

시간은 돈보다 훨씬 더 중요하다. 이제 러시아 문제를 최종적으로 결정할 시간이 도래하였다. 러시아 문제의 해결에는 기본적으로 두 가지 방안만이 있을 뿐이다. 우리(러시아)를 배제하고 결정되든지 아니면 우리 스스로가 결정하든지. 만일 우리의 여성들로 하여금 5~6명의 자녀를 출산하도록 만들 수 없다는 것을 알면서도 우리가 인구문제를 논하며 시간을 허비한다면, 우리의 위대한 이웃(중국은 한때 우리의 동생이었으나 이제는 우리의 형이 되어 있다)이 우리를 배제한 채 모든 것을 결정할 것이다.

우리 스스로 결정한다는 것은 우랄 동쪽 무인지대(극동과 시베리아 지역)를 어떻게 지정학적으로 채울 것인가 하는 문제에 대해 결정한다는 것이다. 인구학이 아니라 지정학만이 학교에서 중국어를 강제적으로 배우게 되는 상황으로부터 러시아를 구할 수 있다.

제2차 러시아로의 이주는 남북한 통일에도 도움

팍스 차이니즈라는 새로운 시대는 사람의 머릿수가 힘쓰는 시대이다. 우리가 그러한 시대에서도 살아남으려면 오래 생존할 수 있는 능력, 즉 사람의 머릿수를 갖추어야 한다. 민족과 국가의 생존은 그 자체가 역사적인 목적이고 새로운 정치의 요체이다. 넓은 집과 재산은 가졌으나 자식이 없는 사람처럼 부(富)만을 추구하는 민족과 국민들은 부(富)를 두고 젊은 나이에 자녀 없이 죽어가기 마련이다. 동방은 영리하게도 부(富)를 거부하지 않으면서 서양과는 다른 길로 나아갔다.

한반도의 통일국가 부활은 러시아와의 공생국가 건설을 통해 도모할 수 있다. 이 공생국가는 합법적일 뿐만 아니라 실질적인 국가로서 기능하게 될 것이므로 남한과 북한도 자연스럽게 교류와 협력의 단계를 넘어 '실질적인 통일'이 가능해질 것이기 때문이다. 그렇게 되면 단순히 극동 시베리아 지역 개발을 위한 이주 차원을 넘어 우랄산맥에서 동쪽으로 뻗은 자우랄리예라는 지역에까지 수백만 명의 한국인이 이주할 수도 있게 될 것이다. 이 새로운 한국 이주민과 기존의 고려인은 보다 넓은 땅을 개발하면서 한반도에서의 실질적인 통일은 물론 유라시아 대륙 동반부에서 서로 교류하는 '대륙국민'으로 거듭나게 될 것이다.

과거 콜호스 등 집단노동경제를 기반으로 유지되어 왔던 러시아 농촌과 광산 지역의 경제가 한국인들이 일궈온 노동과 자본 집약적 경제의 노하우와 결합되면 새로운 동력으로서 시베리아, 우랄 지역 나아가 전체 러시아의 발전에 기여하게 될 것이다. 이러한 원동력을 얻기 위해 러시아는 이민정책을 바꾸어서라도 한국인의 이주를 적극 수용해야 한다.

결국 이 문제는 '부유하게 되었다가 몰락하고 말 것인가, 아니면 다소 빈곤하더라도 생존할 것인가?'로 귀결된다고 할 수 있다. 지구의 서반구는 전자를 택했다고 할 수 있고, 동반구는 후자를 택했다고 할 때 동서 대륙에 걸쳐 있는 러시아의 선택은 무엇일까? 만일 러시아가 현재 취하고 있는 정책대로 인구는 감소하는데 이민 문호를 개방하지 않는다면 '빈곤상태에서 바로 몰락으로' 연결될 것이 자명하다.

따라서 러시아가 선택해야 하는 것은 부유해지고 생존도 연장할 수 있는 길이라야 하며, 이를 위한 최선의 방책은 한민족과의 공생국가 건설을 추진하는 것뿐이다.

※《폴리티치스키》 2005년 11월호에 기고한 「코리안 선언」 전문으로서 일부는 수린 박사의 생각이 독자에게 잘 전달되도록 의역하였음.

한국 외교에는
왜 러시아가 없을까?

2020년 5월 30일 초판 1쇄
2020년 9월 30일 초판 2쇄

지은이 박병환
편 집 박일구

펴낸이 강완구
펴낸곳 써네스트
브랜드 우물이있는집

출판등록 2005년 7월 13일 제2017-000293호
주소 서울시 마포구 망원로 94, 2층 203호 (망원동)
전화 02-332-9384   **팩스** 0303-0006-9384
홈페이지 www.sunest.co.kr

ISBN 979-11-90631-06-8 (03340)

책값은 뒤표지에 있습니다.
잘못된 책은 바꾸어 드립니다.

이 도서의 국립중앙도서관 출판시도서목록(CIP)은
e-CIP홈페이지(http://www.nl.go.kr/ecip)와
국가자료공동목록시스템(http://www.nl.go.kr/kolisnet)에서
이용하실 수 있습니다.(CIP 제어번호 : CIP2020018317)